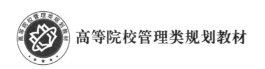高等院校管理类规划教材

管理信息系统

洪小娟　黄卫东　韩　普　主编

北京邮电大学出版社
www.buptpress.com

内 容 简 介

本书是编者多年教学经验的结晶，与以往的管理信息系统教材过于注重技术和开发相比，本书从改善管理效率和创新管理两个方面审视管理信息系统，既帮助了学生理解管理信息系统的基础理论和基本架构，也拓展了学生信息管理思维的深度和视角。

本书力争与时俱进，增加了数字革命、大数据、云计算、移动商务等新技术的内容，以使教学内容能够紧跟技术创新潮流。

本书可作为高等院校信息管理与信息系统专业以及与经济管理相关的其他专业"管理信息系统"课程的教材，也可作为MBA相关课程的教材以及职业经理人信息管理培训教材，并可供从事信息系统研究、开发和应用的研究人员和工作人员学习参考。

图书在版编目（CIP）数据

管理信息系统 / 洪小娟，黄卫东，韩普主编. --北京：北京邮电大学出版社，2020.9（2025.7重印）
ISBN 978-7-5635-6206-0

Ⅰ.①管… Ⅱ.①洪… ②黄… ③韩… Ⅲ.①管理信息系统－高等学校－教材 Ⅳ.①C931.6

中国版本图书馆CIP数据核字（2020）第177604号

策划编辑：姚 顺 刘纳新　　　责任编辑：满志文　　　封面设计：七星博纳

出版发行：北京邮电大学出版社
社　　址：北京市海淀区西土城路10号
邮政编码：100876
发 行 部：电话：010-62282185　传真：010-62283578
E-mail：publish@bupt.edu.cn
经　　销：各地新华书店
印　　刷：保定市中画美凯印刷有限公司
开　　本：787 mm×1 092 mm　1/16
印　　张：13.5
字　　数：353 千字
版　　次：2020年9月第1版
印　　次：2025年7月第5次印刷

ISBN 978-7-5635-6206-0　　　　　　　　　　　　　　　　　　　　　　　定 价：39.00元

· 如有印装质量问题，请与北京邮电大学出版社发行部联系 ·

前　言

在复杂性和多变性日益增强的现实世界，信息的地位和作用日益突出。持续不断的信息技术创新，不断逼近的数字革命以及新的商业实践和高超的管理决策，正在改变人们经营企业的方式、创造收入的方式以及顾客获得产品和服务的方式。新的通信手段、全新的硬件平台、创新的数据处理方式也正在改变着人们工作的方式、工作的地点和工作的内容。在这样的时代背景下，管理信息系统教材也应与时俱进，不断更新。

本书是南京邮电大学管理信息系统教学团队教学和科研智慧的结晶。相比同类教材，本书视角独特，即本书重点介绍信息系统在企业中的应用，并兼顾系统开发流程与方法，以帮助学生形成一个全局的观念，清楚地认识到现代信息技术在企业中的应用形式，尤其是现代管理信息系统是如何辅助管理决策的。每章的开头都会以案例的形式给出一个企业中实际遇到的问题，引导学生进行思考，然后在正文讲解相关的理论知识，理论介绍完毕之后再要求学生运用这个理论来分析、解决案例中的问题。

全书共分为9章。第1章介绍管理信息系统的时代背景。帮助学生从全局、宏观的角度了解管理信息系统在现代企业中不只是帮助提高管理效率，而且可以帮助企业创建独特的竞争优势。第2章介绍管理信息系统的基础应用。第3章介绍管理信息系统的扩展应用。第4章介绍决策支持系统与商务智能。第5章、第6章介绍管理信息系统的开发和实施以及管理问题。第7章介绍管理信息系统建设中新技术的应用。第8章介绍信息系统安全与伦理道德及相关立法。第9章提供了课程实验的内容，包括ERP系统业务操作、企业系统开发、商务智能软件应用3个主题。帮助学生了解管理信息系统在组织中由浅入深的应用过程。

本书可作为高等院校信息管理与信息系统专业以及与经济管理相关的其他专业"管理信息系统"课程的教材，也可作为MBA相关课程的教材，以及职业经理人信息管理培训教材，并可供从事信息系统研究、开发及应用的研究人员及工作人员学习参考。

感谢翟丹妮、朱恒民、刘婧、朱京辉等老师对本书稿内容的贡献，感谢研究生姜天睿、宗江燕、蒋妍等同学对本书部分章节的校订。

本书是编者参考同类型教材，并根据多年来在高等学校中为本科生开设管理信息系统课程的经验编写而成。由于编者水平有限，加之信息技术飞速发展，书中难免存在一些不足之处，敬请广大读者批评指正。几位主编的联系方式如下：

洪小娟：hongxj@njupt.edu.cn
黄卫东：huangwd@njupt.edu.cn
韩普：hanpu@njupt.edu.cn

编　者
2020年5月

言 谢

目　录

第1章　管理信息系统的时代背景 ……………………………………………… 1
1.1　数字革命推动世界变革 …………………………………………………… 2
1.1.1　数字革命赋能新的世界经济增长 …………………………………… 3
1.1.2　企业软件化转型加快助推世界变革 ………………………………… 5
1.1.3　信息处理能力的提升使能世界变革 ………………………………… 11
1.2　管理信息系统概述 ………………………………………………………… 13
1.2.1　管理信息系统的概念及特点 ………………………………………… 13
1.2.2　管理信息系统的基本功能 …………………………………………… 14
1.2.3　管理信息系统的基本要素 …………………………………………… 15
1.2.4　管理信息系统的新变化 ……………………………………………… 18
1.3　管理信息系统的视角 ……………………………………………………… 20
1.3.1　基于信息处理 ………………………………………………………… 20
1.3.2　基于管理层次 ………………………………………………………… 21
1.3.3　基于职能层次 ………………………………………………………… 22
1.4　信息系统与竞争优势 ……………………………………………………… 24
1.4.1　企业信息化竞争优势的获取 ………………………………………… 24
1.4.2　利用信息系统创造企业价值过程 …………………………………… 26

第2章　管理信息系统的基础应用 ……………………………………………… 31
2.1　事务处理系统 ……………………………………………………………… 33
2.1.1　事务处理系统的定义 ………………………………………………… 33
2.1.2　事务处理系统的功能与结构 ………………………………………… 33
2.1.3　企业中的事务处理系统 ……………………………………………… 34
2.2　管理信息系统 ……………………………………………………………… 37
2.2.1　管理信息系统的目标 ………………………………………………… 37
2.2.2　管理信息系统的输入与输出 ………………………………………… 38
2.2.3　管理信息系统的功能 ………………………………………………… 39
2.3　战略信息系统 ……………………………………………………………… 40
2.3.1　组织战略与信息系统架构 …………………………………………… 40
2.3.2　战略信息系统与其他信息系统的区别 ……………………………… 41
2.3.3　战略信息系统选型 …………………………………………………… 41
2.4　企业资源规划 ……………………………………………………………… 41
2.4.1　ERP概念 ……………………………………………………………… 42

        2.4.2 ERP 的发展历程 …………………………………………………… 43
        2.4.3 ERP 的系统结构 …………………………………………………… 47
        2.4.4 ERP 的运行环境 …………………………………………………… 48
        2.4.5 ERP 未来发展 ……………………………………………………… 49
        2.4.6 ERP 厂商 …………………………………………………………… 50
第 3 章 管理信息系统的扩展应用 ………………………………………………… 53
    3.1 社交媒体信息系统 ………………………………………………………… 55
        3.1.1 社交媒体网络 ……………………………………………………… 55
        3.1.2 社交媒体系统构成 ………………………………………………… 56
        3.1.3 社交媒体给企业带来的效益 ……………………………………… 57
    3.2 供应链管理系统 …………………………………………………………… 57
        3.2.1 供应链管理概念 …………………………………………………… 58
        3.2.2 供应链管理扩展企业价值链 ……………………………………… 59
        3.2.3 集成化供应链管理 ………………………………………………… 59
        3.2.4 供应链管理发展趋势 ……………………………………………… 62
        3.2.5 供应链管理系统发展历程 ………………………………………… 62
    3.3 客户关系管理系统 ………………………………………………………… 65
        3.3.1 客户关系管理定义与内涵 ………………………………………… 65
        3.3.2 客户关系管理系统类型 …………………………………………… 67
        3.3.3 客户关系管理与企业资源规划的整合 …………………………… 73
        3.3.4 客户关系管理与供应链的整合 …………………………………… 74
    3.4 电子商务系统 ……………………………………………………………… 75
        3.4.1 电子商务的定义 …………………………………………………… 76
        3.4.2 电子商务的构成及特征 …………………………………………… 77
        3.4.3 电子商务的技术架构 ……………………………………………… 78
        3.4.4 电子商务系统的组成 ……………………………………………… 81
        3.4.5 基于电子商务的企业业务系统整合 ……………………………… 84
第 4 章 决策支持系统与商务智能 ………………………………………………… 87
    4.1 决策支持系统 ……………………………………………………………… 88
        4.1.1 决策 ………………………………………………………………… 88
        4.1.2 决策支持系统 ……………………………………………………… 90
        4.1.3 新一代的决策支持系统 …………………………………………… 93
    4.2 商务智能 …………………………………………………………………… 95
        4.2.1 商务智能 …………………………………………………………… 95
        4.2.2 数据仓库 …………………………………………………………… 96
        4.2.3 数据挖掘 …………………………………………………………… 98
    4.3 知识管理系统 ……………………………………………………………… 102
        4.3.1 知识管理的概念 …………………………………………………… 102
        4.3.2 知识管理的维度 …………………………………………………… 105
        4.3.3 专家系统 …………………………………………………………… 106

4.3.4	内容管理系统	107
4.3.5	知识管理系统的功能	108

第5章 管理信息系统开发概述 … 110

5.1 系统开发生命周期 … 112
- 5.1.1 第一阶段：系统规划 … 112
- 5.1.2 第二阶段：系统分析 … 114
- 5.1.3 第三阶段：系统设计 … 115
- 5.1.4 第四阶段：系统实施 … 118
- 5.1.5 第五阶段：系统维护 … 119

5.2 系统开发方法 … 119
- 5.2.1 结构化系统开发方法 … 119
- 5.2.2 原型法 … 121
- 5.2.3 面向对象方法 … 124
- 5.2.4 计算机辅助软件工程 … 127

5.3 系统开发策略 … 128
- 5.3.1 最终用户开发 … 128
- 5.3.2 资源外包 … 130

第6章 管理信息系统实施与管理 … 134

6.1 管理信息系统的实施 … 136
- 6.1.1 信息资源规划 … 136
- 6.1.2 系统选型 … 138
- 6.1.3 管理信息系统测试 … 140

6.2 管理信息系统的项目管理 … 145
- 6.2.1 项目及项目管理 … 145
- 6.2.2 确定项目范围与制订项目计划 … 146
- 6.2.3 资源估算 … 147
- 6.2.4 工期估算与进度安排 … 147
- 6.2.5 项目开发成本估算 … 149
- 6.2.6 风险管理 … 150
- 6.2.7 质量管理 … 150

6.3 管理信息系统的维护 … 151
- 6.3.1 系统维护的类型 … 151
- 6.3.2 系统维护的内容 … 152

6.4 管理信息系统的评价 … 152
- 6.4.1 评价指标 … 153
- 6.4.2 评价方法 … 154

第7章 管理信息系统中新技术的应用 … 159

7.1 硬件技术 … 160
- 7.1.1 物联网 … 161
- 7.1.2 3D打印 … 163

7.1.3　人工智能 ··· 164
　　7.1.4　虚拟现实设备 ·· 165
7.2　软件技术 ·· 167
　　7.2.1　主要的操作系统 ·· 167
　　7.2.2　大数据 ··· 168
　　7.2.3　云计算 ··· 169
　　7.2.4　开源软件 ·· 171
7.3　移动系统 ·· 173
　　7.3.1　移动硬件 ·· 173
　　7.3.2　移动软件 ·· 174
　　7.3.3　移动数据 ·· 175
　　7.3.4　移动商务 ·· 176

第8章　信息系统安全与伦理道德及相关立法 ·· 179
8.1　信息安全 ·· 180
　　8.1.1　信息安全的内涵 ·· 180
　　8.1.2　信息安全标准 ··· 181
　　8.1.3　信息安全技术 ··· 184
8.2　道德、伦理和法律 ··· 188
　　8.2.1　信息技术与隐私权 ··· 188
　　8.2.2　信息技术与知识产权 ·· 189
　　8.2.3　信息安全立法 ··· 190

第9章　课程实验 ·· 194
9.1　ERP软件流程应用 ·· 194
　　9.1.1　实验目的 ··· 194
　　9.1.2　实验内容 ··· 194
9.2　单项业务系统开发 ··· 195
　　9.2.1　实验目的 ··· 195
　　9.2.2　实验内容 ··· 195
9.3　商务智能应用 ·· 195
　　9.3.1　实验目的 ··· 195
　　9.3.2　实验内容 ··· 195

附录一　用友ERP软件流程应用实验指导书 ·· 196
　　采购管理练习题 ·· 196
　　销售管理练习题 ·· 200
　　库存管理练习题 ·· 202

附录二　商务智能应用实验指导书——分类挖掘 ····································· 206

第 1 章　管理信息系统的时代背景

【本章学习目的】

在信息革命浪潮下，信息系统与技术正在深刻改变着企业、行业和市场。企业应该顺应时代潮流，认清信息技术对企业获得竞争优势的重要性，从而更好地利用信息系统面对全球竞争。

通过本章的学习掌握以下知识点：

（1）了解数字革命是如何赋能世界经济以及企业所处的数字革命背景；

（2）了解并掌握管理信息系统的基本概念、特点、功能和基本要素；

（3）解释为什么人是管理信息系统中最重要的资源，明确信息技术的挑战，并讨论人们在道德上的责任；

（4）从不同视角对管理信息系统进行理解；

（5）理解信息技术为什么对企业竞争优势如此重要；

（6）如何利用信息技术获得竞争优势。

【本章引导案例】

信息化助力新冠肺炎疫情防控

2020年年初，面对突如其来的新冠肺炎，人们正常的工作生活状态被打破，大数据、移动应用等网络信息化技术在疫情防控中发挥了重要作用。在不能面对面和实地调查的情况下，通过网络信息化的手段和产品，有力保障了疫情期间各项工作开展。

远程办公平台有力保障居家办公。在全国实行居家办公的措施不久后，各大手机应用市场的下载榜前列均被"钉钉""腾讯会议""学习强国"等带有远程办公和会议功能的软件占领，许多高校毕业生答辩采用会议软件、视频直播平台等开展。疫情防控期间，同事群讨论最多的是"怎样在家上网办公"，很多人感慨要感谢微信的健康打卡系统。这些在正常工作期间看起来不显眼的网络信息化软件，在特殊时期显得特别重要。

小型网络产品有力保障公共安全。疫情期间催生的"健康码"等小程序是最能体现网络信息化时代智慧的产品。从手持"健康码"进行"一码通行"，到地区间对"健康码"互通互认，体现了网络信息化产品生命力强、功能迭代迅速、简单好用等特点。同时，统计思维在疫情防控中展示了重要作用。如通过录入收集人员健康信息和出行信息，结合地区疫情情况，形成"疫情统计大数据"，在发现新冠肺炎确诊病例后可通过"疫情统计大数据"对患者行动轨迹进行筛查，迅速锁定同场合的接触者，进行远程预警。全国各地自恢复正常上班以来，利用"一码通行"严格落实消毒、测温、扫码、登记等进出办公场所的管理制度，切实保障公众的健康安全。

为此，2020 年 2 月 18 日，工信部专门发布《关于运用新一代信息技术支撑服务疫情防控和复工复产工作的通知》，通知要求各单位贯彻落实习近平总书记关于"鼓励运用大数据、人工智能、云计算等数字技术，在疫情监测分析、病毒溯源、防控救治、资源调配等方面更好发挥支撑作用"的重要指示精神和党中央国务院关于切实加强疫情科学防控、有序做好企业复工复产工作的决策部署，充分运用新一代信息技术支撑服务疫情防控和企业复工复产工作。

问题：

（1）在动态的全球环境下，如果没有互联网等信息技术的支持，中国的疫情防控能取得现在的成绩吗？

（2）企业和政府该如何运用信息技术来适应时代的发展呢？

案例改编自：工业和信息化部办公厅信发〔2020〕4 号文

1.1 数字革命推动世界变革

"信息改变了我们的生活，信息还在继续改变着我们的生活，信息已经成为我们的生活。"当今社会，以计算机系统、网络和通信、数据库等为核心的信息技术革命正在形成和推进，信息时代已经成为人们所处时代的恰当写照。在这个时代里，无论是社会经济环境，还是信息使用者的信息需要，都在发生着深刻变化。

新科技革命正在以超乎寻常的速度发展，世界正深刻地被这场革命改造。关于科技革命带来的大变局，各种预测都有。这一次科技革命不是上一次的继续，而是创新，具有颠覆性，将会带来各个方面的巨大改变。其中，最有影响的是智能化和物联网的发展。以往的科技革命主要是改良性的，旨在不断提高自动化的水平，以机械替代人工，而智能化则不同，是颠覆性的，以人工智能替代人。因此，智能化将会改变现有的生产方式、生活方式，甚至是思维方式。如今，人工智能已经在诸多领域大显身手。目前，人们还难以想象这种替代与改变最终会怎样，但替代和改变的确在发生，还会继续加强。与线性链接的互联网不同，物联网是把所有的要素因子都纳入一种集成空间网络之中，通过智能运算，构成科学的运行方案。在现实生活中，人们已经不知不觉地被纳入物联网大系统之中。如今，基于大数据和智能化的交易系统已经在大宗商品交易和支付领域发挥了重要的作用。新科技革命的核心是"数字革命"，即把所有要素数字化，创建基于数据（data）流通与链接的社会与经济结构。在数字革命之下，似乎一切都被数字化了。比如，消费者在物联网里变成了大数据库中的数字符号，智能计算会根据大数据进行分析，为消费者制订出优化的消费导向方案。由此，在物联网下，供给与需求融为一体，这样的物联网方式从根本上颠覆了传统的生产—消费供给规律。如今，专家已经提出"数据 GDP"（Gross Data Product），以数据产量、互联网用户、网络连接速度、人均数据消费量为基本指标。有专家认为，新科技革命的发展并不主要基于新技术的出现，而是基于向与数字革命相关的新系统的过渡，基于数据网络系统把不同的技术有机结合在一起的程度。在此情况下，就生产而言，以往基于细化生产分工的生产链可能将被改变，代之而起的是物联网系统引导下的网络分工，基于大数据和智能计算所生成的具有个性化、分散化特征的需求——供给"区块链接"。

世界上，没有比中国人更痛快地拥抱数字革命的，像移动支付、刷脸工程等技术，中国市场连想都不想就接受了，反正只要方便就行，许多企业抓住了数字革命的机遇，成为站在时代前沿的弄潮儿。不过，对于数字革命带来的颠覆性影响，无论是政府、企业、还是个人，似乎还都需要做更多的功课。

1.1.1 数字革命赋能新的世界经济增长

数字化和自动化虽非新鲜事物，但近年来加速发展，人工智能、机器人技术、计算能力和密码学的进步及大数据的爆炸式增长所引发的新一轮创新，正在重塑全球经济。今天的技术进步与以往任何一个创新时期（如20世纪80年代个人计算机的普及和90年代互联网的兴起）相比，都更具多重性和重叠性，表现为协同增效作用和成果加速实现。数字化革命关乎所有经济部门和一切经济活动，具有深远的社会和经济影响。这些新技术具有通用性，拥有逐步改变全球经济、大幅提高生产率、从根本上改变人类生活和工作方式的潜力，在这一点上很像蒸汽机和电力被发明发现的时候。然而，历史表明此种惠益的显现可能具有延迟性——在显现之前，新技术和配套的创新环节须先行得到充分积累，而且应用这些技术和创新的资本投资须完全到位。同样，可能发生的严重扰乱和错位影响，也可能要随着时间的推移才能慢慢显露。因此，无论是与数字化有关的机遇，还是与之相关的挑战，很可能都还没有完全显现出来。

1. 美国的数字产业格局

全球经济大国数字经济规模不断扩大。根据《全球数字经济竞争力指数（2017）》报告，美国以明显优势占据该竞争力排行榜榜首（中国位居第二），其数字经济总量达到11万亿美元（中国为3.8万亿美元），占本国GDP比重为59.2%（中国为30.1%），当前的全球数字经济格局分布正所谓是美国遥遥领先，中国全力追赶，欧洲联合聚力。

现代全球经济越来越受数字化的推动，全球数字经济正以惊人的速度增长。数字技术正在改变从基础设施到农业的所有经济部门，并已对制造业和运输等传统产业产生巨大影响。2017年，49%的制造和供应链行业领导者使用传感器和自动识别，另有38%的人表示他们希望在五年内采用该技术。人工智能（AI）、自动驾驶汽车、大数据分析和云存储、个性化生产、物联网（IoT）和机器人等技术将对汽车、化工、能源和零售等行业产生巨大影响。美国制造业的任何振兴都将来自这些技术。随着无人机等关键设备的成本急剧下降，预计数字化对美国经济的革命性影响将持续下去。这种转型的最大受益者可能是中小型企业（SME）。目前，全球约12%的商品贸易通过电子商务进行。由于亚马逊和Facebook等网络平台的存在，中小企业现在可以在区域和国际范围内扩大其客户群，如Facebook大约拥有5000万家中小企业。美国是硅谷和许多变革性技术公司（包括苹果、Facebook、谷歌（Google）、微软和优步（Uber）等）的诞生地，是数字经济中无可争议的领导者和开拓者。数字化增强有利于美国振兴传统制造业和鼓励商品出口，数字经济与传统产业深度融合成为了美国经济增长的有效路径和缩减美国贸易逆差的有效保障。全球经济越来越受数字化的推动，数字化服务将是美国经济的增长领域，也是未来经济繁荣的关键。

2. 数字化显著推动亚洲经济增长

一方面，数字化技术的进步最终会显著促进生产力和国内生产总值增长，就像过去历次工业革命时期的情况那样。但技术进步的成效往往会滞后一些，不过事实上，亚洲已经从数字化中获益匪浅。全球创新扩散是过去二十年来驱动亚洲经济增长的主要引擎，其中仅数字化创新推动实现的人均增长就占28%左右。在许多亚洲经济体国内生产总值中，数字化经济所占比重，其中最狭义的代替指标就是信息和通信技术（ICT）部门所占份额相对较大。就信息和通信技术在国内生产总值中所占份额而言，全世界该比重最大的十个经济体中有七个是亚洲经济体。信息和通信技术部门的增长速度也一直远超整体国内生产总值的增长速度。其中，印度和泰国信息和通信技术部门的增长速度是整体国内生产总值的两倍，日本信息和通信技术部门的增长速度几乎是整体国内生产总值的四倍。数字化还可以促进非信息和通信技术部门生产率的提高。例如，中国数字化每增长1%，国内生产总值就增长0.3%。在亚洲，创新呈现向数字化部门倾斜之势，这进一步凸显数字化在促进经济增长方面的潜力。

另一方面，电子商务是促增长的重要领域。电子商务具有为增长和经济再平衡提供支撑的潜力。对于消费者而言，电子商务意味着能够以更低的价格获得品类更加丰富的产品和服务，从而最终促进消费。麦肯锡全球研究院的一项研究表明，虽然中国60%的互联网支出来自从传统零售转向线上的消费，但其中近40%为增量（新）消费，换句话说，电子商务能够极大地增加总消费额。

对于公司而言，电子商务还可以提供新的商业机会，开启进入更大市场的机会，从而可以促进投资。IMF（2018年）的计量经济分析表明，亚洲企业层面超过30%的全要素生产率增幅及50%的出口增幅均得益于在线商务的参与。还可以验证的一个事实是，电子商务似乎对亚洲的小企业尤为有利。

3. 数字革命推动中国发展

当前，在全球层面谈论数字经济，中国已成为必须被考虑的重要力量。更为关键的是，中国的数字经济还在不断发展。未来，中国经济将对创新有更大的需求。根据麦肯锡全球研究院的研究，从现在起到2025年，中国经济增量有一半来自创新。

中国的数字经济已经实现了长足发展。目前，中国拥有全球最大的电子商务市场。中国的云服务提供商在运算速度方面保持着世界纪录。全球"独角兽"企业中，约有1/3在中国。中国对于包括虚拟现实、自动驾驶、3D打印、工业机器人、无人机、人工智能等下一代科技的风险投资位列全球前三。尤其在人工智能投资方面，中国位列世界第二，而且增长速度很快。麦肯锡全球研究院的研究还表明，自动化带来的生产效率提升，未来将每年给中国经济增速贡献1.4个百分点。

这些可能都只是一个开端，麦肯锡全球研究院关于数字技术的研究发现，中国至少在四个方面拥有巨大潜能。首先，中国拥有巨大且不断增长的国内市场，消费者较为年轻，熟悉掌握数字技术。这就意味着数字化企业能够以较大规模、较快速度将自己的服务商品化。2016年，中国有7.31亿互联网用户，这个数字超过了欧盟和美国网民的总和。

其次，中国数字经济领域的活力已经远远不止来自百度、阿里巴巴、腾讯这样的大企业。这些从上一轮中国数字经济发展大潮中脱颖而出的互联网巨头，正广泛投资于新一代数字经济的参与者。此外，平安、华为等大型企业也正致力于超越传统业务，打造属于自己的数字生态。

第三，中国政府对待数字经济的开放态度促进了数字化的发展。在早期，中国政府鼓励数字化企业的创新发展，为其提供充分的试验空间。如今，中国政府更专注于消费者权益保护、知识产权保护,同时也更注重促进竞争,以确保大型企业不损害健康的市场环境。与此同时,中国政府也是数字技术的投资者和消费者。中国政府正致力于发展量子通信,该技术一旦实现商业化,将有望提供全球最安全、最快捷的网络服务。

最后,中国有望从全球数据流动中获利。当前,全球跨境宽带数据总量已是2005年的45倍,预计未来5年将进一步增长数倍。中国拥有7.31亿网络用户,每天50亿次百度搜索点击,每个微信用户每天平均66分钟的使用时间,每天1.75亿次支付宝交易,这些海量数据使中国经济有望在下一轮数据全球化的浪潮中扮演领导角色。国际经验表明,数据与知识的流动将推动有效创新。

总而言之,中国已经将自己打造为由消费驱动的数字经济领袖。各行业对数字化技术的更广泛利用将进一步提升生产率,推动中国的下一轮数字化转型。中国企业拥抱数字化的趋势比任何其他国家都更明显,成功拥抱数字化技术的中国企业将在未来迎来更多机遇。展望未来,一场数字革命将进一步推动中国经济的发展。

1.1.2 企业软件化转型加快助推世界变革

1. 企业软件化的本质

现代经济学理论认为,企业本质上是"一种资源配置的机制",其能够实现整个社会经济资源的优化配置,降低整个社会的"交易成本"。传统企业运用各种生产要素(土地、劳动力、资本、技术和企业家才能等),为市场提供商品或服务。但随着物联网、大数据和移动应用等信息技术的发展,全球经济进入了全面变革、不确定加剧的时代。可以说,我们正处于一个重要的科学探索新纪元的黎明前夕……

尽管不确定性凸显,但学界有个基本共识:世界将继续"缩小""扁平化"和"智慧"。在这个背景下,企业软件化理念应运而生。如果没有企业软件化,"缩小""扁平化"和"智慧"等预测是无法变现的。简单来说,企业软件化体现为企业各种要素中数据是核心,知识是动力。企业"软件化"的本质体现为构建由信息空间向人类社会与物理世界的映射,通过软件来驱动信息变换,优化物理世界的物质运动和能量运动以及人类社会的生产活动,更便捷和更高效地提供更高品质的产品和服务,使得生产过程更加高效、灵活、智能、以人为本,从而促进企业进化,加速企业软件化进程。

2. 软件化与软件定义

在企业完成发展的初期积累后,往往会投入巨资购买很多先进的软件和设备,但使用效果并不是很好,很重要的原因是企业并没有建立使用这些软件,操作这些工具的方法和技术体系主要依靠个体技术人员进行。一方面这些工具很难充分发挥作用。另外,现在很多工程技术人员,80%的时间是在做重复性的低层次工作。第三,企业没有建立可持续积累的工程技术体系,没有形成能力,企业很多核心和技术都在技术人员大脑里面,很多人离职就带走了。所以,企业软件化,不是指企业要成为传统意义上的软件公司,其本质应该是通过购买或自行开发软件,使得企业全流程智能化、知识化、软件化。区别与以往任何时期,当今企业的竞争更多依靠企业自动化和智能化水平。下面以工业技术的软件化为例来谈,也可称为操作技术的数字化,即通过自定义代码、操作标准、技术工具,去完成产品研发、设计制造等。工业技术软件化或操作技术的数字化,相当于工艺或者配方,如果没有这些,再好的工具都创造不出好的产品。国外的一些企业,实际上都非常注重在整个产品研制过程中进行工程技术的沉淀和积累。波音787整个研发过程用到8000多款软件，其中只有不到1000款的商业软件，另外7000多种是自己开发的软件。有了这些软件，那些商业软件才能更好地发挥作用。也正是因为有了这些软件，任何技术人员的离职都不会影响飞机的设计水平。再如NASA（美国国家航空航天局）利用二十年时间研发的发动机设计软件，通过这样的平台去驱动后台的CAD、CAE软件，可以在一天之内完成一个航空发动机的设计。再如GE（通用电气）提出未来五年之内变成全世界最大的软件公司，不是要成为微软、IBM这样的软件公司，而是把工业技术软件化的公司。

以工业制造业为例来看，工业企业的基本作业流程，包括制造业从设计仿真、生产试验、制造、运营、服务的上下游价值链。在整个基本作业流程层面，企业软件化的助推应用具有不同应用层次：工具、系统、平台、业务。我国工业制造业的发展历程表明，企业软件化应用的工具和系统层面已经非常成熟了，有非常多的厂商提供成熟的产品。业务层实际上代表的是企业的业务方法、业务支持和业务体系，这些是国内，包括国外很多IT厂商没有办法提供的。企业的业务方法、业务支持和业务体系实际上就代表着企业的未来发展能力，企业软件化在整个制造业里面将会发挥越来越大的作用。但显然我国在企业软件化这块是非常欠缺的。

过去的软件发展经历了三个阶段，早期可称之为软硬一体化的阶段，从程序变成软件一直是作为硬件的一个附属品存在。20世纪70年代中期软件开始成为独立的产品，并且开始逐步创造了一个巨大的产业，应用覆盖了人们生活的方方面面。90年代中期随着互联网商用的起步，软件产品走向服务化、走向网络化，开始渗透到人类社会生活的每一个角落。随着云计算和虚拟化应用的普及和深入，软件定义正在成为行业企业和技术厂商追逐的热点。理论上来说，企业软件化必须依靠软件定义来实现，才能实现企业智慧。软件定义打破了传统IT架构中硬件为主的运行模式，第一次突出了软件在整个IT基础架构中重要的角色和地位，而软件定义又不同于虚拟化，而是彻底了实现了软硬件的分离。硬件负责存储和计算，软件负责管理和控制。由此，软件定义就是通过虚拟化将软件和硬件分离出来，将服务器、存储和网络三大计算资源池化，最终实现将这些池化的虚拟化资源进行按需分割和重新组合。软件定义的概念广泛，包含了软件定义网络（SDN）、软件定义存储（SDS）、软件定义数据中心等不同领域。实现软件定义后，企业可提升硬件资源的利用率。因为，基于软件定义架构，企业可彻底分离硬件资源池和软件，由软件统一对资源进行管理和调度。在这种架构下，虚拟化环境下的资源池效率能得到进一步的提升。实现软件定义后，企业也可降低硬件资源投入成本。因为，IT效率越高，购置IT硬件的成本就越低。软件定义架构能充分地利用现有的IT资源，并不需要企业重新购置。因此，能极大地降低企业的IT成本投入。再次，软件定义后，企业硬件资源的可扩展性能大幅提升。因为，软件定义可以实现软件和硬件之间的彻底分离，底层硬件的变动不直接和业务发生关系，而是由软件进行管理。因此，软件定义架构有着更好的可扩展性和灵活性。最后，软件定义支撑智能IT转型。随着软件定义应用的逐渐成熟，企业已经开始了软件定义数据中心的实践，通过将计算、存储和网络以软件定义的形式进行部署，软件定义数据中心将变得更加智能。目前，软件定义数据中心已经具有内置的智能功能，可以消除系统的复杂性，以及创建弹性计算，而无须人工干预。

在软件定义和开放协作为重要体征的新计算时代背景下，企业需将软件视为企业核心资产，通过把握软实力，挖掘创新技术的新智慧，才能在竞争激烈的市场环境中获取持续竞争力。

3. 企业软件化的内涵

内涵是某一逻辑术语所包含的性质或一组性质，这种性质是用概念表达的，或包含在概念中，或对于所指事物的概念是主要的。总体而言，企业软件化的内涵可以从价值链视角来剖析。哈佛大学商学院教授迈克尔·波特于1985年提出的概念认为，"每一个企业都是在设计、生产、销售、发送和辅助其产品的过程中进行种种活动的集合体。所有这些活动可以用一个价值链来表明。"企业的价值创造是通过一系列活动构成的，这些活动可分为基本活动和辅助活动两类，基本活动包括内部后勤、生产作业、外部后勤、市场和销售、服务等；而辅助活动则包括采购、技术开发、人力资源管理和企业基础设施等。这些互不相同但又相互关联的生产经营活动，构成了一个创造价值的动态过程，即价值链。基于这个视角，企业软件化的内涵包括如下六个方面。

（1）要素投入软件化

企业软件化对资源要素进行改造，由资源驱动向数据驱动、信息驱动、知识驱动和智慧驱动发展。具体而言，企业的各种要素，如劳动者以体力及技术人才为主转向软件、咨询管理人才为主；物质资料由以土地、原材料、机器设备为主转向以数据、信息为主；驱动方式由资本驱动转向知识驱动。在采购环节，软件化使得基于电子商务的联合采购提高行业采购行动的协调性。资源配置和供应链管理由软件系统加以实现。

一个数据、信息、知识、智慧驱动的组织至少会以一种及时的方式获取、处理和使用数据来创造效益，不断迭代并开发新产品以及在数据中探索。数据的有效利用是评价企业软件化程度的基本指标。

互联网的演变历史，也是数据分析、数据挖掘、搜索引擎、机器学习、模式识别等海量数据商业应用一点点进步的行业发展史。亚马逊网站创始人JeffBezos在1997年就预见到基于数据深度利用的个性化服务才是电子商务企业的加速器，而且他坚定地表示要利用云计算和数据技术在更大的市场空间里发展亚马逊的核心业务，这个决策造就了Amazon的云可以独立为一项赚钱的业务，直到今天Amazon已经通过Echo和Alexa作为前端产品和自身的数据及AI服务云一起形成在下一轮竞争中的独特优势。LinkedIn作为一家职业社交网站，通过人才招聘、广告投放、付费订阅等服务实现了盈利，这三项服务的背后实际上都有着数据分析的重要贡献。LinkedIn利用数据分析为所有职场人员做出迅捷、高质、高效的决策，提供具有指导意义的洞察和可规模化的解决方案。阿里巴巴董事局主席马云10月13日在2016杭州云栖大会上发表演讲时说："未来的变革远远超过我们的想象。过去基本上是以知识驱动的科技革命，我想未来趋势不仅是知识的驱动，未来还是智慧驱动，数据驱动。"

马云认为，三次技术革命中，第一次技术革命释放了人的体力，第二次技术革命释放了人的距离，这一次技术革命将会释放人的大脑。每次技术革命大概都是花五十年，前二十年基本是纯技术公司的斗争，纯技术公司的竞争、发展，而未来的三十年基本上是技术的应用。马云说："新零售、新制造、新金融、新技术、新能源。这五个'新'将会从方方面面对各行各业发动巨大的冲击和影响，把握者胜，逆流者将会亡。"因此，数据要素驱动的企业分析不仅是一种科学，而且是实实在在可以为业务带来价值的科学。

（2）组织管理软件化

企业软件化对组织管理进行改造，组织结构由科层式转变为平台化，组织方式由组织转变为自组织。管理重心从指令和信息的上传下达，转变为组织结构的知识内化以及学习型组织的构建。在企业软件化的大潮下，企业扁平化、虚拟化称为一种流行趋势。但"百年老店"IBM公司却另辟蹊径，走出了一条似乎是复古的道路，那就是增加企业组织结构的复杂性。为什么一般人与IBM公司的结论正好相反呢？这就涉及软件化背后的达·芬奇密码。

当环境变化加速，或复杂度提高时，IBM公司组织变动的方向，是在向人类一切短命组织相反的方向在变化。一般短命组织面对环境变复杂的典型反应是，化繁为简，降低组织复杂度。降低组织复杂度典型的副作用就是让组织变机械、变得官僚化。为了避免大企业病，IBM公司是反向操作，提高组织复杂度，让组织变灵活。智慧最主要的作用，是用来降低提高组织复杂度的成本。通过提高组织复杂度来降低成本，这真是个奇特的反向思维。国际上只有少数企业，如IBM、海尔、英杰华保险、汇丰银行等公司，是这样的思路。他们与别人的脑子是反的，别人将复杂性视为负面因素，他们却将复杂性视为正面因素，用组织复杂性（导致灵活性）对付环境复杂性，而非以组织简单性（导致机械性）对付环境复杂性。将复杂性管理作为竞争优势，当作机遇来把握。其道理正如新英格兰复杂系统研究所（NECSI）Bar-yam所认为的，只有组织的复杂性高于所处环境的复杂性，组织才能够生存。

当然，复杂性不是越高越好。它必须是经济的。IBM公司开发出名为"复杂性搜索器"的管理工具，去除与有效满足需求无关的复杂性，保留有益的复杂性。通过主动创造可以带来差异化增值效益的复杂性，获得竞争优势，复杂性管理可以基于复杂性提高来实现竞争优势；例如通过提高产品研发与生产的复杂性、提高组织结构复杂性以及提高企业文化复杂性，构建竞争优势。

没有智慧，组织越复杂，成本肯定越高（这是科斯定理反映的实际）；有智慧，组织越复杂，成本反而越低（这是科斯定理的解药）。复杂性的成本变化规律是，组织越向生命体方向靠，边际成本越低；组织越向机械体方向靠，边际成本越高。而生命体（如灵长类生物）与非生命体的区别，就在于灵的有无。灵就是IBM公司所说的SMART。这就是智慧问题的实质。

显然，业界对于智慧的认识很多停留在口号的阶段。许多人（包括赞同IBM公司智慧地球提法的人）空谈了半天智慧这个、智慧那个，但并没有聚焦用智慧来解决什么问题。组织智慧化后，赢的标志就是，环境越复杂，组织不仅反应不迟钝，反而反应越来越灵敏。人不仅不越来越疏远，反而结合越来越紧密。由此我们可以得出结论：IBM公司的"大象会跳舞"受到的是这样的引力，它假设组织所处的环境变化越来越快，越来越复杂，组织必须从根本上寻找一种与科斯不同的应对之道，不是让组织机械化、官僚化，相反是让大象能够跳舞，在做大做强后，进一步做活，使组织复杂性高于环境复杂性，即，第一，让组织应变速度高于环境变化速度；第二，让组织复杂性的成本低于环境复杂性带来的利润。为此，只有将智慧置于问题解决之道的核心，才能赢。企业软件化正是解决这一问题的根本之道。

（3）研发设计软件化

软件服务从最初的销售、采购拓展至供应链管理，贯穿企业研发设计、采购、生产制造、销售及售后服务等全流程管理环节，涉及企业内部业务协同和外部产业链协作的全过程。企业的供应链、研发设计、生产、营销体验、客户需求等将转变为数据驱动、软件定义的方式。

以往，企业里用到的各种工具都是靠人直接操作，且依靠的工具非常多，对人的要求也非常高，工作量非常大。所谓研发设计自动化就是把人研发设计的方法、方式植入到研发自动化知识平台上，通过这些模型化的知识驱动这些工具去工作，这就是研发设计软件化的核心思想。比如AlphaGo（阿尔法围棋）代表的就是研发设计自动化。即把下棋的这种方法和知识植入机器里面，机器代替人做这样的创造性工作。当然工程领域比下棋复杂得多，工程领域还无法实现提出需求就把产品设计出来，这需要人和机器互动。人需要做些高级的工作，比如选择、分析、判断，操作性的工作留给机器。设备运行过程中会产生数据，这些数据采集起来进行分析，形成工作的闭环。人在工作环境中的行为也可以挖掘新的知识。知识工作者有一个重要的特点，很多工作是一个黑箱过程，所以需要用计算机的方式去观察和捕捉人的行为，从这里面挖掘一些隐性的知识，然后转化成模型性的知识，形成一个知识的闭环。随着工作的开展，系统里面会形成更多的知识沉淀下来。最终解放人，解放知识工作者，更多的时间做创造性的工作。

机器人在生产线解放了体力劳动者，知识自动化解放了工程技术人员。在这个体系里，通过工程中间件连接驱动各种软件、设备、硬件，从而建立知识体系，通过机器学习的方式进行资料的学习和处理，形成智能顾问以及知识的模型化，也称为机器智能。数据、新型的人机工作环境、人和机器的关系、转变成一种人机合作方式，这就是整个研发自动化的总体原理。

（4）生产方式软件化

在生产环节，软件化使得企业的生产过程逐步走向现代化，可以采用更加灵活的数字化定制生产方式，提高专业化生产制造能力。软件服务从产业链两端推进制造业产业结构优化，软件服务形成新的开放竞合的产业链新模式、催生基于大数据的信息服务新形态。

基于大数据的云就是互联网的另一种称谓，是以工业互联网的形式，以软件定义的形式去打造和优化。其中一个典型的场景就是按需分配，而按需分配实际上就是优化制造资源。当人们看到各种设备自动运营，物料很正常，机器运转也很顺畅，其实这背后支撑它的是看不见的数据的自动流动。而要想这些数据顺畅流动，显然只有通过云这样的方式，通过互联网。所以，云计算是新一代信息技术的典型代表，具有高灵活性、高性价比、高可靠性等优势。近年来，云计算在工业等传统行业中的应用愈加深化，有效帮助传统企业提升产品附加值、提高生产效率、创新商业模式，加快推动了产业转型升级。随着制造业向智能化方向发展，云计算也成为智能制造的重要基础，能够通过提供强大的数据传输、存储和处理能力，帮助制造业企业收集和处理大量数据。这种基于云计算模式，面向制造业企业进行服务的智能制造平台就是工业云平台，能够让企业无须招聘员工、购买昂贵的专业软件和制造设备，只要通过平台终端就能完成产品的设计、工艺、制造、采购、营销等各个环节。当前，越来越多的企业正在探索工业云平台的建设和应用。例如，海尔等传统制造企业依托云服务推出消费者对企业的创新商业模式，向智能化、个性化、定制化制造迈进，实现了由硬件制造商向"制造+服务"提供商的升级。从供给侧角度来讲，现在互联网厂商、硬件厂商都在提供这样的解决方案。

（5）营销体验软件化

软件化为定制产品提供了可行性，增强了与产业链下游企业的协同能力，实现线下看样、体验、物流与线上询价、交易、支付的优势互补，促进产品分销和售后服务水平提升。软件化形成了网上信息发布、交易支付、体验展示、物流配送、售后服务、价格发现、品牌推广及行情监测等功能为一体的跨区域信息系统平台。

这一领域的典型应用应该属于社交网络与商业的结合，大大改变了客户的营销体验。社交媒体应用和移动互联网的兴起彻底改变了人与人、人与企业、企业与企业之间的沟通方式,也是人们最容易感知的智慧所在。伴随社交媒体的深入应用,它所带来的改变也逐渐渗透到各个商务领域。社交网络在商务领域的应用主要包括两个方面:一方面,企业期望通过社交商务的方式,从根本上改变其核心业务流程,打破企业内外界限,整合内外部的资源;另一方面,行业领袖们正在利用社交商务创建智慧的团队和卓越的客户体验,以创造真正的商业价值。

大数据时代具有丰富的信息传播、沟通交流等特征,微博、微信、QQ等可以运用于数字营销中,与场景营销相互结合,针对消费者需求提供丰富的"互联网＋场景营销"。场景营销需要对接大数据的本质及营销意蕴,"互联网＋场景营销"可以实现数字空间与现实世界的场景对接、共享,让消费者获得贴切、丰富的场景营销体验,与消费者的工作、生活场景相互结合。"互联网＋场景营销"可以针对消费体验需求的实际,结合大数据信息资源丰富的特点,在场景中寻求设计与运用的灵感,体现大数据丰富信息的特点,满足消费者的信息体验需求。

对于企业和营销者来说,社交平台营销存在很多优越性。一是社交平台能够拉近企业和用户的距离,增强企业和用户之间的互动性,传统的营销方式下企业很难看到营销效果的反馈,但是借助社交平台,企业就能够看到用户的反馈。

企业若要获得可持续的成功,必然需要在其领域不断创造、提升竞争优势。这种优势依然可以是规模生产的低成本、机密的自主知识产权、积极的员工或是高瞻远瞩的领导层。但在当前的知识经济时代,企业的战略优势越发依赖超前的精准判断与果断抉择。

(6)产品服务内涵软件化

生产的产品由有形的物质产品向无形的信息产品转变;由硬件决定产品价值向软件决定产品价值为主转变;生产制造由产品向服务转变;产品(服务)创新转向商业模式创新。

举一个打车的例子,打车虽然是一个传统的信息化问题,但科技改变行业,在产品服务上产品软件化发挥着至关重要的作用。在20世纪60年代的时候,也就是人工智能的早期,主要是通过定义打车的规则进行车辆和客户的匹配,但是司机和打车的人匹配的效率很低,成本也不划算。而现在通过大数据的办法,进行低成本的搜集、存储,然后训练、评分,使得这个圈更加的智能和优化,所以今天通过数据智能一方面可降低打车成本,另一方面优化产品服务,提升服务水平。仍以互联网打车为例,现在的滴滴出行、美团打车的客户服务水平均高于传统行业出租车。随着互联网打车份额的攀升,截至2018年1月,传统出租车的收入已降至历史最低水平。有一个典型的应用场景是:客户通过手机App,可以直观看到出行的预估价,如果最终价格大大高于预估价,在客户付款时,平台会自动弹出类似:车费异常,是否需要申诉?

如果客户点击了"需要申诉",滴滴、美团的App立刻会根据客户的既往信用弹出不同界面,如果客户信用较好,则弹出界面大意是:您有很好的信誉记录,接受您的申诉,此次收费按＊＊元计算(是按正常的计费水平)。如果客户信用不好,则弹出等待申诉处理的界面。这个功能,给客户的体验是非常好的。因为,在互联网打车软件出现之前,类似状况是完全不同的场景:

①用户可能根本不知道司机绕路了;

②用户事后发现司机绕路了,但下车时忘了要票据,无法举证;

③用户当时就发现司机绕路了,跟司机要了票据,但票据上只有里程和时间,而没有出发地点、目的地和行车路线,无法直接证明司机绕了路。

而互联网打车则彻底改变了这一状况：主动提醒用户是否需要申诉，用户提出申诉后，立刻就做出令用户满意的处理！

互联网打车的申诉处理如此贴心而智能，它是怎么做到的呢？答案很简单：服务软件化！

1.1.3 信息处理能力的提升使能世界变革

信息时代的一个显著的标志就是信息的无限量递增，也就是信息爆炸。在信息过剩的时代，真正宝贵的是如何获取有用的信息。现代信息技术的快速发展极大地增加了信息的数量，而信息的高速增长也迫使信息技术快速发展，以提高信息的可得性。

在信息时代，信息资源的极大丰富和极易获得。相对于很多主体的信息需求而言，现在的信息供给是无限的。各种现代信息技术极大地增加了信息的数量，提高了信息的可得性。数字化技术使所有形式的信息都可以高质量地长久地存储起来。光纤通信技术使海量的多媒体信息可以极为迅速地传递。超文本链接技术和检索技术可以使人们轻而易举地得到自己想要的大量信息。近30年来，人类生产的信息已经超过过去5000年信息量的总和。另据外国权威人士统计，每天每个消费者平均要受到3000次广告信息的影响。

在信息社会里，信息不再是稀缺的资源，数字化时代信息的传播方式多种多样，有用的信息铺天盖地，无用的信息也滚滚而来。信息泛滥、信息垃圾、信息骚扰正在模糊人们的视野，分散人们的注意力，唯一的办法是从这些信息里抽取有用的部分。这就需要首先知道需要什么，正如布鲁诺·兰姆鲍奇尼说："信息，已成为企业生产功能和决策方面的主要的，但又非物质的因素，只有适当的利用，才能使企业有效地适应这种信息流，并取得积极的社会经济效果。"

1. 摩尔定律——信息科学的发展规律

摩尔定律（Moore's law）是英特尔公司的创始人戈登·摩尔在1965年提出的，他指出集成电路中导体元件的密度每18个月增加一倍。他据此推理，如果按照这一趋势发展下去，在较短的时间内计算能力将呈指数规律增长。

摩尔定律可以形象地理解为，数字技术产品会不停地变得越来越快，越来越小，越来越便宜。它所倡导的"更快、更小、更便宜"的理念，使得整个信息产业变成了另一个"奥林匹克"竞技场。从286、386……到奔腾，计算机芯片技术沿着摩尔定律的轨迹突飞猛进，已成为信息产业持续高速发展和新经济奇迹的重要推动力。就企业而言，随着产出的增加，厂商不断改进它的生产，结果单一产品的成本不断下降。

摩尔定律也揭示了企业建立定时出台机制是迎接新经济挑战的基本前提。企业危机最根本的是创造力危机，因此不仅要把创新作为企业管理永恒的主题，更重要的是要加强对创新的时效管理，主动地、科学地确定创新步伐，这种观念称为定时出击。摩尔定律保证了科技创新的高速度。

2. 吉尔德定律

摩尔定律相联系的另一个网络定律是吉尔德定律（Gilder's Law），又称为胜利者浪费定律，由乔治·吉尔德提出。认为主干网带宽的增长速度至少是运算性能增长速度的三倍。因为运算性能增长速度主要是由摩尔定律决定的，所以根据每两年运算性能提高一倍计算，主干网的网络带宽的增长速度大概是每八个月增长一倍。而主干网的网络带宽的不断增长意味着各种新的网络应用方式的出现和网络用户使用费用的不断降低。

吉尔德定律和摩尔定律之所以联系在一起,是因为带宽的增长不仅仅受路由传输介质影响,更主要的是受路由等传输设备的运算速度的提高和作为节点的计算机的运算速度加快的影响,而后者是由摩尔定律决定的。

3. 梅特卡夫定律——网络技术发展规律

梅特卡夫定律是 3Com 公司的创始人,计算机网络先驱罗伯特·梅特卡夫提出的。梅特卡夫定律认为,网络的价值与联网的用户数的平方成正比,如图 1-1 所示。

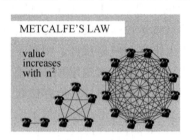

图 1-1 梅特卡夫定律

梅特卡夫定律决定了新科技推广的速度。梅特卡夫定律常常与摩尔定律相提并论。这是一条关于网上资源的定律。梅特卡夫定律提出,网络的价值与联网的用户数的平方成正比。所以网络上联网的计算机越多,每台计算机的价值就越大。新技术只有在有许多人使用它时才会变得有价值。使用网络的人越多,这些产品才变得越有价值,因而越能吸引更多的人来使用,最终提高整个网络的总价值。一部电话没有任何价值,几部电话的价值也非常有限,成千上万部电话组成的通信网络才把通信技术的价值极大化了。当一项技术已建立必要的用户规模,它的价值将会呈爆炸性增长。一项技术多快才能达到必要的用户规模,这取决于用户进入网络的代价,代价越低,达到必要用户规模的速度也越快。有趣的是,一旦形成必要用户规模,新技术开发者在理论上可以提高对用户的价格,因为这项技术的应用价值比以前增加了。所以,该定律进而衍生为某项商业产品的价值随使用人数的增加而增加的定律。

信息资源的奇特性不仅在于它是可以被无损耗地消费(如一部古书从古到今都在"被消费",但不可能"被消费掉"),而且信息的消费过程可能同时就是信息的生产过程,它所包含的知识或感受在消费者那里催生出更多的知识和感受,消费它的人越多,它所包含的资源总量就越大。互联网的威力不仅在于它能使信息的消费者数量增加到最大限度(全人类),更在于它是一种传播与反馈同时进行的交互性媒介(这是它与报纸、收音机和电视最不一样的地方)。所以梅特卡夫断定,随着上网人数的增长,网上资源将呈几何级数增长。

梅特卡夫定律是基于每一个新上网的用户都因为别人的联网而获得了更多的信息交流机会。指出了网络具有极强的外部性和正反馈性:联网的用户越多,网络的价值越大,联网的需求也就越大。比如,电话的发明就是遵循梅特卡夫定律的——如果全世界只有一个电话的使用者,那么电话这项发明的价值为零,可是大家都在使用电话,那么,这项技术就能够为像美国电报电话公司(AT&T)这样的巨型企业的存在提供足够的经济基础。同样的道理,互联网上众多应运而生的网络公司,如 eBay 和 Amazon 等公司的飞速发展也是因为其网络用户的不断加入而发展壮大。

总之,由于信息时代变化加快,信息量递增,知识爆炸,复杂性增加,还有所谓虚拟组织的出现,导致项目大量增加,更需要加强技术管理、知识管理、信息沟通管理,同时还需要一些创新的组织手段和管理手段。信息技术以强大的创新性和渗透性改变了传统产业的组成结构、增长模式、管理体制和全球格局。信息资源已成为重要的生产要素。信息化对经济发展的倍增作用进一步扩大了全球化对信息化的内在需求。

人们应当立足于信息社会、依靠信息科学与技术，开发使用信息系统，同时提供信息服务，这样才能有望在未来有所发展。

1.2 管理信息系统概述

在信息时代，管理信息系统成了一个非常重要的主题。广义的管理信息系统涉及信息、人与信息技术这三种重要的组织资源的协调和使用，其中人是最关键的因素，信息是原材料，信息技术是工具。信息系统的目的是帮助人们完成与信息处理和信息管理相关的一切任务，从而更好地把握有效的信息。

1.2.1 管理信息系统的概念及特点

1. 管理信息系统的概念

管理信息系统（Management Information System，MIS）涉及经济学、管理学、运筹学、统计学、计算机科学等很多学科，是各学科紧密相连综合交叉的一门新学科。作为一门新科学，它的理论和方法正在不断发展与完善。目前对 MIS 的解释和定义有许多，比如：

（1）MIS 是能够提供过去、现在和将来预期信息的一种有条理的方法，这些信息涉及内部业务和外部情报。它按适当的时间间隔供给格式相同的信息，支持一个组织的计划、控制和操作功能，以便辅助决策过程。

（2）MIS 是一个利用计算机硬件和软件，手工作业，分析、计划、控制和决策模型，以及数据库的用户——机器系统。它能提供信息，支持企业或组织的运行、管理和决策。

（3）MIS 是一个具有高度复杂性、多元性和综合性的人机系统，它全面使用现代计算机技术、网络通信技术、数据库技术及管理科学、运筹学、统计学、模型论和各种最优化技术，为经营管理和决策服务。

（4）MIS 是一个由人、计算机等组成的能进行信息的收集、传递、储存、加工、维护和使用的系统。它能实测企业的各种运行情况，利用过去数据预测未来。从企业全局出发辅助企业进行决策，利用信息控制企业的行为，帮助企业实现其规划目标。

（5）MIS 是一个以人为主导，利用计算机硬件、软件、网络通信设备以及其他办公设备，进行信息的收集、传输、加工、储存、更新和维护，以企业战略竞优，提高效益和效率为目的，支持企业高层决策、中层控制、基层运作的集成化的人机系统。

从管理信息系统的建立、功能等方面来分析，并结合以上各种定义，可以将管理信息系统定义为：管理信息系统是用系统思想建立起来的，以电子计算机为基本信息处理手段，以现代通信设备为基本传输工具，且能为管理决策提供信息服务的人机系统。

2. 管理信息系统的特点

结合管理信息系统的定义，并根据在行业中的具体应用情况，可以将管理信息系统的特点概括为以下几点。

（1）面向管理决策的综合系统

管理信息系统是一个为管理决策服务的综合性信息系统，它必须能够根据管理的需要，及时提供所需要的信息，帮助决策者做出决策。一个组织在建设管理信息系统时，可根据需要逐步应用个别领域的子系统，然后进行综合，最终达到应用管理信息系统进行综合管理的目标。管理信息系统综合的意义在于产生更高层次的管理信息，为管理决策服务。

（2）复杂的人机系统

管理信息系统的目的在于辅助决策，而决策只能由人来做，因而管理信息系统必然是一个人机结合的系统。在管理信息系统中，各级管理人员既是系统的使用者，又是系统的组成部分。在管理信息系统开发过程中，要根据这一特点，正确界定人和计算机在系统中的地位和作用，充分发挥人和计算机各自的长处，使系统整体性能达到最优。

（3）与现代管理方法和信息技术手段相结合的系统

只简单地采用计算机技术提高处理速度，而不采用先进的管理方法，管理信息系统的应用仅仅是用计算机系统仿真原手工管理系统，充其量只是减轻了管理人员的劳动，其作用的发挥十分有限。管理信息系统要发挥其在管理中的作用，就必须与先进的管理手段和方法结合起来，在开发管理信息系统时，融进现代化的管理思想和方法。

（4）多学科交叉的边缘科学

管理信息系统作为一门新的学科，产生较晚，其理论体系尚处于发展和完善的过程中。研究者从计算机科学与技术、应用数学、管理理论、决策理论、运筹学等相关学科中抽取相应的理论，构成管理信息系统的理论基础，从而使其成为一个形成一个有着鲜明特色的边缘科学。

1.2.2 管理信息系统的基本功能

管理信息系统的基本功能主要包括信息的输入、传输、存储、加工、维护、输出等。

（1）信息的输入

信息处理界有句口头禅叫"输入的是垃圾，输出的必然是垃圾"。这说明输入的极端重要性。将收集来的各种信息源，按一定的格式加以整理、录入并存储在一定的介质上（如卡片、磁带、软盘等）并经过一定的校验后，即可输入系统进行处理。

（2）信息的传输

信息的传输包括计算机系统内和系统外的传输，实质是数据通信。采集到的信息要传输到信息处理中心，处理完的信息要传输给使用者。随着管理信息系统规模的扩大，信息传输问题越来越复杂，信息传递的及时性和可靠性也越来越高。

（3）信息的存储

信息的存储即将输入的信息存储在计算机存储器上。计算机存储器分为内存和外存：内存存取速度快，可随机存取存储器中任何地方的数据；外存的存取量大，但必须由存取外存的指令整批调入内存后，才能为运算器使用。

（4）信息的加工

信息加工的范围很大，从简单的查询、排序、归并到复杂的模式调试及预测。在加工中，要使用许多数学及运筹学的工具。许多大型的系统不但有数据库，还有方法库和模型库。

（5）信息的维护

信息维护，是信息资源管理的重要一环。狭义上讲，它包括经常更新存储器中的数据，使数据均保持合用状态；广义上讲，信息的维护还应包括系统建成后的全部数据管理工作。信息的维护主要为了保证信息的准确、及时、安全和保密。

(6) 信息的输出

信息的输出是管理信息系统的主要目的所在，信息系统输出就是为用户提供信息，是信息系统价值的体现。信息系统输出按照输出特点可以分为三类：内部输出、外部输出和反馈输出。

内部输出就是为组织内部的各种用户提供的输出。内部输出的信息基本上是企业的内部数据，包括业务数据、汇总和统计数据及决策数据等，尤其是一些诸如年报、月报等汇总报表、实时查询及出错与异常报告。外部输出主要为组织外部用户和组织机构提供信息，主要是组织的查询数据和汇总数据等。外部输出有时比内部输出有更高的要求，如对界面、功能和数据要求很高，系统要足够强壮等。反馈输出的目的是为了输出，典型示例是填写的回执等。信息输出的主要方式有打印输出、显示输出、电子文档输出和多媒体输出等多种。

1.2.3 管理信息系统的基本要素

管理信息系统包括：信息、人和信息技术这三个基本要素。其中信息是信息系统的原材料和产成品，人是信息系统中最关键的因素，而信息技术是工具和手段。下面进行逐一介绍。

1. 信息

(1) 信息的定义

信息这个词在现代社会已成为人所共知的流行词，人们每时每刻都在信息的海洋里工作和生活。信息理论的创始人香农曾说："信息是用以消除不确定性的东西"。另外，人们在日常生活中，也经常接触到"数据""知识"等字眼，而且数据、信息和知识这些概念在实际应用中也经常容易混淆。为了更清楚地认识作为信息系统原材料及成品的"信息"，有必要搞清这三者之间的联系与区别。

数据（data）一般是指那些未经加工的事实或对特定现象的描述，事实性的数字、文本或多媒体等。信息（information）是经过加工后的数据，它正确反映客观事物状态及客观事实，对接收者的行为能产生影响，对接收者决策具有价值。知识是主客体之间相互统一的产物。它来源于外部世界，所以知识是客观的；但是知识本身并不是客观现实，而是事物的特征与联系在人脑中的反映，是客观事物的一种主观表征，知识是在主客体相互作用的基础上，通过人脑的反映活动而产生的。

它们之间的主要区别与联系是：数据是记录下来的可被鉴别的符号；信息是关于客观事实的可通信的知识；知识是信息在大脑神经作用后留下的痕迹。这三者之间的转换过程如图1-2所示。

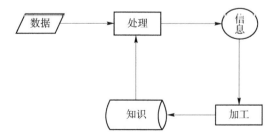

图1-2 数据、信息与知识的关系

(2) 信息的维度

信息作为重要的资源，特别是在现代信息社会备受关注。人们要利用信息进行工作和做出决策，把信息作为一种产品进行生产，因此必须了解信息的维度，以便获取正确的信息。

①时间维。信息的时间维是指信息的及时性与新颖性。也就是说在人们需要时及时获得信息并能获得最新的信息。只有描述了适当时期的信息才是有用和相关的信息。例如，若想今天进行股票交易，就需要知道现在的股票价格，如果第二天才知道股票价格，就会被市场淘汰。

②空间维。信息的空间维阐述了信息的便利性，即不管人在哪里，都能获得信息。如果所在的企业拥有内部网，那么只需具备网络浏览器软件以及拥有防火墙密码，就可以在办公室以外的任何地方上网获取信息。

③形式维。信息的形式维包括两个方面：第一，信息以最适当的形式——声音、文本、影响等被提供；第二，信息的准确性，即人们需要的是无差错的信息。

(3) 信息的流动方向

信息在组织内部流动时有方向性，根据组织的结构，大多数人自上而下把组织分为三层：战略层、战术层、作业层。战略层，为组织提供整体的方向和指导；战术层，根据企业战略制订下一级的目标；作业层，管理和指挥日常的运作并实施企业目标和战略。

组织中的信息面向四个方向，分为向上、向下、水平方向以及向内/向外，如图1-3所示。

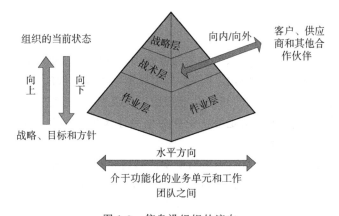

图1-3 信息沿组织的流向

①向上流动的信息：描述了基于日常事务的组织的当前状态。
②向下流动的信息：包括源于最高层的战略、目标和指令，信息向较低层次流动。
③水平流动的信息：是在职能业务单位和工作小组之间水平流动。
④向内/向外流动的信息：包括与顾客、供应商、经销商和其他商业伙伴交流的信息。

信息和其他事物一样具有产生和消亡的过程，这就是生命周期（Life Cycle）的含义。所谓信息的生命周期就是指信息从产生到应用直至失去使用价值为止的时间。以管理的角度为例，不同管理层次信息的生命周期有较大的不同。战略级的信息生命周期最长，而作业级的信息生命周期最短。因为战略级信息对组织决策有较长时间的意义，而作业级信息中有许多属于临时性或过渡性信息，会随着时间的过去而失去意义。当然，现在基于数据挖掘和数据仓库的研究日益重视历史数据的研究和利用，但是相对战略信息而言，它的生命周期还是短暂的。

2. 人

任何组织中最为重要的资源就是人，人是管理信息系统的关键要素。决策制订得对错，执行得好坏以及管理各项活动都与人密不可分。而人作为信息系统的构建者和使用者，是管理信息系统的关键，其作用更是非同一般。以下讨论主要是针对知识工作者的。

所谓知识工作者，就是信息和信息技术的使用者。作为知识工作者最基本的要求：精通信息和技术，另外还要具备社会责任感。

（1）精通信息和技术

在组织中，最具价值的不是技术，而是人才。现代社会的竞争已经变成了对人才的竞争。信息技术是帮助人们进行加工处理信息的工具，并且只能在人的支配下工作。例如，Excel可以帮助人们快速生成高质量的图表，但却无法告诉操作者应该建立条形图还是饼状图，也不能帮助决策者决定是采用区域销售还是人员销售，这些都需要人来完成。虽然如此，技术还是相当重要的。它可以帮助人们提高工作效率，剖析问题等。同样，理解处理的信息也非常重要。

①精通信息的知识工作者：能够确定需要哪些信息，知道如何获得和在哪里能获得这些信息；一旦收到信息，能够了解信息的含义，并能在信息的基础上采取适当的行动，以便帮助组织获取最大的优势，即：需要确定自己的信息需求；必须知道如何获得以及在哪里获得信息；必须理解信息的含义；必须在信息的基础上采取适当的行动。

②精通技术的知识工作者：能够懂得如何运用技术以及何时运用技术。"如何"包括懂得应该购买什么技术，如何开发利用应用软件的优点，以及把各个企业连接起来需要怎样的技术基础等。

（2）社会责任感

作为知识工作者，不仅要精通信息和技术，而且必须意识到自己的社会责任。也就是所说的道德。道德是一系列帮助指导人的行为、行动和选择的标准。例如，使用什么样的信息技术可能会不恰当、不负责或对他人和社会产生危害？怎样才是正当的使用互联网和公司信息资源？一个对信息技术负责人的终端用户需要做些什么？如何保护自己免于计算机犯罪及其他信息技术风险？以上这些都是信息系统道德层面上的问题。

在信息时代，作为一个富有社会责任感和道德的人，不仅要注意自己的行为，还会涉及其他人的行为。比如，面对计算机犯罪时如何保护自己，对于网络恐怖分子、黑客等威胁，知识工作者的责任就是预防他们。在第7章，将会继续讨论关于道德、伦理和法律这些议题。

3．信息技术

管理信息系统是信息技术应用的结果，没有信息技术的支持，管理信息系统就无从谈起。从管理信息系统实践上看，随着信息技术的迅速发展，实际运行的信息系统越来越多，对社会和经济的影响日益深入。信息技术的进步也是信息系统的推动力。一方面，过时的技术会带来很大的问题，从而驱动信息系统项目的开发；另一方面，新的技术引发新的机会。

信息技术是指以电子计算机和现代通信为主要技术手段实现信息的获取、加工、传递和利用等功能的技术总和。21世纪是信息时代，以计算机系统、网络和通信技术、数据库技术等为代表的信息技术已渗透到企业经营价值链的每一个环节，影响到了整个行业的价值系统，进而对企业的战略选择产生了重大影响。

下面讨论信息系统的核心信息技术：计算机系统、网络和通信技术及数据库技术。

（1）计算机系统

计算机系统由紧密相关的硬件系统和软件系统两部分组成。计算机硬件系统是计算机系统的物质基础，由中央处理器（CPU）、输入输出设备（I/O设备）和存储器组成。其中 CPU 相当于硬件系统的心脏；而主机是计算机的指挥系统；人们通过 I/O 设备与计算机进行的沟通和表达；存储器作为信息的载体，用来存放程序和数据。软件是相对于硬件而言的，它是指计算机系统中的程序及其文档，是计算机系统活的灵魂。软件系统着重解决如何管理和使用计算机的问题。计算机系统通过硬件和软件的有机结合才能完成特定的功能。

（2）网络和通信技术

计算机和通信技术的结合推动着社会信息化的技术革命。人们通过连接各个部门、地区、国家甚至整个世界的计算机网络来获取、存储、传输和处理信息。所谓计算机网络，就是利用通信设备和线路将地理位置不同、功能独立的多个计算机系统互联起来，以功能完善的网络软件（即网络通信协议、信息交换方式和网络操作系统等）实现网络中资源共享和信息传递的系统。计算机网络根据网络应用范围和方式的不同可以分为：局域网（LAN）、广域网（WAN）、综合业务数字网（ISDN）和因特网（Internet）。

通信是把信息从一个地方传送到另一个地方的过程。数据通信对管理信息系统起到重要的作用，利用数据通信可以将管理信息系统资源在长距离内有效分配。移动和无线技术等通信技术的发展必将极大地改变下一代信息系统。掌上电脑或者个人数据助理在信息工作者中很常见，这些设备正逐渐具备了无线功能，提供 Web 访问和电子邮件。移动电话也越来越多的增加了因特网和电子邮件功能。另外笔记本电脑也配备了无线和移动功能，使得信息工作者携带电脑更容易，并保持同信息系统的连接。所有这些技术趋势将深远地影响新信息系统的分析和设计。

（3）数据库技术

数据库技术是信息技术中发展最快的领域之一，它是计算机信息系统与应用系统的核心技术和重要基础。数据库是数据管理的最新技术，是以一定的组织方式存储在一起的相关数据的集合，它能以最佳的方式，最低的数据冗余为多种应用服务。近十余年来，数据库管理系统已从专用的应用程序包发展成为通用的系统软件。由于数据库具有数据结构化、最低冗余度、较高的程序与数据独立性、易于扩充等特点，较大的信息系统都是建立在数据库设计之上的。因此，不仅大型计算机及中小型计算机，甚至微型计算机都配有数据库管理系统。目前其应用已从一般管理扩大到计算机辅助设计、人工智能以及科技计算等领域。

在信息化社会，信息技术对社会经济的影响渗透到社会的各个领域。如对文化与教育的影响、对生活方式及各种社会活动方式的影响、对经济生产的影响以及对国际关系的影响等。特别对于企业，需要详细规划和管理所需的组织变革，充分利用新技术，以适应信息时代的飞速发展。

1.2.4 管理信息系统的新变化

1. 信息技术创新应用

当前，世界经济正在进入以新一代信息技术为主导的发展时期，数字化转型已是大势所趋。加快新一代信息技术创新突破与融合应用，已经成为世界各国竞争发展、赢得主动的普遍选择。近年来，工信部加快推进网络基础设施建设，大力促进工业互联网、云计算、大数据、人工智能等新一代信息技术与制造业深度融合，各项工作取得了明显成效。

一是网络设施和产业基础不断夯实。我国建成了全球最大的固定光纤网络和4G网络，5G网络技术研发、测试和验证取得重要突破，网络架构等技术标准成为国际标准，第三阶段非独立组网测试基本完成。积极推进IPv6规模部署，启动了工业互联网建设。涌现出一批具有国际竞争力的云计算平台和大型数据中心，人工智能部分领域核心关键技术实现重要突破。建立电信普遍服务制度，深入实施网络扶贫行动，有效地缩小了城乡"数字鸿沟"。

二是制造企业数字化水平不断提升。截至2018年9月，我国工业企业数字化研发设计工具普及率和关键工序数控化率分别达到67.8%和48.5%，两项指标近五年年均增长约3个百分点。深入开展研发设计、制造、管理、营销等全流程和全产业链的集成应用，数字化转型已经成为各行业工业企业的广泛共识，基于数据驱动的生产模式变革和开放价值生态已成为企业的自觉选择。

三是制造业"双创"不断发展。从生产方式看，一些企业借助创新平台有效获取和使用外部创新资源，显著提升了企业的研发设计、生产制造和管理服务水平。从组织管理看，一些企业通过组织结构与管理机制创新，加快向扁平化、平台化的创新型组织转型，极大地释放了企业内部的创新活力。

2. 创造新的业务模式

从商业模式看，线上与线下相结合、创新与创业相结合、资源汇聚与能力开放相结合的新的运营模式正在加速形成。以现在的短视频发展为例来看，随着5G技术的深入应用，突破了带宽限制的短视频正在深刻改变人们的娱乐休闲方式，更拓展了自我表达的渠道与形式。对于短视频用户来说，他们不仅是屏幕外的消费者，更是屏幕内的生产者。在"微社交"时代下，短视频已成为用户广泛应用的新表达形态。短视频兴起是在短短几年间出现的。无论是短视频网红Papi酱、艾克里里，李子柒，还是以短视频制作起家的"一条""二更"平台，都见证了短视频不断火爆并走向大众化的过程。据2018年统计，目前中国短视频独立用户数已达5.08亿，占国内网民总数的46%。在深耕内容领域、强化用户研究、探索商业模式、建立平台生态的多种实践中，短视频行业发展将拥有更多可能。随着监管机制趋严、娱乐内容同质化凸显，发力优质、原创内容，拓展中长尾垂直内容，将是提升短视频内容价值和差异化竞争的着力点。

3. 移动商务持续扩张

随着智能手机的大力推广和普及，推动着移动互联网市场规模的进一步扩张。移动互联网，就是将移动通信和互联网两者结合起来，成为一体。移动商务是基于互联网的技术、平台、商业模式和应用与移动通信技术结合并实践的活动的总称。

2018年，我国互联网和相关服务业保持平稳较快增长。在物联网、大数据、云计算等信息技术和资本力量共同催化作用下，互联网行业业务不断创新拓展，共享经济、数字支付、跨界电商等新兴业态不断孕育发展壮大，激发居民消费需求加快升级，对经济社会发展的支撑作用不断增强。

据数据显示，2018年我国的互联网和相关服务企业（简称互联网企业）完成业务收入

9562亿元，比上年增长20.3%。主要省份保持良好增长态势，互联网业务收入总量居前三位的广东、上海、北京，互联网业务收入分别增长26.5%、20%和25.2%。其中，移动互联网应用程序数量缓步增长。2018年，我国市场上监测到的App数量净增42万款，总量达到449万款；其中我国本土第三方应用商店的App超过268万款，苹果商店（中国区）移动应用数约181万款，如图1-4所示。

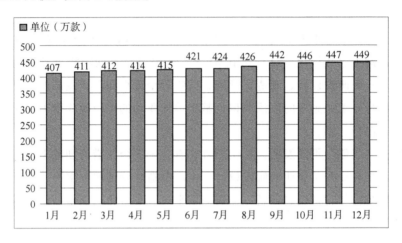

图1-4　2018年中国市场移动应用规模

4. 持续推进管理变革

西方管理学界有3C的说法，即客户（Customer）、竞争（Competition）、变革（Change）是企业管理中三项最重要的概念。如果再补充一个C，即公司文化（Companyculture），这四个C抓住了管理工作的四条主线，构成了完整的企业管理哲学：客户是企业存在的理由，竞争是企业生存的环境，文化是企业健康的基因，变革是企业发展的路径。这四条主线就是企业的纲，在更高的层次上全面而平衡地统领着企业的全部管理行为，包括研发、制造、市场、销售、服务、人事、财务、物流、策划、运营、流程等。

信息技术的发展日新月异，从Office等办公软件的应用，到ERP、CRM等系统软件逐渐取代人工工作方式，再到"大数据时代"的到来，加上信息技术人才的不断发展，企业管理的信息化变革逐渐有了充分的条件。传统企业的管理理念和管理模式也不再适用新的时代，如何进行变革避免被淘汰成为企业生存的重大课题。

1.3　管理信息系统的视角

本节从信息处理、管理层次与职能层次三个不同角度，对信息系统进行分析，使大家对管理信息系统有更加深刻的认识。

1.3.1　基于信息处理

从信息资源管理的方面来说，企业信息化的发展经历基础数据管理、信息管理和知识管理三个阶段。采集和管理数据是信息资源管理的基础，加工数据产生信息并加以利用是信息资源管理的核心，挖掘、组织和利用知识是信息资源管理的高层次内容。

在早期不是基于信息技术的信息系统发展中，基础数据管理以手工管理为主要阶段，而现代信息系统的发展与信息技术密切相关，大致分为以下三个阶段。

1. 基础数据管理阶段

20世纪50年代计算机刚刚进入管理阶段时，首先作为计算工具被使用。在这个数据管理阶段，通常人们用它来进行工资、会计、统计等方面的计算工作，部分代替人们的手工劳动。随着信息技术的发展，计算机的数据处理能力加强。在管理信息处理中，除了计算工作外，文本档案处理，各种报表生成业务也逐渐计算机化。

这一阶段比较有代表的信息系统有电子数据处理系统，是数据处理的计算机化，通过计算机的高速运算和处理提高数据处理的效率。相关部门的管理业务是在计算机上按项目分别进行的，如财务部门、人事部门等，项目之间在计算机上没有联系，因此它是单项事务处理系统。

2. 信息管理阶段

20世纪60年代中期发展起来的管理信息系统，强调基于计算机信息处理的系统性、综合性，主要特点是以中心数据库和计算机网络为标志，采用分布式处理方式，把组织内部的各级管理结合起来，克服时间、空间上的限制，完成必要的信息管理工作，辅助决策者进行决策工作。由于管理信息系统突出了加工数据和产生辅助各级管理决策的信息，用以指导和控制企业的生产经营活动，因此完成管理信息系统开发的企业在信息化的发展历程中，已经进入了信息管理阶段。

随着企业信息化的全面深入发展，管理信息系统也在从狭义的概念到广义的概念不断发展。从历史的角度，广义的管理信息系统经历了 MIS、DSS 等阶段，管理信息系统是一个叠加的、纵深推进的概念。

3. 知识管理阶段

人工智能、数据挖掘等技术从数据或信息中提炼知识，给予计算机智能和提高人类智慧，然后再基于知识解决实际问题。所以专家系统、神经网络等的应用标志企业进入信息化发展的最高阶段——知识管理阶段。

管理信息系统从开始的提高工作效率，如速度及存储量等问题，到获得信息的有效性，最终将导致管理模式上的变革。

1.3.2 基于管理层次

从管理的层次出发，信息系统可以分为四类，它们分别是战略规划层的经理信息系统、管理控制层的管理信息系统和决策支持系统、知识层的知识工作系统和办公自动化系统以及运行控制层的事务处理系统。表1-1给出了组织中各个层次中的特定类型的信息系统应用。本书第2章将对各类信息系统进行详细介绍，这里只进行简单说明。

表 1-1　各级管理者应用的信息系统

层次	支持的系统
战略规划层	经理信息系统
管理控制层	管理信息系统、决策支持系统
知识层	知识工作系统、办公自动化系统
作业层	事务处理系统

1．作业层的事务处理系统

事务处理系统（Transaction Processing System，TPS）它是面向企业最底层的管理活动，对企业日常运作所产生的事务信息进行处理。TPS是信息系统的最初形式，其特点是处理问题的高度结构化，但功能单一、设计范围小，如订票系统、会计成本核算系统、库存物资统计系统等。它所提供的信息是企业的实时信息，是对企业情况的直接反映。TPS通常是信息自下而上依次到达知识层、管理层和战略层的生成器，它的开发是信息系统开发的基础。

2．知识层的知识工作系统和办公自动化系统

知识工作系统（Knowledge Work Systems，KWS）是辅助专业人员为企业开发新产品而使用的专业化信息系统，利用专业领域的知识对企业内部或外部的信息进行处理。如CAD工作站、投资分析系统等。办公自动化系统（OA）是辅助企业行政管理人员协调信息流的信息系统，通过先进技术的应用，将人们的部分办公业务物化于人以外的各种设备，具有面向非结构化的管理问题，工作的对象主要是事务处理类型的办公业务。

3．管理控制层的管理信息系统和决策支持系统

管理信息系统（Management Information System，MIS）是在TPS基础之上产生的，它的任务是针对企业各种事物的全面、集成的管理。MIS通常利用数学建模分析数据、辅助决策，如资源消耗的投资决策模型、生产调度、制造业规划系统MRPII等。决策支持系统（Decision Support System，DSS）支持管理者对具体问题形成有效的决策，运用数据库、模型库、知识库等技术解决半结构化和非结构化的问题，如运输路线最短路问题、合理优化的生产调度等。

4．战略规划层的经理信息系统

经理信息系统（Executive Information System，EIS）是专门为企业最高管理层决策者设计的，具有相当的计算能力和通信能力。通过大数据、数据挖掘、人工智能等技术的应用，ESS帮助高层领导解决一些不断变化的宏观、战略方面的非结构化问题，如是否引进一条新的生产线，是否在某地区开拓市场等。EIS还可以为企业决策者提供企业内部的信息和竞争对手的信息，这些信息是经过低层次信息系统加工并综合起来的。

1.3.3　基于职能层次

管理信息系统应该支持整个组织的管理职能，如市场营销、生产管理、采购管理等，这些职能又通过管理的不同层次而加以区别。管理信息系统的功能结构可以用管理/职能的十字交叉的矩阵图来表示，如图1-5所示。

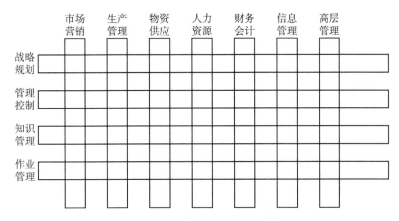

图 1-5 管理信息系统的功能结构

1. 市场销售子系统

市场销售子系统包含销售和推销以及售后服务的全部活动，事务处理主要是销售订单、广告推销等的处理。在运行控制方面，包括雇用和培训销售人员，销售或推销的日常调度，以及按区域、产品、顾客的销售量定期分析等。在管理控制方面，涉及总的成果与市场计划的比较，它所用的信息有顾客、竞争者、竞争产品和销售力量要求等。在战略计划方面包含新市场的开拓和新市场的战略，它使用的信息要用到客户分析、竞争者分析、客户调查等信息，以及收入预测、产品预测、技术预测等信息。

2. 生产管理子系统

生产管理子系统的功能包括产品的设计、生产设备计划、生产设备的调度和运行、生产人员的雇用与训练、质量控制和检查等。生产管理子系统中，典型的事务处理是生产指令、装配单、成品单、废品单和工时单等的处理。作业控制要求，将实际进度和计划比较，找出薄弱环节。管理控制方面包括进行总调度，单位成本和单位工时消耗的计划比较。战略计划要考虑加工方法和自动化的方法。

3. 物资供应子系统

它包括采购、收货、库存管理和发放等管理活动。事务处理主要包括库存水平报告、库存缺货报告，库存积压报告等。管理控制包括计划库存与实际库存水平的比较、采购成本、库存缺货分析、库存周转率分析等。战略计划包括新的物资供应战略，对供应商的新政策以及"自制与外购"的比较分析，新技术信息、分配方案等。

4. 人力资源管理子系统

包括人员的雇用、培训、考核、工资和解聘等。事务处理主要产生有关雇用需求、工作岗位责任、培训计划、职员基本情况、工资变化、工作小时和终止聘用的文件及说明。作业控制要完成聘用、培训、终止聘用、工资调整和发放津贴等。管理控制主要包括进行实际情况与计划比较，产生各种报告和分析结果，说明雇工职员数量、招聘费用、技术构成、培训费用、支付工资和工资率的分配和计划要求符合的情况。战略计划包括雇用战略和方案评价，职工培训方式、就业制度、地区工资率的变化及聘用留用人员的分析等。

5. 财务会计子系统

财务和会计既有区别，又密切相关。财务的职责是在尽可能低的成本下，保证企业的资金运转。会计的主要工作则是进行财务数据分类、汇总,编制财务报表,制订预算和成本数据的分类和分析。与财务会计有关的事务处理包括处理赊账申请、销售单据、支票、收款凭证、付款凭证、日记账、分类账等。财会的作业控制需要每日差错报告和例外报告,处理延迟记录及未处理的业务报告等。财会的管理控制包括预算和成本数据的比较分析。财会的战略计划关心的是,财务的长远计划,减少税收影响的长期税务会计政策以及成本会计和预算系统的计划等。

6. 信息管理子系统

该系统的作用是保证其他功能有必要的信息资源和信息服务。事务处理有工作请求、收集数据、较正或变更数据和程序的请求、软硬件情况的报告以及规划和设计建议等。作业控制包括日常任务调度,统计差错率和设备故障信息等。管理控制包括计划和实际的比较,如设备费用、程序员情况、项目的进度和计划的比较等。战略计划包括整个信息系统计划、硬件和软件的总体结构、功能组织是分散还是集中等。

7. 高层管理子系统

高层管理子系统为组织高层领导服务。该系统的事务处理活动主要是信息查询、决策咨询、处理文件、向组织其他部门发送指令等。作业控制内容包括会议安排计划、控制文件、联系记录等。管理控制要求各功能子系统执行计划的当前综合报告情况。战略计划要求广泛的综合的外部信息和内部信息。这里可能包括特别数据检索和分析以及决策支持系统,它所需要的外部信息可能包括:竞争者信息、区域经济指数、顾客喜好、提供的服务质量等。

1.4 信息系统与竞争优势

当今社会,随着各个行业竞争的加剧,企业必须开发革新产品和业务流程才能得以生存和发展,而信息系统是帮助他们实现这些目标的有力工具。企业为了获得竞争优势采用了大量信息技术应用系统,如客户关系管理系统、企业资源规划系统、供应链管理系统等,这些将在后续章节中进行详细介绍。本节主要讨论信息技术对竞争优势的影响,使得IT的重要性能够被充分认知,并分析如何利用信息技术来获取竞争优势。

1.4.1 企业信息化竞争优势的获取

现代信息技术对企业发展具有重要的战略意义,企业的竞争优势日益与企业信息化程度密切相关。信息技术影响到企业的组织结构、竞争范围,推动企业进行创新等各个方面。作为一个现代企业必须清楚地理解信息技术对企业发展的意义,以及它如何能带来显著而持久的竞争优势。

1. 促进组织结构优化,快速响应市场需求

在信息技术环境下,传统的组织结构受到严峻的挑战,由于其组织层次繁多和过于强调了层级等级体制,信息传递速度缓慢和传递过程中出现的信息失真这些弊端,已经不能适应市场环境的变化和促进企业的发展。

新的信息时代迫切需要新的组织结构:一方面,信息技术使企业实现了扁平化和网络化的组织结构,表现出组织结构的柔性特征,提高了组织的运行效率。另一方面,通过减少垂

直层，扩大水平层，纵向沟通联系渠道缩短，信息技术使企业资源能够被共同分享，组织成员上下之间的联系和沟通更加密切，克服了传统金字塔型组织结构部门之间各自为政、缺乏协调性的弊端，提高了企业组织成员行为的透明度。

IT 的应用使市场信息在组织之间的反馈更加迅速，加快了企业对外界的反应速度，尤其对于参与国际市场的企业，信息技术的应用可以大大加快管理信息、生产信息的传递与交换，从而更好地适应日益激烈的市场竞争环境。

2. 有助于未雨绸缪，提前应对未知的竞争

苏宁控股集团董事长张近东先生早在 2013 年就在苏宁内部讲话中暗示过，"不是同行的人会成为同行，不是竞争对手的人会成为竞争对手。"而在 2018 年，苏宁更表示："没有竞争对手，只有竞争伙伴"。2005 年，苏宁和 IBM 签约 SAP/ERP 项目；2007 年，苏宁实施"蓝深计划"，这是从门店 ERP 系统，到人力资源、组织和绩效管理、财务管理、供应链及物流网络优化、客户服务等全方位的业务变革解决方案。2018 年"618 大促"期间，苏宁的无人车"卧龙一号"、无人重卡"行龙一号"等黑科技纷纷亮相，至此，在智慧零售的整个服务体系中，无人仓、无人车、无人机、无人重卡以及导购机器人等智能产品已经实现了从仓储物流到终端服务的常态化运营。

信息技术使企业竞争由有形转向无形，竞争环境由区域化转向全球化，竞争对手也发生了改变，使得市场交易的时间和空间得到无限的拓展，从而跨越了地理范围。信息技术的开发利用改变了企业的竞争方式，扩大了竞争范围，形成了覆盖全球市场的营销网络。信息技术的推广应用，有助于企业未雨绸缪，提前应变。

3. 有助于了解客户，推动企业进行创新

创新是企业发展的动力，《摩尔定律》中有一个重要理念："你永远不能休息，否则你会永远休息。"在激烈的市场竞争环境下，企业必须成为创新的主体。信息技术是企业创新的有力武器和保持竞争优势的源泉，对提升企业竞争力具有深远的意义。

信息技术的应用能提高企业获取新技术和新思维的能力，进而不断提高其竞争优势。一方面，在产品创新领域，信息技术扮演了至关重要的角色。例如，汽车产业不定期地推出新的车型、技术升级和对传统产品的改造等方面正是基于 IT 技术的支持。另一方面，信息技术环境下，企业要快速发展和获得竞争优势，还要不断创新企业管理理念和强化企业管理领域的意识，使企业在激烈的市场竞争中能够立于不败之地。面对酒店业激烈的竞争，美国 Ritz—Carlton 集团建立了一个庞大的"客人习惯"数据库，饭店员工从客人在前台的留言以及客人的生活习惯、就餐嗜好等很多方面收集每一位客人的习惯并输入数据库中，当客人再次下榻集团所属的任意一家饭店时，有关客人习惯的数据将立即通过网络传递到这家饭店的前台，从而使饭店能为客人提供定制的、符合个人习惯的高质量服务，此举使饭店的回头客大大增加，获得了明显的竞争优势。

信息技术不但可以改变企业的价值链，降低产品成本、提高企业的产品差异化程度，而且还可以改变企业与其竞争者之间的竞争对比，从而为企业创造竞争优势带来新的可能性。企业应抓住这一机遇，制订适合企业自身的信息技术发展战略，改造企业的业务流程，使其与信息技术的应用相匹配，从而为企业创造竞争优势。

信息技术的迅猛发展，在为企业带来发展契机的同时，又使企业面临严峻的挑战。谁在这场信息革命中领先一步，谁便能在未来的国际竞争中占据优势。因此，必须加快企业信息化建设的步伐，推动企业全面的管理变革，提高企业的整体素质，提高企业竞争力，最终才能赢得竞争优势。

需要注意的是，新技术、新科技带来的新系统的应用，对单一的企业而言其效果不是永恒的，或者说只是暂时优势。信息技术不是某一个人的专利，竞争对手会迅速跟上，使得原先的优势很快消失。而迫使组织为了想成为行业领跑者甚至不至于被行业淘汰，继续开创新的系统，寻找新策略。当然这也从一个侧面体现了信息技术对行业发展的贡献。

1.4.2 利用信息系统创造企业价值过程

信息系统和技术对组织的竞争优势起着重要的作用。建立和保持竞争优势是很复杂的，但一个公司的生存和繁荣却有赖于此。本节从信息技术对企业外部环境、产品定位和内部因素三个方面的影响与应用进行分析，有效地决定在哪里使用信息技术以及如何使用技术来支持企业的商业活动。

1. 外部环境分析

无论大公司还是小公司，其管理者都承担着制订战略计划与保证达到目标的任务。这样就必须充分认清自己所处的外部环境，以便适应环境的变化。波特的五力模型即五种竞争力模型，被广泛用于帮助企业管理者考虑企业战略规划和IT影响的有力工具。五种竞争的作用力分别为：买方的议价能力，卖方的议价能力，现存竞争对手之间的竞争，新的竞争对手入侵以及替代品或服务的威胁，如图1-6所示。

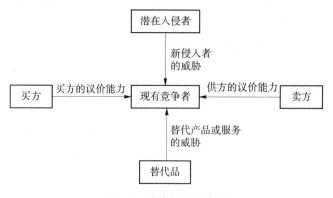

图1-6 波特的五力模型

（1）买方能力

当顾客选择的渠道很多时，买方能力较强，反之较弱。作为一个产品和服务的提供者，当然希望能减弱买方能力。而通过IT的应用可以很好地做到这一点。例如，对于旅店行业，有些旅馆为了提高顾客忠诚度，减弱买方能力，追踪大量客户的活动，开发忠诚客户服务方案，给予旅客一定的回馈（如免费机票、舱位升级等），这样顾客会更乐意与这些旅馆合作。

（2）卖方能力

当购买者的购买渠道较少，或购买者在获取信息、购买时需付出较高的成本时，则供应商的议价能力较强。反之较弱。削弱卖方力量的最好办法是寻找可替代的供应源。互联网的应用起到了一定的作用。B2B市场聚集了大量供应商和买家的网络服务，这为企业寻找合适的供应商提供了方便，再加上企业采用各种质量控制系统来检测供应商的货物，这可以有效削弱卖方的能力。

(3) 现有竞争者的威胁

当市场竞争激烈时，现有竞争者的威胁也增强。此时，尽管几乎所有行业的竞争都加剧了，但某些行业的竞争强度还是高于其他行业。面对同行业的竞争者，一方面充分利用现代信息科技，实现企业内部信息共享、降低产品成本、提高效率；另一方面，顾客也得到了较低价格的商品，实现了双方的共赢。

(4) 新进入者的威胁

任何一个有发展潜力的行业总是充斥着大量的新进入者，新入行者的增多显然对已有企业不利。成功的公司大多利用信息技术来构建进入的行业壁垒，提高进入成本。行业壁垒是指特定行业内客户期望的公司产品或服务所应具有的功能，一个新进入者为了竞争并得以立足必须提供的功能。行业壁垒总是经历从建立，然后被摧毁，接着又有建立新的行业壁垒这一循环过程。

(5) 替代产品或服务的威胁

替代产品往往以较低的价格或更好的服务给现有的企业带来威胁。企业可以采取接下来讲的三种基本竞争战略来降低自己产品的成本或使用价值来阻止顾客使用替代品。也可以将信息技术应用融入产品的销售和服务中，如某些金融产品的在线服务、信用卡的消费积分等。当客户已经认可了这一销售服务模式后，若贸然使用替代品，会增加其转换成本（消费者放弃原有的产品或服务，转而使用另一种产品或服务所付出的成本），从而达到抵抗产品替代的威胁。

五种竞争力能够决定产业的获利能力，它们会影响产品的价格、成本、与必要的投资，也决定了产业结构。企业如果要想拥有长期的获利能力，就必须先了解所处的外部环境，并塑造对企业有利的产业结构。

2. 产品定位分析

企业如何有效地对产品进行定位，以使企业在其行业中获得生存和发展，这个行业可能是公用运输工具、金融市场等。通常采取的最普遍的战略是：成为低成本的制造商；提供差异化的服务；改变竞争范围，或扩大为全球市场或收窄市场聚焦于一个小范围内。这也正是波特提出的获得竞争优势的基本战略类型：总成本领先战略、差异化战略以及通过扩大或收缩这两项战略，而形成的第三个竞争优势战略——专一化战略。

(1) 总成本领先战略

"总成本领先战略"要求企业必须建立起高效、规模化的生产设施，在经验的基础上全力以赴地降低成本，严格控制成本、管理费用及研发、服务、推销、广告等方面的成本费用。为了达到这些目标，企业需要在管理方面对成本给予高度的重视，确实达到总成本低于竞争对手。

赢得总成本最低的有利地位通常要求具备较高的相对市场份额或其他优势，诸如与原材料供应方面的良好联系等，或许也可能要求产品的设计要便于制造生产，易于保持一个较宽的相关产品线以分散固定成本，以及为建立起批量而对所有主要顾客群进行服务。

例如，海尔利用 SAP 公司的现代物流管理系统体现了现代企业对信息技术的把握。它构建的"一流三网"即订单信息流、全球供应链资源网、全球用户资源网和计算机信息网对降低企业运行成本，构建企业在信息化时代的竞争优势起到了很大作用。

(2) 差异化战略

"差异化战略"是将公司提供的产品或服务差异化，树立起一些全产业范围中具有独特性的东西。实现差异化战略可以有许多方式,如设计名牌形象、保持技术、性能特点、顾客服务、商业网络及其他方面的独特性等。最理想的状况是公司这在几个方面都具有差异化的特点。但这一战略与提高市场份额的目标不可兼顾,在建立公司的差异化战略的活动中总是伴随着很高的成本代价,有时即便全产业范围的顾客都了解公司的独特优点,也并不是所有顾客都将愿意或有能力支付公司要求的高价格。

例如,美国联邦快递公司为每一位客户提供查询软件,使客户坐在家里便可通过网络查询自己邮寄的包裹正在何处,这也使公司获得了明显的差别化优势。不断从信息技术的应用中获取竞争优势,使联邦快递公司由20世纪80年代的一家小企业发展成为全美国甚至全球最大的快递公司。

(3) 专一化战略

"专一化战略"是主攻某个特殊的顾客群、某产品线的一个细分区段或某一地区市场。低成本与差异化战略都是要在全产业范围内实现其目标,专一化战略的前提思想是:公司业务的专一化,能够以较高的效率、更好的效果为某一狭窄的战略对象服务,从而超过在较广阔范围内竞争的对手。公司或者通过满足特殊对象的需要而实现了差异化,或者在为这一对象服务时实现了低成本,或者两者兼得。这样的公司可以使其赢利的潜力超过产业的平均水平。

表1-2提供了具体的范例,概括了不同的企业怎样利用信息技术实现每一种基本的战略,从而获取竞争优势。

表1-2 利用信息技术获取竞争优势实例

战略	企业	信息技术的战略应用	企业收益
成本领先	拼多多 Priceline.com eBay.com Avent Marshall公司	社交网络 在线销售商竞价 在线拍卖 客户/供应商电子商务	降低流量成本 基于买方的定价 基于拍卖的定价 市场份额的提高
差异化	摩恩公司 统一运输公司	在线客户设计 客户在线装运跟踪	市场份额的提高 市场份额的提高
专一化	联邦快递 亚马逊公司	在线包裹跟踪及航程管理 在线完整服务客户系统	市场领军者 市场领军者

无论采用哪种策略,信息系统都可提供强有力的支持。比如利用信息系统在企业内部的有效作用,在供应、设计、生产和销售等方面提高生产率、降低产品成本;或者利用电子商务平台,降低销售渠道成本;或者利用客户关系管理系统提供差异化的客户服务,提高客户忠诚度等。实际上三种策略经常被企业同时采用。

3. 内部因素分析

在对企业内部因素进行分析时,最常用的技术就是价值链分析。价值链模型突现了企业中可应用竞争战略的特殊活动和信息系统具有战略影响的地方,它识别应用信息系统最有效提高竞争位置关键点。

价值链把整个组织活动看成一系列过程,每个过程都能为向顾客提供的产品或服务中增加一定的价值。图1-7描述了价值链的构成。

第1章 管理信息系统的时代背景

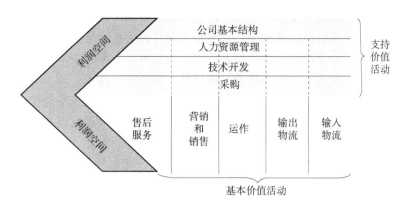

图 1-7 价值链

它由基本价值活动和支持价值活动组成，它们都对边际收益做出贡献。利润空间是公司客户所感知的企业产品或服务的价值减去成本后的值。不断增加利润空间就是价值链的目标。其中基本价值活动包括：输入物流，它从供应商处获得原材料和供给；运作，它把原材料转化成制成品；输出物流，它向客户运送商品；营销和销售，确认客户需求并接受订单；售后服务，维护售后产品以及维护与客户的良好关系。这些基本价值活动管理着整个通过公司的物理资源流。

支持价值活动包括公司基本结构——总体上影响公司所有基本价值活动的组织环境。另外，人力资源管理、技术开发和采购可以单独或结合在一起影响基本价值活动。其实，不管是基本价值活动还是支持价值活动，每种价值活动都包含三个要素：采购输入、人力资源和技术。同时，每种活动都要利用信息，从而产生出信息。例如，信息服务部门的信息专家把所购买的商业数据库、所拥有的计算设备和所开发的客户项目结合起来，为公司管理层提供决策支持。

所有的价值活动都产生一个单独的价值。然而，所有过程结合起来产生的总价值大于其单独产生价值的总和，一般把增加的价值称为价值增值。反之，称为价值减值。增值越大，客户对组织价值的贡献就越多，这就意味着一种竞争优势和超额利润。

信息技术对企业的价值链的各个环节产生了重大影响。应用物料需求计划（MRP）、制造资源规划（MRPII）和企业资源规划（ERP）借助于计算机来完成主生产计划、物料需求计划、能力平衡计划、采购库存和控制、生产成本核算、供应链计划控制等，使原来需要大量人力、大量时间也难以做到的计划优化和调整成为可能，从管理角度提高了企业对市场的应变能力。应用计算机辅助设计（CAD）、计算机辅助工艺规划（CAPP）、计算机辅助工程（CAE）和计算机辅助制造（CAM）等计算机辅助技术可以大大提高工程师的产品设计和开发能力等。

信息系统的应用对企业的战略作用是全方位的，上面三种模型从不同的层面来分析企业在环境变化中所面临的挑战，同时也揭示出企业应对挑战而充分应用信息系统的机会。

【本章小结】

信息时代的到来，改变了传统工业经济时代的运行规律，势必影响企业组织的生产、经营和管理等各个环节，企业只有及时做出相应的组织变革，才能适应环境的变化，在市场中获得生存与发展。

管理信息系统有三个基本要素——人、信息和信息技术。其中人是最关键的因素。信息是原材料、信息技术是工具。这里的人，主要是指与管理信息系统有关的知识工作者，他们需要精通技术、信息，最重要的是必须具有道德。信息可以分为四个不同的维度。信息技术中比较有代表的是计算机系统、网络技术、通信技术和数据库技术。

管理信息系统按管理层次分为：战略规划层、管理控制层、知识层与作业层。按职能领域又可分为市场营销、财务会计、生产制造和人力资源等。另外还可以从信息处理的角度进行考虑，管理信息系统最终将会导致管理模式的变革。

信息系统和技术对组织的竞争优势起着重要的作用。建立和保持竞争优势是很复杂的，但一个公司的生存和繁荣却有赖于此。从信息技术对企业外部环境、产品定位和内部因素三个方面的影响与应用进行分析，有效地决定在哪里使用信息技术以及如何使用信息技术来支持企业的商业活动。

【本章思考题】

1. 数字革命是如何推动世界变革的？
2. 简述数据和信息的区别与联系，并举例说明。
3. 信息有哪些维度？
4. 一个合格的知识工作者应具备哪些素质？
5. 管理信息系统的基本功能有哪些？
6. 迈克尔·伯特认为企业有哪些竞争作用力，并作简要阐述。
7. 如何理解苏宁公司的观点：我们没有竞争对手，只有竞争伙伴？
8. 简述信息技术对竞争优势会产生哪些影响。

【中英文对照表】

Management Information System（MIS）	管理信息系统
Transaction Processing System（TPS）	事务处理系统
Knowledge Work Systems（KWS）	知识工作系统
Decision Support System（DSS）	决策支持系统
Executive Information System（EIS）	经理信息系统
Customer Relationship Management（CRM）	客户关系管理
Competitive Forces Model	竞争力模型
Value Chain Model	价值链模型

第 2 章 管理信息系统的基础应用

【本章学习目的】

计算机信息系统在企业的应用实践表明，它们经历了一个从简单到复杂、从底层管理到高层管理的进化过程。从企业事务处理系统（Transaction Processing System，TPS）、企业管理信息系统（Management Information System，MIS）、企业决策支持系统（Decision Support System，DSS）到企业竞争情报系统（Competitive Intelligence System，CIS）和战略信息系统（Strategic Information System，SIS），信息系统在企业中发生作用的层面是由业务运行层向运行控制层、战术决策层、最终向战略管理层逐步提升。本章主要介绍管理信息系统的基础应用系统。

通过本章的学习，学生应掌握以下知识点：

（1）在组织中位于不同层次人员的信息需求；

（2）事务处理系统、管理信息系统、战略信息系统企业资源规划系统的关系与关联；

（3）企业中常见的事务处理系统、管理信息系统类型，以及战略信息系统、企业资源规划系统的常见功能；

（4）企业资源规划系统的发展历程。

【本章引导案例】

特步：加速数字化转型，打造竞争壁垒

2008—2018 年是消费互联网的十年。体育运动、纺织鞋服、轻工建材等传统制造业涌现出一批"逼上梁山"的接触互联网的品牌企业。以体育运动行业为例，企业从外贸、代工到建立自主品牌，与各地经销商博弈开拓国内线下直营渠道，与各大电商平台共舞发展线上电子商务，依托现代物流中心打造快速响应客户需求的供应链，取得了初步成效。

特步 2018 财年业绩单数据显示，全年营收 63.83 亿元，同比增长 25%，全年净利增幅达到 61%，门店数 6230 家，稳居行业前三位。在竞争激烈的品牌零售行业，这样的成绩单非常耀眼，也标志着特步的数字化转型已经初见成效。

（1）数据获取

所谓数字化转型的关键是要数字化，以前做 IT 仅局限在企业信息化领域，基本做的是业务流程数字化。而真正的数字化本身有许多东西没有被数字化：比如产品和消费者以及门店的描述，可以用一些属性和结构化的东西进行描述，但真正要把这件衣服通过文字是描述不清的，还需要有声音、图像以及其他数字化，这是数字化获取方面。有了这个理念后，这个领域有更多内容进去，这就是实体内容的数字化。

特步的门店现在逐渐应用科技统计、人脸识别、3D以及其他智能的硬件收集更多场景式数据，包括智能设备的应用。特步与阿里鞋行业是合作伙伴，全国许多门店均放置标准化的测量设施，对顾客的脚型、体型、运动偏好等进行标准化的数字沉淀；所有的消费者信息、销售信息都会被同步到特步中台，利用大数据建模分析形成市场预测结果，一方面输出到市场部门作为促销计划输入，另一方面将结果即时同步到产品设计和研发部门进行产品类别和特性调整，市场反应可以立即体现到下季产品中。此外，特步门店选址时，腾讯线上会提供热点数据，线下与门店进行系统化数据收集。2012年，其开发了一套基于互联网＋的中台全渠道系统，对于数字化起到非常重要的作用。

（2）数据整合

信息链条没有被打通导致信息孤岛的产生。若打通了数据链，就会发现链条中缺少东西，因此需要通过许多业务逻辑反算数据链条，因此需要构建数据链条。从整体视角看系统应用，特步称之为高铁计划，意为换一个业务的视角重新看IT。高铁计划理念是覆盖、连接、提速、舒适。

覆盖：映射到IT系统，换个视角来看IT，比如商品线供应链这条线覆盖不全。

连接：许多信息孤岛都是硬连接，KPI以后肯定玩不转，所以建立了大数据连接的平台来解决这些事情，拆解数据中心、建立共享服务。

提速：所谓提速是ABCD的办法，AI、大数据、云等新技术，真正的智能化。若业务稳定，那么所有系统都是制度化运营，否则就说明规则制度不完善。现在的系统体验感差，很多系统没有做到真正的工作平台式集成，互联网为我们提供了许多借鉴。

互联网应用的许多场景式设计和交付式应答以及图文并茂生动式的呈现，特步原先做得并不是很好。一个订单处理完成之后，不知道如何实现将订单数据等信息融入系统应用里，进行结构化呈现方式。在这个基础上，产生第三个项目——特步的特情中心，能够真正把企业中所有决策的业务逻辑统一。

（3）数据应用

用数据融合之后线上线下一体化和智能分担，2018年"双十一"时，特步做了20多万张订单，12号中午所有的订单就都发了出去，通过定位把订单分散了。数据转型方面应用了新的技术，手机端的应用做得比较体系化，有2万多人在用手机端应用，包括特步的寻店。为了用数字化衡量门店是好是坏，特步构建了一套商品运营指标体系（商品指南），每个商品在全国排名程度以及运营程度都可以用指标体系进行描述。因为服装行业赋能稍微复杂、生命周期短，行业缺乏高手，所以应用的技术也有限。特步做了很多尝试，在新的IT发明阶段，应用新的技术改革行业。

讨论：结合案例背景，分析特步应用新的IT技术的原因，列举新的技术应用能为特步带来哪些效益。

案例改编自：http://www.ciotimes.com/IT/170115.html

1961年，美国最大咨询公司之一麦肯锡公司的RonaldDaniel提出了关键成功因素（Critical Success Factors，CSF）这个术语。他认为有一些关键活动决定了任何形式组织的成败，这些活动就是关键成功因素，这些因素根据组织形式的不同而不同。例如，在汽车行业CSF是车型设计、有效的经销网络和严格的制造成本控制，在保险行业CSF则是代理商管理人员的成长、对文书人员的有效控制和新险种的推出。公司的管理层应当关注如何识别这些因素，并考查在这些因素上的执行状况。在新的商业时代中，越来越多的公司认识到信息资源是获得竞争优势的有效手段，好的信息系统成为公司新的CSF，在本章中将介绍组织中不同类型的信息系统。

计算机信息系统在企业中的应用实践表明，它们经历了一个从简单到复杂、从底层管理到高层管理的进化过程。从企业事务处理系统（Transaction Processing System，TPS）、企业管理信息系统（Management Information System，MIS）、战略信息系统（Stratege Information System，SIS）、企业决策支持系统（Decision Support System，DSS）到企业竞争情报系统（Competitive Intelligence System，CIS），信息系统在企业中发生作用的层面是由业务运行层向运行控制层、战术决策层、最终向战略管理层逐步提升。

2.1 事务处理系统

2.1.1 事务处理系统的定义

1. 什么是事务处理系统

事务处理系统是供组织业务人员使用的系统，是MIS最底层和最基本的系统，其主要任务是充分运用现代信息技术手段收集、处理业务活动过程中产生的原始数据，提高业务活动的效率。

人们在日常生活中经常会接触到这类系统，例如食堂的饭卡管理系统、图书馆的图书借阅系统、超市的POS机系统、宾馆的客人入住登记系统，都属于这个范畴。

2. 事务处理系统的特征

事务处理系统通常用于支持具有大量的、规律性的、重复性的特点的信息收集，从功能角度来看，处理的对象是原始数据，主要任务是收集，也执行一些简单的信息处理与表示。

使用事务处理系统帮助处理事务的优势在于以下几点。

（1）降低成本，减少人员和工作量。现代企业中如果离开TPS几乎无法工作，由于需要处理大量数据，手工操作无法快速完成。例如一个银行营业厅在白天使用TPS花费几分钟处理的业务，如果用手工处理，至少需要4小时才能处理完。

（2）提高事务处理速度，加速资金流动，提高经济效益。

（3）改善客户服务水平，减少操作错误。

（4）为企业中其他的信息系统提供原始数据，对于没有建立良好的TPS的企业来说，要建立具有辅助决策功能的战术或战略信息系统来说几乎是不可能的。

目前TPS呈现出跨越组织和部门的趋势，不同组织的TPS连接起来，例如企业间的供应链系统、企业与银行间的清算系统，帮助这些组织结成动态联盟，因此TPS在企业中的确是非常重要的信息系统。

2.1.2 事务处理系统的功能与结构

1. 事务处理系统的功能

在企业中常见的事务处理系统包括销售/市场系统、制造/生产系统、财务/会计系统、人事/组织系统等。这些系统的主要功能如表2-1所示。

表 2-1 企业中的事务处理系统

销售/市场系统	制造/生产系统	财务/会计系统	人事/组织系统
销售管理	采购	预算	档案
市场研究	运输/接受	总账	业绩
定价	运行控制	支票	报酬
新产品	调度	成本会计	培训
订货	工程计划	应收/应付	工资
报价	采购订单控制		职业经历

事务处理系统的主要功能可以归结为五个方面：

（1）及时收集、保存、传递、处理业务数据；
（2）为标准的业务流程提供数据处理手段；
（3）建立维持庞大的业务数据库；
（4）信息检索，包括例行的报告与查询服务；
（5）监控功能，用于维持系统正常运作。

2. 事务处理系统的结构

多数 TPS 由五部分构成，如图 2-1 所示。

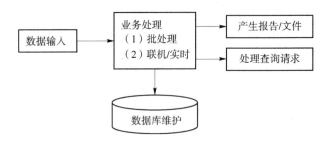

图 2-1 事务处理系统的结构

业务处理的方式分为批处理和实时处理，前者是定期/周期性地收集源文件，然后成批处理，例如企业的工资处理，有关部门每月收集相关数据，在固定的某天集中处理；后者是针对某些要求系统时时刻刻都能反映组织活动/状态的业务，收到请求就立刻执行，例如火车售票系统。

批处理的优点是大量处理数据时，可以提高资源利用率；实时处理的优点是可以快速响应客户要求。具体采用哪种方式一要在成本、安全问题上进行平衡，二要考虑业务实际需求和特点。

2.1.3 企业中的事务处理系统

1. 不同职能的 TPS 功能

目前在企业的各个职能领域中都会用到 TPS，它们的常见功能如下。

(1) 市场信息系统

市场信息系统的功能如图 2-2 所示。

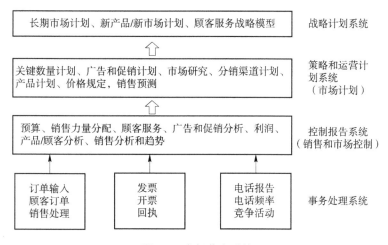

图 2-2 市场信息系统

市场信息系统和组织中的其他系统一样，也分为战略层、策略层、控制层、作业层等四个层次，作为最基础的 TPS 为以上各层提供信息支撑。市场的主要功能包括：广告和促销、产品管理、定价、销售预测、销售自动化以及销售业务管理等。

广告管理的功能已为越来越多的企业所认识，对广告的投资也越来越多。企业利用信息系统辅助广告促销系统主要包括：①选择好的媒体和促销方法；②分配广告投放的财务资源；③评价和控制各种广告和促销手段的结果。由于广告问题的非结构化因素较多，所以这里的 TPS 支持促销活动更加有力。

产品管理的功能主要有预测、新产品研发、定价等。短期预测包括一周，一个月，最多一年的预测，当然也可能有短至一天的预测。长期预测最短为一年，也有两三年、五年、甚至十年、十几年的预测。短期预测算法一般使用移动平均、指数平滑法模型；中长期预测主要使用拟合模型、回归模型或系统动力学模型等。新产品研发需要 TPS 系统能够提供搜集资料、分析资料、撰写可行性报告等的功能支持。在进行产品的最后决策时，往往也要用到评价模型，需要 TPS 内嵌一些评价模型。

定价系统要协助管理者，尤其是决策者确定定价策略。定价策略有两种，一种是以成本为基础的定价策略，这种策略是以成本为基础加上一个要求的附加值，叫以是一个固定值或一个固定的百分比。另一种是以需求为基础的定价系统，这就要正确的估算需求：需求旺盛，价格可适当提高；需求薄弱，价格就要降低。这需要很好地了解客户、市场、竞争者和国家经济状况。但 TPS 中的定价模型一般比较少，不一定能满足企业多样化的需求。

销售管理系统是最基层的信息收集和处理系统，其主要数据来自客户的销售点系统(Point of Sales，POS)，支持整个销售过程的电子传输系统被称为电子数据交换系统（Electronic Data Interchange，EDI）。EDI 不仅支持销售各环节的信息传输，它还将各个流通环节捆绑在一起，通过整合来提高竞争优势。目前，条形码、集装箱、EDI、电子商务已成为国际贸易的关键技术。

(2) 财务信息系统

财务信息系统的总体功能如图 2-3 所示。

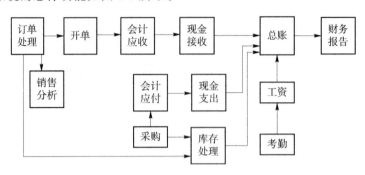

图 2-3　财务信息系统

在财务系统中的 TPS 以数据输入为核心业务，如图 2-4 所示。

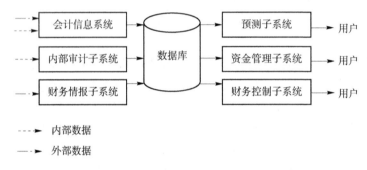

图 2-4　财务信息系统的输入子系统

(3) 生产信息系统

生产信息系统在制造业中较为广泛，生产中的典型问题包括：生产所需原材料不能准时供应，或者供应不足，零部件生产不配套，资金积压严重等。生产信息系统的总体结构如图 2-5 所示。

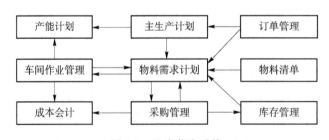

图 2-5　生产信息系统

这其实就是后面将要讲到的 MRPⅡ系统的功能，大家可以思考一下，哪些功能属于 TPS 的范畴？

(4) 人事信息系统

人事信息系统的功能如图 2-6 所示。

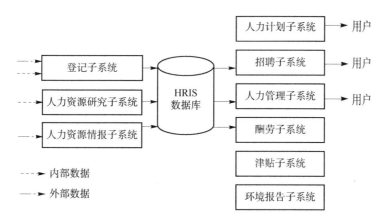

图 2-6　人事信息系统

2. 客户集成系统

客户集成系统（Customer Integrated Systems，CIS）是事务处理系统的一个扩展，指的是让组织的客户使用技术手段自己进行事务处理，例如在线银行、ATM 机都是这类系统的典型代表。CIS 包括一个在前台向客户提供一对一特色服务的门户和多个位于后台的业务系统，将信息技术的应用扩展到客户端，从而让客户可以在任何地点自己处理自己的事务，改变了组织与客户之间的关系。这种做法的优势在于，一方面企业可以降低提供这类服务的成本，另一方面也可以让用户按照自己喜欢的方式来处理事务。

2.2　管理信息系统

20 世纪 60 年代起，企业开始开发利用管理信息系统，主要用于生成各种管理报告和图表，在大多数情况下，这些早期的报告是定期生成的——每天、每周、每月或每年，它们可以大大帮助管理人员完成其职责。随着其他管理人员逐渐认识到这些报告的价值，管理信息系统开始在管理层中广泛应用，例如最初只是给财务管理人员使用的工资汇总报告，也可以供生产经理用来控制和监督人工成本。所以管理信息系统的主要目标就是要帮助管理者了解日常的业务以便进行有效且高效的控制、组织、计划，最终实现组织目标。

2.2.1　管理信息系统的目标

管理信息系统主要为组织中的中层管理人员服务，供中层管理人员对于组织的基本运作状况进行汇报，事务处理系统是它的主要数据来源，报告内容以企业内部事件/信息为主，而不是外部事件/信息。

管理信息系统通过定期为管理人员提供固定格式的报表来完成这项工作，如果你曾经接触过某个组织的管理信息系统，可以回忆一下，在那个系统中是否有一些报表，这些报表对某个部门的管理人员来说有什么样的作用。

管理信息系统可以帮助管理人员解决一些常见问题，也就是在预期范围之内的一些比较固定的问题，但这类系统不是非常灵活，分析功能也比较弱，多数情况下只是进行简单的汇总或对比，而不会用到复杂的数学模型或统计工具。

2.2.2 管理信息系统的输入与输出

1. 管理信息系统的输入

管理信息系统用到的输入数据来自内外两方面,内部的主要数据来源是 TPS,外部数据源则包括客户、供应商、竞争对手、股东等。TPS 的主要任务就是在不断运行的业务活动中收集和存储相关数据,随着业务活动的开展,各个 TPS 应用不断对组织的数据库进行更新,这些实时更新的数据库正是管理信息系统的主要内部数据源。

管理信息系统处理这些数据,按照预先设定的格式产生报表,提供给管理者使用。例如销售部门的经理可以要求管理信息系统每周为他提供一份报表,显示过去一周内不同地区、不同销售代表、不同产品系列的销售状况,并且和上周数据、去年同期的数据进行对比。这份报表对他的工作来说比一个简单的上周销售总额数据价值要大得多。

2. 管理信息系统的输出

管理信息系统输出的主要就是提供给管理者的各式报表,可以分为进度报表、需求(定制)报表、异常报表、常规报表四类。

(1) 进度报表

进度报表是周期性生成的,如生产部门经理可以利用每周的工资汇总表,对生产成本加以控制,用于控制产品制造的每日生产计划表也属于这一类。

在进度报表中有一种报表,对前一天的关键活动进行汇总,供当天工作日开始时使用,称为关键指标报表,这类报表可用于描述库存、生产、销售等方面的数据,与关键成功要素密切相关,因而受到管理者的关注。

(2) 需求(定制)报表

需求报表的目的是按照管理者的要求提供相应的信息。也就是说,根据用户的要求而产生。例如一个管理者想知道某特定产品的库存状况,就可以要求提供这样一份需求报表。

(3) 异常报表

当组织中出现异常情况,需要管理者注意时,由系统自动生成的就是异常报表。管理者可以设定参数以便明确怎样的状态属于"异常情况",例如库存低于 50 就让系统输出报表。和关键指标报表类似,这类报表监管的也是组织中的重要对象。设定参数或触发点时应当周密考虑,设定过低会导致异常报表数量太多,设定过高会导致真正的异常情况没有引起注意。

组织中时常会用到这项功能,例如纽约的 Republic National Bank 运用异常报表对超过 1500 万美元的法律事务账单进行管理;某些企业对于差旅费、传真费等设定项目超过总额 10% 的一些账单进行控制。

(4) 常规报表

常规报表就某个主题为管理者提供详尽数据,例如 corestate 金融集团下属的银行集团用友 120 亿美元资产,200 名员工的首要目标就是运用 SAS 软件监控银行贷款中的坏账情况,如果发现短期内坏账剧增,工作人员就对全部电子数据进行追查,以便探明此次坏账问题是否由某个特定类型的贷款、部门或者客户群所引发。运用制图功能创建的彩色图表可以清晰地展现借贷业务状况,而高层管理人员则可据此判断 corestate 是否切实遵循了公平借贷法案。

需要注意的是以上四类报表可能会有重叠,例如对于某种产品销售状况,已经设定在关键指标报表中,管理者后来又要索取异常报表。为了保证输出效果最佳,设计与开发管理信息系统的报表时应当遵循以下准则,如表 2-2 所示。

表 2-2 管理信息系统输出的准则

要求	解释
按用户要求制订报表	要求用户参与
只提供用户所需报表	一旦建立,即使没人使用,报表也会不断产生
注意报表内容与格式	突出显示重要信息,容易查找,表达清晰易懂
使用异常报告进行管理	事先考虑好可能出现哪些异常情况
谨慎设定参数	参数水平不能太低也不能太高
确保报告的时效	过期或延迟的报告几乎没有价值

2.2.3 管理信息系统的功能

管理信息系统和事务处理系统的功能具有明显的区别,与之后出现的决策支持系统、专家系统的目标也有很大差异,所有的这些信息系统根据管理计划和活动层次来观察,会发现它们为不同层次的组织用户提供服务。

1. 组织的金字塔结构

可以将一个传统的组织看成一个四层的金字塔,从上到下的层次分别是:

战略管理层——为组织提供整体的方向和指导;

战术管理层——根据企业战略制订下一级的目标和战略;

运作管理层——管理和指挥日常运作并实现企业目标和战略;

执行操作层——执行日常业务处理,诸如产品开发生产、客户服务等。

2. 不同层次的信息需求

不同层次的用户对信息的需求各有不同的特征,高层用户通常需要比较概括的、反映组织内外总体情况的综合信息;低层用户通常需要比较具体的、与某项事务直接相关的局部信息。因而事务处理系统的用户主要是位于组织底层的工作人员,管理信息系统的用户主要是位于组织中层的管理人员,他们有时还会用到决策支持系统,高层管理人员常用的是如经理信息系统类型的系统。

不同层次的信息系统相互之间会有信息交换和关联关系,例如上层向下层下达目标和政策,下层向上层报告计划执行情况。

3. 管理信息系统在组织中的位置

管理信息系统的结构可以从组织职能的角度来划分,也就是与组织内部的采购、销售、库存、财务、人力资源等部门一一对应,各自都有专用的管理信息系统。按照职能或层次对管理信息系统进行划分是最常见的两种方式,随着信息系统的发展出现了更多的观察信息系统的维度,例如流程、技术、智能程度等。

流程维度是根据流程的先后顺序来衡量系统,一般分为上游、中游、下游,对企业来说上游一般是供应链,中游是企业本身,下游是顾客,对应的系统分别是供应链管理系统、企业资源计划系统、客户关系管理系统。

技术维度是按照技术特点来衡量的系统,例如单机系统、主机终端系统、网络系统等。

还可以按照系统的智能程度划分,智能较低的处理知识的能力就较低,智能较高的处理知识的能力就较高,前者包括按照固定规则进行业务处理的系统,添加智能处理能力后就产生了决策支持系统、专家系统等,这些系统在后续章节中会有讨论。

4. 管理信息系统的功能

从管理信息系统服务的职能领域来看，常见的有市场、生产、财会、人力资源等部门的管理信息系统。

（1）市场信息系统

市场信息系统主要处理四个方面的信息：产品（production）、促销（promotion）、渠道（place）、价格（price），即所谓4P，这是市场营销的主要职能。

围绕产品的功能有预测、订货、新产品研发等，促销管理包括选择合适的媒体和促销方法并做出评价，渠道是指产品由厂家到顾客的路径，定价系统要协助决策者确定定价策略。

（2）生产信息系统

这里指的是广义的生产，对于生产性企业指的是制造，对于服务业指的是服务运营。麦当劳把大生产的管理技术用于餐饮服务获得巨大成功，也说明了生产和服务的相似性。生产管理中最困难、最复杂的就是制造业管理，涉及众多类型的企业资源，例如物料、人力、资金、设备、时间等，必须统一调配。

（3）财会信息系统

会计的主要功能是维护公司的账务记录，而财务主要管理资金的运作。会计系统最成熟和固定的部分是记账，财务系统则保证资金收入大于消耗并且保持稳定。

（4）人力资源信息系统

该系统涉及人员聘用的整个生命周期，例如招聘雇佣、岗位设置、业绩评价、培养发展等职能。

2.3 战略信息系统

2.3.1 组织战略与信息系统架构

市场竞争环境日趋激烈，企业作为市场主体目前正处于一种超竞争环境之中，超竞争环境意味着产品生命周期、产品设计周期、技术周期的缩短，意料之外的频繁出入产业的竞争者、不断更新的市场策略、现有竞争者的重新定位以及跨产业的合并等。在超竞争环境下，企业要达到对竞争对手的竞争优势需要不断地创新和变革。20世纪80年代以来信息技术迅猛发展，掀起了全球信息化的浪潮，信息技术对企业的发展起到了重要的作用，尤其是对企业的创新和竞争优势的获取更是起到了巨大的作用。在信息技术基础上建立起来的信息系统得到了快速的发展，一方面是信息系统与企业的经营管理相互作用逐渐增强的结果，另一方面是信息系统正在不断地改变企业传统的组织结构、经营方式、业务流程等的结果。随着竞争加剧，企业的发展战略开始同信息系统联合起来，即企业开始把信息系统的应用提升到战略层面，以信息系统来支持其战略发展。因而，战略信息系统（Strategic Information System，SIS）在这样的竞争环境下诞生了，战略信息系统依托现代信息技术和管理手段来获取企业的竞争优势。战略信息系统在学术上已发展成为一门多学科多领域的研究专业，在实践中成为了行之有效的组织战略竞争武器。

从战略信息系统的概念诞生，关于战略信息系统的具体定义就有不同的见解。目前，比较认可的定义是美国学者查尔斯·惠兹曼下的一个定义，他认为，一个成功的战略信息系统，是指运用信息技术来支持或体现企业竞争战略和企业计划，使企业获得或维持竞争优势,或削弱对手的竞争优势。这种进攻——反进攻的竞争形式表现在各种竞争力量的较量之中,而信息系统的应用可以影响和改变竞争平衡。

2.3.2 战略信息系统与其他信息系统的区别

战略信息系统产生于20世纪80年代,在此之前,60年代产生了管理信息系统(Management Information System,MIS),70年代产生了办公自动化系统(Office Automation,OA),MIS注重于建立企业的内部信息系统,提升事务处理的效率,OA主要作用在于提高办公室的效率,而作为新一代的战略信息系统则主要在于改变人们对信息技术和信息系统的理解和认识,将信息技术和信息系统提升到企业的战略层面来应用,以战略发展的眼光来发展信息技术、发展信息系统,战略信息系统与传统信息系统的最大区别就在于对信息资源的战略认识和应用上,凡是从企业的战略角度考虑的信息技术和信息系统的应用以增加自身竞争优势或抵消对手竞争优势的可以看成战略信息系统的活动。表2-3具体体现了战略信息系统与MIS、OA的区别所在。

表2-3 SIS 与 MIS、OA 的区别

项目	MIS	OA	SIS
利用技术	大型计算机	微机等OA处理器	LAN,VAN等通信网络技术
处理方式	集中处理	分散处理	集中与分散的平衡
作为对象的信息	内部的管理信息(确定性、定量的)	事务处理的效率化、自动化	新市场、新业务的开辟、扩大差别化、扩大用户、改善服务、创造竞争优势
负责处理信息部门	计算机部门	主要是办公室	行政部门/供应商/顾客等
效果	信息处理的费用降低	办公效率的提升	扩大了市场占有率和竞争优势

2.3.3 战略信息系统选型

战略信息系统的选择是战略实施的重要一步,能否正确的选择战略信息系统关系到企业战略能否有效的实施,获取战略上的竞争优势。系统的选择要与战略具体要达到的战略目标结合起来,即根据战略目标来选择合适的战略信息系统。比如,某企业对战略信息系统的需求即是统计自动化,同时确保数据精确度、一致性;实现企业各部门之间信息透明和共享;通过系统的即时报告和各种信息统计,实现管理控制的加强;帮助业务实现标准化,并通过对关键流程控制加强企业管理和风险控制能力;系统运行稳定,能大幅度提高工作效率。而战略信息系统的选择上有两种:一种是根据需求找软件开发公司从头开发,这需要比较长的时间,同时系统最终的适用性不能得到保证,适合需求复杂的信息系统;另一种是购买比较成熟的系统。招商银行经过对各类国内外的解决方案进行比较和分析,认为SAP的系统功能的深度与集成性都更能该企业的需求。因此该企业选择了SAP的mySAP ERP财务和mySAPERP人力资本管理解决方案。

2.4 企业资源规划

随着市场全球化和大型企业的多元化经营,以及JIT(Just in time,及时生产)、TQM(Total Quality Management,全面质量管理)、OPT(Optimized Production Technology,优化生产技术)、DRP(distribution resource planning,分销资源计划)、SCM(Supply

Chain Management，供应链管理）等先进管理思想的诞生，主要侧重对企业内部的人、财、物等内部资源管理的 MRPⅡ系统已经不能满足一些大型企业的管理需求。为了迅速响应需求并组织供应以满足全球市场竞争的要求，这些企业迫切需要扩大管理系统的功能，把"前端办公室"（市场与客户）和"后端办公室"（供应商与外包商）的信息都纳入信息化管理系统中来，扩大信息集成的范围，以面对经济全球化的挑战。在这一背景下，由关注物料的MRP（Material Resources Planning，物料需求计划）发展而来的 MRPⅡ（Manufacturing Resources Planning，制造资源计划）在逐步吸取和融合其他先进思想来完善和发展自身理论之后，20 世纪 90 年代进一步发展为面向怎样有效管理和利用整个供应链整体资源的新一代信息化管理系统——企业资源计划（ERP）。

2.4.1 ERP 概念

1. Gartner Group 公司的定义

最初 Gartner Group 公司是通过一系列的功能来对 ERP 进行界定。

（1）超越 MRPⅡ范围的集成功能——包括质量管理、试验管理、流程作业管理、配方管理、产品数据管理、维护管理、管制报告和仓库管理。

（2）支持混合方式的制造环境——包括既可支持离散又可支持流程的制造环境，按照面向对象的业务模型组合业务过程的能力和国际范围内的应用。

（3）支持能动的监控能力，提高业务绩效——包括在整个企业内采用控制和工程方法、模拟功能、决策支持和用于生产及分析的图形能力。

（4）支持开放的客户机/服务器计算环境——包括客户机/服务器体系结构、图形用户界面（Graphical User Interface，GUI）、计算机辅助设计工程（Computer Aided Design Engineering，CADE）、面向对象设计技术（Object-Oriented Design，OOD）；使用结构化查询语言（Structural Query Language，SQL）对关系数据库查询；内部集成的工程系统、商业系统、数据采集和外部集成（Electronic Data Interchange，EDI）。

上述四个方面分别是从软件功能范围、软件应用环境、软件功能增强和软件支持技术上对 ERP 的评价。但仅从功能上衡量并不足以把握 ERP 的实质，还需把握其功能特点。

2. 其他方式的定义

可以从管理思想、软件产品、管理系统三个层次理解 ERP。

（1）ERP 是一整套企业管理系统体系标准，其实质是在 MRPⅡ基础上进一步发展而成的面向供应链（Supply Chain）的管理思想。

（2）ERP 是综合应用了客户机/服务器体系、关系数据库结构、面向对象技术、图形用户界面、第四代语言（4GL）、网络通信等信息产业成果，以管理企业整体资源的管理思想为灵魂的软件产品。

（3）ERP 是整合了企业管理理念、业务流程、基础数据、人力物力、计算机硬件和软件于一体的企业资源管理系统。

企业所有资源简要地说包括三大流：物流、资金流、信息流，ERP 就是对这三种资源进行全面集成的管理信息系统。简而言之，ERP 是建立在信息技术基础上、利用现代企业的先进管理思想、全面集成了企业所有资源信息，为企业提供决策、计划、控制与经营业绩评估的全方位和系统化的管理平台。它不仅仅是信息系统，而是一种管理理论、管理思想的运用，利用企业所有资源，包括内部资源与外部市场资源，为企业制造产品或提供服务创造最优的解决方案，最终达成企业的经营目标。

2.4.2 ERP 的发展历程

ERP 是一个庞大的管理信息系统,要讲清楚 ERP 原理,必须了解 ERP 发展的三个主要的阶段:20 世纪 60 年代到 70 年代的物料需求计划(MRP)→ 80 年代的制造资源计划(MRP Ⅱ)→ 90 年代的企业资源计划(ERP)。

1. MRP 阶段

在 MRP 阶段,企业的信息管理系统对产品构成进行管理,借助计算机的运算能力及系统对客户订单、在库物料、产品构成的管理能力,实现依据客户订单,按照产品结构清单展开并计算物料需求计划。实现减少库存,优化库存的管理目标。

(1) 开环 MRP 阶段

按需求的来源不同,IBM 公司的约瑟夫·奥利佛博士将企业内部的物料分为独立需求和相关需求两种类型。独立需求是指需求量和需求时间由企业外部的需求来决定,例如,客户订购的产品、科研试制需要的样品、售后维修需要的备品备件等;相关需求是指根据物料之间的结构组成关系由独立需求的物料所产生的需求,例如,半成品、零部件、原材料等的需求。

MRP 的基本任务有两个方面:

① 从最终产品的生产计划(独立需求)导出相关物料(原材料、零部件等)的需求量和需求时间(相关需求);

② 根据物料的需求时间和生产(订货)周期来确定其开始生产(订货)的时间。

MRP 的基本内容是编制零件的生产计划和采购计划。然而,要正确编制零件计划,首先必须落实最终产品(在 MRP 中称为成品)的出产进度计划,即主生产计划(Master Production Schedule,MPS),这是 MRP 展开的依据。其次需要知道产品的零件结构,即物料清单(Bill of Material,BOM),把主生产计划展开成零件计划,同时需要知道库存数量才能准确计算出零件的采购数量。

基本 MRP 的依据有三个方面。

① 主生产计划:确定每一具体的最终产品在每一具体时间段内生产数量的计划。

② 物料清单:用规范的数据格式来描述产品结构的文件。

③ 库存信息:保存企业所有产品、零部件、在制品、原材料等存在状态的数据库,它们之间的逻辑流程关系如图 2-7 所示。

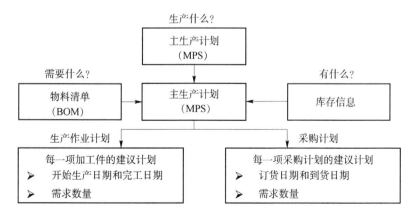

图 2-7 MRP 的逻辑流图

（2）闭环 MRP 阶段

20 世纪 60 年代开环的 MRP 能根据有关数据计算出相关物料需求的准确时间与数量，但其缺陷是没有考虑到生产企业现有生产能力和采购的有关条件的约束。因此，计算出来的物料需求的数量和日期有可能因设备和工时的不足而无法实现，或者因原料的不足而无法实现。同时，它也缺乏根据计划实施情况的反馈信息对计划进行调整的功能。

为解决以上问题，MRP 系统在 20 世纪 70 年代发展为闭环 MRP 系统。闭环 MRP 系统除了物料需求计划外，还将生产能力需求计划、车间作业计划和采购作业计划纳入 MRP，形成一个封闭的系统。

MRP 系统的正常运行，需要有一个切实可行的主生产计划。它除了要反映市场需求和合同订单外，还必须满足企业的生产能力约束条件。因此，除了要编制资源需求计划外，还要制订能力需求计划（Capacity Requirement Planning，CRP），同各个工作中心的能力进行平衡。只有在能力与资源均满足负荷需求或采取了措施做到时，才能开始执行计划。在能力需求计划中，生产通知单是按照它们对设备产生的负荷而进行评估的，采购通知单的过程与之类似，检查它们对分包商和经销商所产生的工作量。执行 MRP 时要用生产通知单来控制加工的优先级，用采购通知单来控制采购的优先级。这样，基本 MRP 系统进一步发展，把能力需求计划和执行及控制计划的功能也包括进来，形成一个环形回路，称为闭环 MRP，如图 2-8 所示。

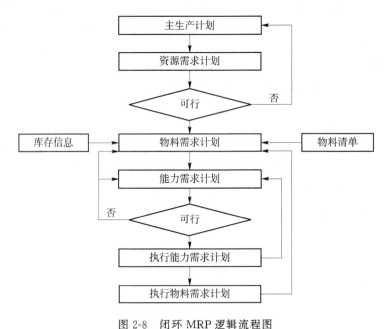

图 2-8 闭环 MRP 逻辑流程图

至此，闭环 MRP 则成为一个完整的生产计划与控制系统。

2. MRP Ⅱ 阶段

闭环 MRP 系统的出现，使生产活动方面的各种子系统得到了统一。但是生产管理只是一个方面，而企业管理是人财物和信息等资源，产供销等活动组成的综合系统，其中还有动态的彼此紧密相关的物流、资金流和信息流。于是，在 20 世纪 80 年代，人们把销售、采购、生产、财务、工程技术、信息等各个子系统进行集成，并称该集成系统为制造资源计划（Manufacturing Resource Planning）系统，英文缩写还是 MRP，为了区别物料需求计划（也缩写为 MRP）而记为 MRPⅡ。

(1) MRPⅡ的逻辑流程

MRPⅡ系统围绕着"在正确的时间制造和销售正确的产品"这样一个中心，增加了对企业生产中心、加工工时、生产能力等方面的管理，以实现计算机进行生产排程的功能，同时也将财务的功能囊括进来，在企业中形成以计算机为核心的闭环管理系统，这种管理系统已能动态监察到产、供、销的全部生产过程。具体流程如图 2-9 所示。

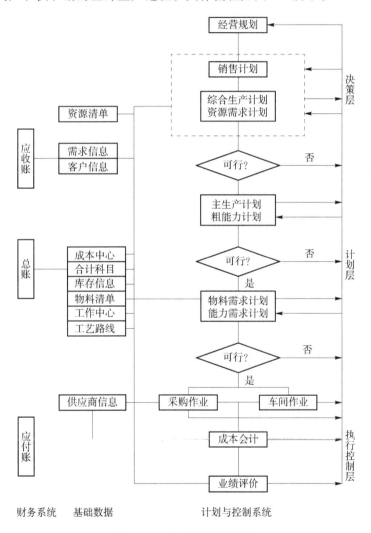

图 2-9 MRPⅡ逻辑流程图

(2) MRPⅡ的特点

可以从以下几个方面来说明，每一项特点都含有管理模式的变革和人员素质或行为变革两方面，这些特点是相辅相成的。

1) 计划的一贯性与可行性

MRPⅡ是一种计划主导型管理模式，计划层次从宏观到微观、从战略到技术、由粗到细逐层优化，但始终保证与企业经营战略目标一致。它把通常的三级计划管理统一起来，计划编制工作集中在厂级职能部门，车间班组只能执行计划、调度和反馈信息。计划下达前反复验证和平衡生产能力，并根据反馈信息及时调整，处理好供需矛盾，保证计划的一贯性、有效性和可执行性。

2) 管理的系统性

MRPⅡ是一项系统工程，它把企业所有与生产经营直接相关部门的工作联结成一个整体，各部门都从系统整体出发做好本职工作，每个员工都知道自己的工作质量同其他职能的关系。这只有在"一个计划"下才能成为系统，条块分割、各行其是的局面应被团队精神所取代。

3) 数据共享性

MRPⅡ是一种制造企业管理信息系统，企业各部门都依据同一数据信息进行管理，任何一种数据变动都能及时地反映给所有部门，做到数据共享。在统一的数据库支持下，按照规范化的处理程序进行管理和决策。改变了过去那种信息不通、情况不明、盲目决策、相互矛盾的现象。

4) 动态应变性

MRPⅡ是一个闭环系统，它要求跟踪、控制和反馈瞬息万变的实际情况，管理人员可随时根据企业内外环境条件的变化迅速做出响应，及时决策调整，保证生产正常进行。它可以及时掌握各种动态信息，保持较短的生产周期，因而有较强的应变能力。

5) 模拟预见性

MRPⅡ具有模拟功能。它可以解决"如果怎样……将会怎样"的问题，可以预见在相当长的计划期内可能发生的问题，事先采取措施消除隐患，而不是等问题已经发生了再花几倍的精力去处理。这将使管理人员从忙碌的事务堆里解脱出来，致力于实质性的分析研究，提供多个可行方案供领导决策。

6) 物流、资金流的统一

MRPⅡ包含了成本会计和财务功能，可以由生产活动直接产生财务数据，把实物形态的物料流动直接转换为价值形态的资金流动，保证生产和财务数据一致。财务部门及时得到资金信息用于控制成本，通过资金流动状况反映物料和经营情况，随时分析企业的经济效益，参与决策、指导和控制经营和生产活动。

以上几个方面的特点表明，MRPⅡ是一个比较完整的生产经营管理计划体系，是实现制造业企业整体效益的有效管理模式。

（3）MRPⅡ的缺陷

①MRPⅡ是以面向企业内部业务为主的管理系统，不能适应市场竞争全球化、管理整个供需链的需求；

②多数MRPⅡ软件主要是按管理功能开发设计的，不能适应业务流程变化的需求灵活调整；

③MRPⅡ的一些假定（批量、提前期）不灵活；

④运算效率低（MRP/CRP）不能满足实时应答的要求。

3. ERP 阶段

20 世纪 80 年代末至 90 年代初，随着 MRP Ⅱ 系统的普遍应用，以及市场竞争的日趋激烈，制造业也发生了翻天覆地的变化：制造业的环境急剧变化——全球化、供需链制造；需要重新定义同供应商、分销商的关系以快速响应；生存属于迅速产出最优质量、最低成本、最快交付产品的企业；制造业需要更大的灵活性、多样化；实时、能动地实现监控、管理和优化；重组设计和业务解决方案，实现业务流程同步。一些企业开始感觉到传统的 MRP Ⅱ 软件所包含的功能已不能满足上述变化的要求，ERP 理论应运而生。

ERP 对传统的 MRP Ⅱ 系统来讲是一次大的飞跃，它着眼于供应链上各个环节的信息管理，能满足同时具有多种生产类型企业的需要，扩大了软件的应用范围；除财务、分销和生产管理以外，还集成了企业的其他管理功能，如人力资源、质量管理、决策支持等多种功能，并支持国际互联网（Internet）、企业内部网（Intranet）和外部网（Extranet）、电子商务（E-Business）等。

ERP 采用最新的信息技术，如图形用户界面技术（GUI）、面向对象的关系数据库技术（ORDBMS）、第四代语言和开发工具（4GL/CASE）、第二代客户机/服务器技术（C/S）、Java、WEBSERVER、INTERNET/INTRANET 技术等。

2.4.3 ERP 的系统结构

2003 年 6 月 4 日，信息产业部发布编码为 SJ/T 11293—2003 的中华人民共和国电子行业标准《企业信息化技术规范第 1 部分：企业资源规划（ERP）规范》，该标准于 2003 年 10 月 1 日起正式实施。该标准规定了对 ERP 系统的比较详细的功能技术要求，给出了 20 个模块的功能描述、评比标准、重要程度，这 20 个功能模块分别是：环境与用户界面、系统整合、系统管理、基本信息、库存管理、采购管理、营销管理、BOM 管理、车间任务管理、工艺管理、MRP、成本管理、人力资源管理、质量管理、经营决策、总账管理、自动分录、应收管理、应付管理、固定资产管理。

除此标准以外，我国还有很多权威机构对 ERP 系统的功能提出了自己的看法，例如国家制造业信息化工程办公室提出了制造业信息化建设的具体要求，认为在 ERP 系统应该具有 5 个功能域、23 个功能模块，如表 2-4 所示。

表 2-4 5 个功能域观点的功能框架图

生产管理	采购管理	销售管理	库存管理	财务管理
基础数据	采购计划管理	销售计划管理	入库管理	总账管理
MPS	供应商信息管理	销售合同管理	出库管理	应收账管理
MRP	采购订单管理	销售客户管理	盘点与结转	应付账管理
生产订单管理			库存分析	成本核算
生产作业管理			库存查询	固定资产管理
生产工序管理				财务报表

CIMS 领域的研究成果认为，应该包括 18 个功能模块，如图 2-10 所示。

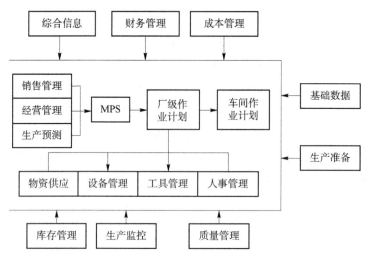

图 2-10　18 个功能块观点的功能框架图

"十五"期间 863 计划中 ERP 领域的研究结论是应该至少具备 13 个功能模块，包括生产计划与控制、成本计划与控制、财务管理、采购供应管理、销售管理、客户关系管理、库存管理、质量管理、人力资源管理、设备管理、基础数据管理、供应链管理、系统配置与重构。

2.4.4　ERP 的运行环境

随着信息技术的迅速发展，除了 ERP 以外，近年来企业信息化领域新的技术和产品不断涌现，如 CAD（计算机辅助设计）、CAM（计算机辅助制造）、CAT（计算机辅助测试）等，这些单元技术及系统集成起来通常称为 CIMS（计算机集成制造系统），ERP 与这些技术的关系可以用图 2-11 来表示。

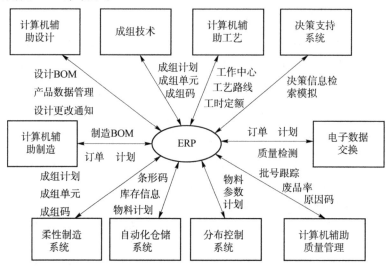

图 2-11　ERP 与其他企业信息化技术的关系

在各种单元技术中，ERP 与 CAD、CAPP（计算机辅助工艺）、CAM 的信息交换最为密切，包含了运行 ERP 系统的最基本数据，如描述产品结构的物料清单 BOM 要通过 PDM 系统从 CAD 系统转换过来，设计更改信息要从 CAD 及时输入 ERP 系统，有关工作中心、工艺路线、工时定额等信息来自 CAPP 或 GT（成组技术），ERP 生成的生产计划又要提供给 CAM 或 FMS（柔性制造系统）。在新产品较多、设计修改频繁的情况下，为了迅速响应不断的变化，这种信息和数据交换最为重要。

ERP 在企业中主要是起生产的计划与控制作用，根据诺兰模型，它需要与其他技术集成到一起，才能全面增强企业的竞争力，而不是变成新的信息孤岛。

2.4.5 ERP 未来发展

正如上面所讲到的，由于 ERP 代表了当代的先进企业管理模式与技术，并能够提高企业整体管理效率和市场竞争力，近年来 ERP 系统在国内外得到了广泛推广和应用。随着企业间的竞争逐步加强；管理需求的增多；信息技术、先进制造技术的不断发展，企业对于 ERP 的需求日益增加，进一步促进了 ERP 技术向新一代 ERP 发展。

目前，关于未来 ERP 的说法甚多，如 e-ERP、后 ERP、iERP、ERPⅡ 等。GartnerInc. 公司给 ERPⅡ 下的定义为：ERPⅡ 是通过支持和优化公司内部和公司之间的协作运作和财务过程，以创造客户和股东价值的一种商务战略和一套面向具体行业领域的应用系统。这些说法都是人们站在不同角度对 ERP 发展方向和趋势进行的描述。根据 ERP 管理思想与管理软件系统的发展过程与趋势，新一代 ERP 应当具备以下主要特点。

1. 管理思想先进性与适应性

新一代 ERP 应当在继承当前 ERP 管理思想的基础上，不断吸纳最新的先进管理思想或模式，如敏捷制造与敏捷虚拟企业组织管理模式、供应链环境下的精良生产管理模式、基于电子商务的企业协同管理模式、跨企业的协同项目管理模式等；并将其管理思想与 ERP 业务处理模型结合。此外，新一代 ERP 应具有针对不同国情的管理模式适应性，例如针对像中国这样的发展中国家，应当采用针对性较强的改进型 ERP 管理模式，如基于主动动态成本控制的 ERP 模式、基于时间－成本双主线的新型 ERP 模式、基于资金流模型的 ERP 模式等。

2. 电子商务环境下的企业间协同性

在网络化信息时代，制造业的竞争焦点已从单一企业间的竞争转化为跨企业的生产体系间的竞争。企业正在把基于内部功能最优化的垂直一体化组织转变为更灵活的以核心能力为基础的实体组织，并努力使企业在供应链和价值网络中找到最佳定位。这种定位不仅相关于所从事 B2B 和 B2C 电子商务，还相关于协同商务过程。新一代 ERP 应当支持这种扩展型企业在电子商务环境下的企业间协同经营与运作。

3. 面向企业商务过程的功能可扩展性

新一代 ERP 将越来越面向企业的商务过程和产品全生命周期的相关过程与资源的管理，其业务领域与功能不断扩充。新一代 ERP 除了具有传统的制造、财务、分销等功能外，还将不断吸纳新的功能，如产品数据管理 PDM、客户关系管理 CRM、供应链管理 SCM、电子商务、制造执行系统 MES、决策支持系统 DSS、数据仓库与联机分析处理 OLAP、办公自动化 OA 等，从而构成了功能强大的集成化企业管理与决策信息系统。因此，新一代 ERP 应当具有很好的功能可扩展性。

随着 ERP 在企业中的应用，企业内部各部门的流程更加合理、规范，衔接更加平滑，生产效率更高，库存占用资金更少。更重要的是企业各层领导都可以迅速地、准确地、及时地得到所需的报表，能够对市场做出最及时的反映。

2.4.6 ERP 厂商

中国市场企业数量众多，近年来在中国经济转型、中国制造 2025 等趋势的推动下，企业服务市场，尤其是 ERP 软件行业发展持续向好，2010—2018 年间市场规模复合增速达 15.5%，远高于全球增速 2.9%。其中云 ERP 在总的 ERP 市场份额中占比逐年扩大。

主要的 ERP 软件供应商有 SAP、Oracle/PeopleSoft、SSAGlobal、Micrsoft。他们合起来控制了数十亿美元的市场，占全球市场的 70% 以上。因为历史原因，每个 ERP 供应商都在某一特殊模块领域有自己的专长，例如，SAP 在物流领域、Oracle/PeopleSoft 在财务领域、SSAGlobal 在制造领域、Microsoft 在零售管理领域。同时还有许多已建立的中小规模的 ERP 软件供应商也在竞争这个非常赢利的 ERP 市场。在我国，随着本土 ERP 软件供应商的努力，格局有了新的变化。

用友网络发布 2019 年半年度报告，公司实现营业收入 33.1 亿元，同比增长 10.2%，实现净利润 4.82 亿元，同比增长 290.1%。云服务业务企业客户数达 493.17 万家，累计付费客户数达 43.01 万家。SaaS 业务和 BaaS 业务增长迅猛，小微企业云服务和大中型企业云服务业务均保持高速增长。

2019 中期业绩显示，金蝶国际云服务业务增长迅速，实现收入约 5.50 亿元，同比增长 54.9%，占集团总收入达 37%。据 IDC 发布的报告显示，金蝶在中国企业级 SaaS 财务软件应用市场占有率排名第一。

2019 年上半年，浪潮国际加速升级管理软件业务、云服务，带动营业额实现新高，云转型取得新突破。截至 2019 年 6 月 30 日，浪潮国际录得收入约 13.91 亿港元，同比增长 24.7%，实现新高。其中云服务收入约 1.61 亿港元，同比大幅增长 104.4%，占总收入比例提升至 11.5%。集团企业应用软件竞争力稳居国内前二，品牌和市场影响力获得进一步提升。

2019 年 4 月 24 日，SAP 发布了第一季度全球财报。云业务季度营收首次突破 15 亿欧元大关，增长 45% 和 48%。2019 年第二季度，云端收入同比增长 40%，达到 16.9 亿欧元（IFRS）。云计算和软件收入同比增长 11%，达到 54.9 亿欧元（IFRS），增长 11%。总收入同比增长 11%，达到 66.3 亿欧元（IFRS），增长 11%。在《IDC MarketScape：2019 年全球 SaaS 和基于云运营的 ERP 应用程序供应商评估》报告中，SAP 荣膺领导者称号。另外，从具体的行业来说，SAP 云 ERP 在智能制造行业排名第一，具体如表 2-5 所示。

表 2-5 智能制造行业 2019 年 ERP 系统十大品牌排行榜

排行	品牌	产品
1	SAP	SAP S/4HANA Cloud
2	Oracle	Oracle ERP
3	浪潮	浪潮 GS
4	智邦国际	智邦国际 ERP 系列
5	用友	用友 NC6

续表

排行	品牌	产品
6	Infor	Infor M3
7	金蝶	金碟 EAS
8	Sage	Sage ERP X3
9	Microsoft	Microsoft Dynamics 365
10	QAD	QAD Adaptive ERP

【本章小结】

事务处理系统是管理信息系统以收集原始数据为主要任务，是所有其他系统的基础。事务处理系统由五部分构成：数据输入、业务处理、文件和数据库处理、产生文件报告、查询处理。管理信息系统的目标是为管理者提供反映组织日常运作状况的信息，帮助有效决策。管理信息系统的主要用户群是企业的中层管理人员。随着竞争加剧，企业的发展战略开始同信息系统联合起来，即企业开始把信息系统的应用提升到战略层面，以信息系统来支持其战略发展。因而，诞生了战略信息系统（Strategic Information System，SIS）。

随着 JIT、SCM、TQM 等现代管理思想的快速发展，企业信息系统集成的要求越来越强烈，以发展面向有效管理和利用整个供应链整体资源的新一代信息化管理系统——企业资源计划（ERP）应运而生。ERP 是建立在信息技术基础上、利用现代企业的先进管理思想、全面集成了企业所有资源信息，为企业提供决策、计划、控制与经营业绩评估的全方位和系统化的管理平台。它不仅仅是信息系统，而是一种管理理论、管理思想的运用，利用企业所有资源，包括内部资源与外部市场资源，为企业制造产品或提供服务创造最优的解决方案，最终达成企业的经营目标。ERP 的发展历经了 20 世纪 60 年代到 70 年代的物料需求计划（MRP）至 80 年代的制造资源计划（MRPⅡ），及在此基础上发展起来的 90 年代的企业资源计划（ERP）。

从功能结构来看，ERP 至少具备 13 个功能模块，包括生产计划与控制、成本计划与控制、财务管理、采购供应管理、销售管理、客户关系管理、库存管理、质量管理、人力资源管理、设备管理、基础数据管理、供应链管理、系统配置与重构。ERP 在企业中主要是起生产的计划与控制作用，根据诺兰模型，它需要与其他技术集成到一起，才能全面增强企业的竞争力，而不是变成新的信息孤岛。目前 ERP 产品提供商以 SAP、Oracle 等厂商占据了较大份额的高端市场，现在的市场竞争集中在中小企业 ERP 市场。我国的一些新兴 ERP 厂商也正在蓬勃发展之中。

【本章思考题】

1. 事务处理系统也能给组织带来竞争优势，请举例说明。
2. 有人说信息系统发展到商业智能阶段，事务处理系统就不再重要了，是这样吗？
3. 本章涉及的几种信息系统的关系是怎么样的？
4. 不同组织层次的信息需求有什么差别？
5. 简述战略信息系统与其他信息系统的区别。
6. 简述 ERP 的发展历程及每个阶段的主要内容。
7. 简述未来 ERP 的主要发展趋势。

【中英文对照表】

Critical Success Factor（CSF）	关键成功因素
Strategic Information System（SIS）	战略信息系统
Decision Support System（DSS）	企业决策支持系统
Competitive Intelligence System（CIS）	企业竞争情报系统
Customer Integrated Systems（CIS）	客户集成系统
Office Automation（OA）	办公自动化系统
Justintime（JIT）	及时生产
Pointof Sales（POS）	销售点系统
Total Quality Management（TQM）	全面质量管理
Supply Chain Management（SCM）	供应链管理
Business Process Re-engineering（BPR）	业务流程重整
Just in time（JIT）	及时生产
Total Quality Management（TQM）	全面质量管理
Optimized Production Technology（OPT）	优化生产技术
Distribution Resource Planning（DRP）	分销资源计划
Supply Chain Management（SCM）	供应链管理
Enterprise Resource Planning（ERP）	企业资源计划
Customer Relationship Management（CRM）	客户关系管理
Billof Material（BOM）	物料清单
Capacity Requirement Planning（CRP）	能力需求计划

第3章 管理信息系统的扩展应用

【本章学习目的】

随着计算机应用的深入发展,为了增强企业的竞争优势,在企业信息系统应用方面延伸出多种类型的现代应用系统。例如社交媒体信息系统、企业门户、供应链管理系统、客户关系管理系统、电子商务等。本章重点介绍这些典型的现代应用系统。

(1) 社交媒体促使人们形成相同兴趣的社区,社交媒体系统使用信息技术来支持用户网络之间的内容共享。

(2) 随着市场竞争的加剧,企业的竞争动力从"产品制造推动"转向"用户需求拉动",由最终用户的需求决定整个链条上的企业活动趋向,供应链管理的发展随之从企业内部活动管理扩展到相关上下游企业之间的内部活动和相互联系活动的管理。

(3) 从CRM系统主要应用于企业销售、市场、服务等与客户密切接触的前端部门,通过接口与ERP、SCM等系统协同运作,共同为企业开源节流、提高企业市场竞争力和综合实力服务。

(4) 电子商务的飞速发展,其特殊的经营模式,已经深刻改变了人们传统的管理模式和管理理念。

要求学生通过本章的学习掌握以下知识点:

(1) 掌握社交媒体信息系统的构成要素;

(2) 掌握供应链管理系统(SCM)、客户关系管理系统(CRM)和电子商务系统的基本概念;

(3) 了解供应链管理概念和发展历程;

(4) 充分认识客户关系管理的内涵和管理内容;

(5) 了解电子商务的典型形式和技术架构。

【本章引导案例】

移动掌上客 CRM

移动掌上客 CRM,是中国移动推出的针对中小企业在客户关系管理方面的专业化信息服务,该系统主要针对商贸型企业、服务型企业的"客户关系"领域的管理,提供基于"互联网+移动终端"的客户资料管理、促销推广、客户关怀等有效移动客户关系管理,可以帮助中小企业客户迅速实现有效的"客户关系管理",开展对客户的个性化营销、个性化关怀以及个性化服务,建立起客户之间互惠互利的长期关系,提高企业的经营效率,提升服务品质,创建客户忠诚,为中小企业带来更好和更长久的经济效益。

该系统的主要功能模块包括:(1)顾客管理。录入顾客信息,进行顾客增、删、改、查的操作,实现收银、积分和预充值。(2)商品管理。实现商品的增、删、改、查的操作,可与收银模块相关联,实现简单易用的开单收银操作。(3) 抽奖管理。可设置向顾客发送一条包含中奖号码的短信,顾客凭号码到商店兑奖,有效拉动商户店面人气。(4) 顾客通知。根据顾客分组、消费金额、多长时间未光顾等智能条件进行精确的信息发布,包括促销通知、温馨提示等。(5) 收银管理。实现普通收银机的基础操作,包括开单收银、促销规则管理和赠品管理。(6) 预充值管理。实现顾客的预付费管理,并与收银相关联。(7) 顾客关怀。根据设置的关怀条件自动向顾客发送关怀短信。(8) 来电显示。用户拨打来电时,终端将显示顾客姓名、消费信息等。(9) 积分管理。根据商户设置的消费和预充值积分规则,自动在顾客消费和预充值时进行积分的操作,还包括积分短信通知、积分兑换等功能。(10) 挂机短信。在接听顾客的来电后,可直接进入短信的发送框,向顾客发送回复短信。(11) 统计报表功能。实现对顾客、销售、商品、积分等数据进行统计分析,并形成相应的统计报表。

因此,移动掌上客 CRM 呈现出如下的功能特点。

(1) 灵活的顾客信息录入方式

移动掌上客 CRM 系统提供四种顾客信息录入模式:逐个手工录入、Excel 表格批量导入、手机上行短信平台自动记录、专有终端输入的四种方式,帮助企业把客户信息录入掌上客系统,方便企业对这些客户资源进行分组、分级别等有效管理。

(2) 便捷的客户关怀管理

移动掌上客 CRM 系统提供三种客户关怀管理工具:生日关怀、节假日关怀、纪念日关怀。企业在客户生日、节假日以及客户纪念日的时候,下发关怀信息,可以提升客户对企业的感知度,有效地拉近企业和客户之间的距离。

(3) 丰富的经营统计报表

移动掌上客 CRM 系统可以在第一时间把这些报表内容发送到老板或者经营管理者的手机上,让其实时了解企业的运营情况,帮助其进行有效的经营决策。

(4) 基于移动终端的解决方案

移动掌上客 CRM 系统标准版和高级版都是基于移动终端的托管式服务。通过采用不同的移动终端,移动掌上客 CRM 系统彻底解决了大量的中小企业在营业现场没有计算机设备及网络环境的问题。标准版可以实现"短信机""积分机""抽奖机"以及"收银机"的功能。高级版除了具有标准版的所有功能之外还增加了"来客服务""增强版收银机"以及"经营分析统计"等功能。

(5) 有效的客户互动

移动掌上客 CRM 系统提供的投票功能,可以让企业很方便地与客户进行有效的互动。同时移动掌上客 CRM 的投诉处理功能可以有效地接受客户的投诉和反映的问题,做出及时的服务响应。

(6) 精准的定位营销

利用移动掌上客 CRM 系统,企业可以很方便地筛选出符合条件的顾客群体,针对这个群体采取对应的营销推广活动。如:在三八妇女节的时候,企业要给所有女性同胞发送节日祝福或当天的营销活动信息,就可以通过移动掌上客的相关功能筛选出所有女性客户,发送相关的营销推广内容。

讨论:有效的客户关系管理系统能够为企业哪些方面带来价值?

案例来源于:https://wenku.baidu.com/view/9abc86a24a73f242336c1eb91a37f111f0850d1d.html

计算机信息系统在企业中的应用实践表明,其经历了一个从简单到复杂、从底层管理到高层管理的进化过程。从企业事务处理系统(Transaction Processing System,TPS)、企业管理信息系统(Management Information System,MIS)、企业决策支持系统(Decision Support System,DSS)的基础应用到社交媒体系统(Social Media,SM)、供应链管理系统(Supply Chain Management,SCM)、客户关系管理(Customer Relationship Management,CRM)、电子商务系统等扩展应用,信息系统在企业中发生作用的层面是由业务运行层向运行控制层、战术决策层、最终向战略管理层逐步提升。在本章,将介绍组织中不同类型的信息系统的扩展应用。

3.1 社交媒体信息系统

3.1.1 社交媒体网络

社交媒体应该是大批网民自发贡献、提取、创造新闻资讯,然后传播的过程。有两点需要强调,一个人数众多,一个是自发的传播,如果缺乏这两点因素的任何一点就不会构成社交媒体的范畴。社交媒体的产生依赖的是 Web 2.0 的发展,如果网络不赋予网民更多的主动权,社交媒体就失去了群众基础和技术支持,失去了根基。如果没有技术支撑那么多的互动模式,那么多互动的产品,网民的需求只能被压制无法释放。如果没有意识到网民对于互动的、表达自我的强烈愿望,也不会催生那么多眼花缭乱的技术。社交媒体正是基于群众基础和技术支持才得以发展。

传统的社会大众媒体,包含新闻报纸、广播、电视、电影等,内容由业主全权编辑,追求大量生产与销售。新兴的社交媒体,多出现在网络上,内容可由用户选择或编辑,生产分众化或小众化,重视同好朋友的集结,可自行形成某种社群,例如 blog、vlog、podcast、Wikipedia、Facebook、plurk、Twitter、网络论坛等。社交媒体的服务和功能更先进和多元,但费用相对便宜或免费,近用权相对普及和便利,广受现代年轻人的青睐。社交媒体和传统社会媒体的明显差别如下。

(1) 传播结构:社交媒体和传统媒体,都可以向全球传播。不过,传统媒体多属于中央集权的组织结构、生产和销售。社交媒体通常扁平化、无阶层、依照多元生产或使用的需求,而有不同的形态。

(2) 近用能力:能近用传统媒体的,绝大多数都只有该媒体的政府或私人业主;例如某大报的头条,由该报编辑室决定、某电影的集资拍摄,由政府和民间金主决定。社交媒体可让社会大众便宜或免费使用;例如网络部落格,人人可免费申请,申请人可任意编辑部落格的内容。

(3) 专业要求:进入传统媒体的专业门槛较高,例如需设置全职的记者、摄影师、编辑、财务部门、法律部门等,除了一定的资讯素养之外,还需要其他学科的专业素养,才能经得起消费市场的检验;尤其因为传统媒体的市场竞争激烈,经营的压力对专业能力的要求可能会更高或更多元。社交媒体的专业门槛相对较低,通常只要中等的信息传播素养即可,加上社交媒体为争取更大的注意力经济,倾向于将社交媒体的使用界面设计得更方便、更简单。

(4)即时程度:一般而言,根据节目内容的规模,传统媒体常有几天、几周、几个月的制作时间,社交媒体因为偏好轻薄短小的图文发布,所以制作时间减少至一天、几小时甚至几分钟而已。有些传统媒体正在向社交媒体看齐,希望能达到新闻的随时发布。

(5)固定不变:传统媒体的内容一旦发布,几乎很难修改,例如新闻报纸、广播、电视、电影等,如需答复、修正,往往要等到下一个版本,例如第二天的报纸、下次广播、下回电视、重新剪辑的电影版本,牵涉的人力和时间较多。社交媒体则常常随时随地的更新变化。

3.1.2 社交媒体系统构成

由于社交媒体信息系统也是信息系统,因此同样具有信息系统的组成要素:硬件、软件、数据、处理和人员。每个组成部分的角色如表 3-1 所示。

表 3-1 社交媒体系统构成要素

组成部分	角色	描述
硬件	社交媒体提供商	基于云的弹性服务器
	用户和社区	用户任何的设备
软件	社交媒体提供商	应用程序、数据库管理系统、数据分析工具
	用户和社区	浏览器、IOS、安卓、Windows 和其他应用程序
数据	社交媒体提供商	有助于快速检索的内容数据和关系数据存储
	用户和社区	用户生成内容、关系数据
流程	社交媒体提供商	运行和维持应用程序
	用户和社区	创建并管理内容、日常的、相互复制
人	社交媒体提供商	运行和维持应用程序的员工
	用户和社区	关键用户、适合的、包括不理性的

1. 硬件

用户与组织使用台式机、笔记本电脑、移动设备进行社交媒体的相关操作。大部分情况下,社交媒体平台提供商使用云端的弹性服务器,保证社交媒体的运行。

2. 软件

用户使用浏览器和客户端应用程序与其他用户交流、发送和接收信息,建立或者删除与社区和其他用户的联系。应用程序既有计算机端也有客户端,方便 IOS、安卓与微软等各平台接入。社交媒体供应商开发并运营有自身特色的、专有的社交网络应用软件。

3. 数据

社交媒体数据分为两种,内容与关系。内容数据是由用户提供的数据和数据响应。原创性内容、评论、留言、点赞、收藏等都是用户生产的内容。

关系数据是关于人际关系的数据。用户的关注者、评论者都标记着用户之间的关系。关系数据将社交媒体信息系统与网站应用程序区分开来。传统网站和社交网站都能呈现用户内容和响应者内容,但只有社交网络应用程序存储和处理关系数据。

4. 流程

对于社交网站用户来说,处理流程应该是适合日常使用的、逐步发展的且面向社交的,这种处理使得社交媒体易于学习和使用，但这种易用性也容易带来意想不到的后果。比如很多用户喜欢发带有位置定位的信息，一方面很容易享受基于位置的服务带来的便利，但也会带来用户隐私泄露的问题。另外，社交媒体平台也会删除过时的，或令人反感的内容，也会从现有内容中发掘价值，进行有价值的推送。

5．人员

社交媒体中的个人用户相对随性，往往根据自己的目标和个性，选择与自己观点相近的社交，做出相应的行为。但组织用户不能如此随意，对于任何使用自己在组织的职位来代表该组织的人，组织需要对其进行社交媒体信息系统用户处理规程和组织的社交网络政策方面的培训。

3.1.3 社交媒体给企业带来的效益

当今，几乎全球企业都恋上了社交媒体，很多大企业甚至会在社交营销中投入巨资，以建立和维护品牌的知名度。"双微"策略（微信公众号、微博）这几年几乎成为国内大企业营销的标配。为什么大量的企业会一头扑进社会营销的流量争夺赛中去呢？第一个原因：受众的注意力份额被社交网络所占领，不抢占社交流量就很难获得品牌的存在感。美国有相关研究资料显示，72%的成年人每天登录社交媒体网站，并且每周至少花费23小时进行社交媒体的运用。也就是说，大家平均每天花费14%的时间在社交媒体上，这一情况在中国可能更多。Boost Mobile公司对500名16~25岁的消费者进行了一项社交媒体的使用调查，50%的受访者承认他们对社交媒体成瘾，68%的受访一天至少查阅社交媒体10次以上，31%的人即使在上厕所时也在使用社交媒体。这些数据都说明，受众的注意力份额很大一部分被社交网络所占领。第二个原因：一些早期的领军企业在社会营销中获得了可观的收益。利用社交流量获得成功的典型案例莫过于雷军掌舵的小米手机。小米起家时是地道的社交红利收割者，最早在米聊论坛建成了一个"荣誉开发组"，从几万人的论坛中抽出一批活跃度相当高的种子用户。这些发烧友级别粉丝会和小米员工一起同步测试，发现问题随时修改。同时通过MIUI论坛、微博、论坛等进行营销，对发烧友级别的用户单点突破，最终成功实现了极具小米特色的口碑营销，层层产生品牌传播效应。小米的微信账号也是企业微信账号中的超级大号，早在2013年便突破了100万的关注度。第三个原因：很多社交网站对营销效果的强调也进一步点燃了企业对社会流量的热情。根据Twitter官方给出的数据，Adobe公司将自己的"Adobe Media Optimizer"接入Twitter的API，以更方便地为一些品牌商提供服务，Adobe也拿自己的"Adobe Marketing Cloud"账号做了测试。一个月后，Adobe发现，账号的粉丝数量增加了63%，而且每获得一个粉丝的成本降低了60%（差不多2美元）。同样，SHIFT为客户RadioShack的Twitter账号内测的结果是其与受众的关联率增长了40%。不管从社交网站还是从企业来讲，对社交流量的利用都饱含热情。

3.2 供应链管理系统

供应链管理（Supply Chain Management，SCM）最早是在20世纪80年代末被提出来的，指的是对企业内部及与外部发生紧密联系的所有业务活动的统一管理，包括人力资源、财务、订单、采购、计划、生产、库存、运输、销售、服务在内的所有企业业务活动。随着市场竞争的加剧,企业的竞争动力从"产品制造推动"转向"用户需求拉动",由最终用户的需求决定整个链条上的企业活动趋向,供应链管理的发展随之从企业内部活动管理扩展到相关上下游企业之间的内部活动和相互联系活动的管理。供应链管理的信息化程度高低,决定了现代企业的发展命运。

3.2.1 供应链管理概念

毋庸置疑,供应链管理是取得竞争优势的关键。然而,如果更细致地询问供应链管理的一致定义,甚至最著名的管理者和学者也会绞尽脑汁。因为供应链管理是非常宽泛的术语,常常很容易被误解,在很多不同的意见中,至今还没有完整的解释出现。

所谓供应链管理,就是指在满足一定的客户服务水平的条件下,为了使整个供应链系统成本达到最小而把供应商、制造商、仓库、配送中心和渠道商等有效地组织在一起来进行的产品制造、转运、分销及销售的管理方法。

从上述定义中,能够解读出供应链管理包含的丰富内涵。

首先,供应链管理把产品在满足客户需求的过程中对成本有影响的各个成员单位都考虑在内了,包括从原材料供应商、制造商到仓库再经过配送中心到渠道商。不过,实际上在供应链分析中,有必要考虑供应商的供应商以及顾客的顾客,因为它们对供应链的业绩也是有影响的。

其次,供应链管理的目的在于追求整个供应链的整体效率和整个系统费用的有效性,总是力图使系统总成本降至最低。因此,供应链管理的重点不在于简单地使某个供应链成员的运输成本达到最小或减少库存,而在于通过采用系统方法来协调供应链成员以使整个供应链总成本最低,使整个供应链系统处于最流畅的运作中。

再次,供应链管理是围绕把供应商、制造商、仓库、配送中心和渠道商有机结合成一体这个问题来展开的,因此它包括企业许多层次上的活动,包括战略层次、战术层次和作业层次等。

尽管在实际的物流管理中,只有通过供应链的有机整合,企业才能显著地降低成本和提高服务水平,但是在实践中供应链的整合是非常困难的,这是因为:首先,供应链中的不同成员存在着不同的、相互冲突的目标。比如,供应商一般希望制造商进行稳定数量的大量采购,而交货期可以灵活变动;与供应商愿望相反,尽管大多数制造商愿意实施长期生产运转,但它们必须顾及顾客的需求及其变化并做出积极响应,这就要求制造商灵活地选择采购策略。因此,供应商的目标与制造商追求灵活性的目标之间就不可避免地存在矛盾。

其次,供应链是一个动态的系统,随时间而不断地变化。事实上,不仅顾客需求和供应商能力随时间而变化,而且供应链成员之间的关系也会随时间而变化。比如,随着顾客购买力的提高,供应商和制造商均面临着更大的压力来生产更多品种、更具个性化的高质量产品,进而最终生产定制化的产品。

研究表明,有效的供应链管理总是能够使供应链上的企业获得并保持稳定持久的竞争优势,进而提高供应链的整体竞争力。统计数据显示,供应链管理的有效实施可以使企业总成本下降20%左右,供应链上的节点企业按时交货率提高15%以上,订货到生产的周期时间缩短20%~30%,供应链上的节点企业生产率增值提高15%以上。越来越多的企业已经认识到实施供应链管理所带来的巨大好处,比如HP、IBM、DELL等公司在供应链管理实践中取得的显著成绩就是明证。

3.2.2 供应链管理扩展企业价值链

当今的管理层必须时刻保持警觉,注意把本公司价值链和其他组织的价值链链接起来以获得额外的优势。这种链接被称为组织间系统(Inter Organizational System,IOS)。参加的组织彼此之间就成为业务伙伴,他们一起运行就像单个公司运行一样,能够产生单独运行所不能取得的增值效果。

通过建立一个信息系统,在必要时提供资源输入,公司可以把它的价值链与供应商的价值链连接起来。比如,公司与供应商达成"零库存"(Just In Time,JIT)协议,从而使原材料在其进入其生产过程的前几个小时到货,减少了存货成本。公司也可以把它的价值链与分销商的价值链连接起来,从而形成一个价值系统。比如,一家航空公司允许旅行社进入该航空公司的计算机订票系统,便于旅行社为乘客订票,而不仅仅是允许个体客户预订座位。

如果公司产品的买主也是组织,那么这些组织的价值链也可以与公司及其他分销商的价值链相连。例如,一家制药厂在装运产品前可以在产品上贴上零售价格标签,省去零售商的这笔开销。

当买者是个体客户的时候,他们能够通过计算机登录到公司的网站查询产品的相关信息。图 3-1 描述了一个供应链扩展了的价值链。

既然每种价值活动都包括一个信息要素,那么对公司信息资源的管理就是公司获取竞争优势的关键步骤。

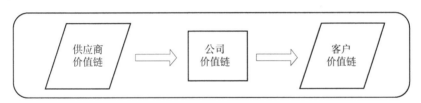

图 3-1 供应链扩展企业价值链

3.2.3 集成化供应链管理

1. 集成化供应链管理的内涵及目的

集成化供应链管理是围绕核心企业,通过对信息流、知识流、物流和资金流的控制,从采购原料开始,制成中间产品以及最终产品,最后由销售网络把产品送到消费者手中的将供应商、制造商、分销商和零售商直至最终用户连成一个整体的功能网络结构模式。

集成化供应链管理的核心是顾客化需求—集成化计划—业务流程重组—面向对象过程控制组成第一个控制回路(作业回路);由顾客化策略—信息共享—调整适应性—创造性团队组成第二个回路(策略回路);在作业回路的每个作业形成各自相应的作业性能评价与提高回路(性能评价回路)。供应链管理正是围绕这三个回路展开,形成相互协调的一个整体。

集成化供应链管理的目的在于通过合作伙伴之间的有效合作与支持,提高整个供应链中物流、工作流、信息流的通畅和快速响应,提高价值流的增值性,使得所有与企业活动相关的人、技术、组织、信息以及其他资源有效地集成,形成整体竞争优势。在市场竞争中,各成员把主要精力用在凝聚自身的核心竞争力上,以达到强强联合的效果。从这方面可以说,供应链管理是一种基于核心能力集成的竞争手段。

2. 集成化供应链管理面临的转变

（1）功能管理向过程管理的转变

传统的管理将供应链的采购、制造、市场营销、配送等功能活动分开进行并独立运作。这些功能都具有各自独立的目标和计划，它们之间经常发生冲突，供应链管理就是使得这些功能达成协调一致的管理机制。

（2）利润管理向赢利性管理的转变

传统的管理将利润作为企业管理的重点，但现代管理认为利润管理是粗放的。西方发达国家的企业强调赢利性管理，主要在于这种赢利性是建立在双赢的基础上，只有供应链各方均具有较好的赢利性，企业自身的赢利性才有可能得到保证。

（3）产品管理向顾客管理的转变

顾客是供应链管理上重要的一环。供应链管理的核心已由生产企业向消费者倾斜，顾客管理成为了供应链管理中重要内容。而客户管理（CPM）系统、分销资源计划（DRP）系统及供应链管理系统形成了基于电子商务模式下的最有效的管理系统。

（4）交易管理向关系管理的转变

现代管理理论认为可以找到一种途径能够同时增加供应链各方的利益，这种途径就是要协调供应链成员之间的关系，以协调的供应链关系为基础进行交易，使得企业所处在的供应链最具有市场竞争力。

（5）库存管理向信息管理的转变

在信息时代，我们必须用信息代替库存，也就是说企业持有的是"虚拟库存"，而不是实物库存，只有到了供应链的最后一个环节才交付实物库存，可以有效地降低企业持有库存的风险。

事实上，供应链管理是一个复杂的系统，涉及众多目标不同的企业，牵扯企业的方方面面，因此实施供应链管理必须确保要理清思路、分清主次，抓住关键问题。只有这样，才能做到既见"树木"，又见"森林"，避免陷入"只见树木，不见森林"或"只见森林，不见树木"的尴尬境况。

具体地说，在实施供应链管理系统中需要注意的关键问题主要有以下几点。

（1）配送网络的重构

配送网络重构是指采用一个或几个制造工厂生产的产品来服务一组或几组在地理位置上分散的渠道商时，当原有的需求模式发生改变或外在条件发生变化后，引起的需要对配送网络进行的调整。这可能由于现有的几个仓库租赁合同的终止或渠道商的数量发生增减变化等原因引起。

（2）配送战略问题

在供应链管理中配送战略也非常关键。采用直接转运战略、经典配送战略还是直接运输战略？需要多少个转运点？哪种战略更适合供应链中大多数的节点企业呢？

所谓直接转运战略就是指在这个战略中终端渠道由中央仓库供应货物，中央仓库充当供应过程的调节者和来自外部供应商订货的转运站，而其本身并不保留库存。而经典配送战略则是在中央仓库中保留有库存。直接运输战略，则相对较为简单，它是指把货物直接从供应商运往终端渠道的一种配送战略。

（3）供应链集成与战略伙伴

由于供应链本身的动态性以及不同节点企业间存在着相互冲突的目标，因此对供应链进行集成是相当困难的。但实践表明，对供应链集成不仅是可能的，而且它能够对节点企业的销售业绩和市场份额产生显著的影响作用。那么集成供应链的关键是什么呢？信息共享与作业计划！显然，什么信息应该共享，如何共享，信息如何影响供应链的设计和作业；在不同节点企业间实施什么层次的集成，可以实施哪些类型的伙伴关系等就成了最为关键的问题。

(4) 库存控制问题

库存控制问题包括：一个终端渠道对某一特定产品应该持有多少库存？终端渠道的订货量是否应该大于、小于或等于需求的预测值？终端渠道应该采用多大的库存周转率？终端渠道的目标在于决定在什么点上再订购一批产品，以及为了最小化库存订购和保管成本，应订多少产品等。

(5) 产品设计

众所周知，有效的产品设计在供应链管理中起着多方面的关键作用。那么什么时候值得对产品进行设计来减少物流成本或缩短供应链的周期，产品设计是否可以弥补顾客需求的不确定性，为了利用新产品设计，对供应链应该做什么样的修改等这些问题就非常重要。

(6) 信息技术和决策支持系统

信息技术是促成有效供应链管理的关键因素。供应链管理的基本问题在于应该传递什么数据？如何进行数据的分析和利用？Internet 的影响是什么？电子商务的作用是什么？信息技术和决策支持系统能否作为企业获得市场竞争优势的主要工具？

(7) 顾客价值的衡量

顾客价值是衡量一个企业对于其顾客的贡献大小的指标，这一指标是根据企业提供的全部货物、服务以及无形影响来衡量的。最近几年来这个指标已经取代了质量和顾客满意度等指标。在不同行业中，是什么因素决定顾客的价值？顾客价值是如何衡量的？在供应链中，信息技术如何用来增强顾客价值？供应链管理如何作用于顾客价值？

综合上面的几个主要问题，可以发现供应链管理非常复杂，其实施绝非一蹴而就。企业需要有思想准备。具体地说，供应链管理的复杂性主要有以下几个方面的原因。

首先，供应链是一个复杂的、动态的网络，这个网络是由不同目标的企业（或企业单位）组成。这意味着要为某个特定企业寻找相称的供应链管理战略会面临巨大的挑战。

其次，营销实践中的供应与需求往往存在矛盾。困难在于在需求出现之前，制造商必须以某种生产水平进行生产，这意味着制造商必须承受巨大的财务风险。

再次，供应链系统随时间而变化也是一个重要的考虑因素。即使能够准确地预测需求（例如供需双方签署长期合作合同），计划过程也需要考虑在一段时间内由于季节波动、发展趋势、广告和促销、竞争者的定价策略等因素引起的需求和成本参数的变化。这些随时间而变化的需求和成本参数使确定最有效的供应链管理战略变得更加困难。而事实上，最有效的供应链管理战略，就是使供应链系统运行成本达到最小且满足顾客需求的战略。

最后，在一些新兴行业供应链系统中的新问题层出不穷，在其产品的生命周期内无法作出清楚的解释。比如，在高新技术产业中，产品的生命周期正变得越来越短。许多型号的个人计算机和打印机产品只有几个月的市场生命，而制造商可能只有一个订单或生产机会。这种情形在当前炙手可热的消费电子领域，比如 MP3、DC、DV 等产品上表现更为突出。遗憾的是，因为这些产品是新产品，不存在能使制造商对顾客需求做出准确预测的历史数据。另外，在这些行业中，日新月异的技术发展和眼花缭乱的产品推陈出新，使得准确地预测某一特定产品的需求变得越来越艰难。进而最终导致众多制造商的价格大战，而价格战不仅降低了产品在其生命周期内的价值，更是缩短了产品的生命周期。

此外，在某些高度同质化的产品市场，供应链管理可能是决定企业成败的唯一最重要的因素。比如，在笔记本电脑和喷墨打印机产品市场，很多制造商都走 OEM 路线或采用相同的上游原材料供应商和相同的技术，在这种情况下，企业的竞争就是品牌行销的竞争、就是成本和服务水平的竞争，而成本和服务水平则是供应链管理中的两个关键要素。

总之，供应链管理中的问题涉及许多方面的活动，从战略层次到战术层次一直到作业层次。战略层的问题是对公司有着长远影响的决策，包括关于制造工厂和仓库的数量、布局及产能大小以及物料在物流网络中流动等方面的决策。战术层的决策一般包括采购和生产决策、库存策略和运输策略等。而在作业层次上，则包括日常活动的决策，如计划、估计备货期、安排运输路线、装运等。

3.2.4 供应链管理发展趋势

供应链管理是迄今为止企业物流发展的最高级形式。虽然供应链管理非常复杂，且动态、多变，但众多企业已经在供应链管理的实践中获得了丰富的经验并取得显著的成效。当前供应链管理的发展正呈现出一些明显的趋势。

首先，时间与速度。越来越多的公司认识到时间与速度是影响市场竞争力的关键因素之一。比如，在 IT 行业，国内外大多数 PC 制造商都使用 Intel 的 CPU，因此，如何确保在第一时间内安装 Intel 最新推出的 CPU 就成为各 PC 制造商获得竞争力的自然之选。总之，在供应链环境下，时间与速度已被看成是提高企业竞争优势的主要来源，一个环节的拖沓往往会影响整个供应链的运转。供应链中的各个企业通过各种手段实现它们之间物流、信息流的紧密连接，以达到对最终客户要求的快速响应、减少存货成本、提高供应链整体竞争水平的目的。

其次，质量与资产生产率。供应链管理涉及许多环节，需要环环紧扣，并确保每一个环节的质量。任何一个环节，比如运输服务质量的好坏，就将直接影响到供应商备货的数量、分销商仓储的数量，进而最终影响到用户对产品质量、时效性以及价格等方面的评价。时下，越来越多的企业信奉物流质量创新正在演变为一种提高供应链绩效的强大力量。另外，制造商越来越关心它的资产生产率。改进资产生产率不仅仅是注重减少企业内部的存货，更重要的是减少供应链渠道中的存货。供应链管理发展的趋势要求企业开展合作与数据共享以减少在整个供应链渠道中的存货。

再次，组织精简。供应链成员的类型及数量是引发供应链管理复杂性的直接原因。在当前的供应链发展趋势下，越来越多的企业开始考虑减少物流供应商的数量，并且这种趋势非常明显与迅速。比如，跨国公司客户更愿意将它们的全球物流供应链外包给少数几家，理想情况下最好是一家物流供应商。因为这样不仅有利于管理，而且有利于在全球范围内提供统一的标准服务，更好地显示出全球供应链管理的整套优势。

最后，客户服务方面。越来越多的供应链成员开始真正地重视客户服务与客户满意度。传统的量度是以"订单交货周期""完整订单的百分比"等来衡量的，而目前更注重客户对服务水平的感受，服务水平的量度也以它为标准。客户服务的重点转移的结果就是重视与物流公司的关系，并把物流公司看成是提供高水平服务的合作者。

3.2.5 供应链管理系统发展历程

随着全球经济的一体化，不难发现在全球大市场竞争环境下，任何一个企业都不可能在所有业务上成为最杰出者，必须联合行业中其他上下游企业，建立一条经济利益相连，业务关系紧密的行业供应链，实现优势互补，充分利用一切可利用的资源来适应社会化大生产的竞争环境，共同增强市场竞争实力。总体上讲，供应链管理系统的发展历程与信息化四个层次密切相关。

信息化进程应该由里而外，由企业核心业务活动信息化向整体业务活动信息化发展。企业信息化建设大致可以分为如下四个层次。

第一个层次是企业的信息化基础设施建设。在这个阶段，企业着力构筑信息化所必需的软硬件设施、平台，包括网络硬件、操作系统和数据库软件等，搭建起信息化基础平台。

第二个层次是企业各核心部门的信息化。从计划、财务、生产等部门入手，逐步建立起部门级的应用系统，以满足企业最低的信息化管理需求。这些系统相互之间相对独立，短时期内适合本部门业务管理需求。但由于数据独立存储，操作系统和数据库彼此异构，业务之间缺乏必要的信息交换，在企业业务发展到一定规模时，各种矛盾就会凸显，例如订单、计划与生产无法协调控制，库存量不能有效减少等，由此就发展到了企业信息化建设的第三个层次。

第三个层次是企业内部生产活动之间的有效互联。通过内部同构的软硬件平台实现各部门间的信息共享、协同操作，这种基于企业内部范围的管理最终对计划需求量、安全库存量、采购提前期、采购批量、采运方式、采购价格、市场行情和供应商等进行准确的分析和设定，体现了对企业管理的事先计划，事中控制，事后分析的思想。

第四个层次是企业间生成活动的有效互联。随着越来越多的企业参与到国际市场竞争中，企业通过业务拓展、调整产品结构，在全球范围内组织生产和流通活动，企业间的分工细化，协作增强，市场竞争不再局限在单个企业之间，而是企业群与企业群、产业链与产业链之间的竞争，业内随之出现了诸如"虚拟企业""动态企业联盟""经济资源联合体"之类的名词。无论名称如何改变，其实质就是：在最终用户需求的牵引下，由多个企业纵向联合形成一种合作组织形式，通过信息技术把这些企业连成链条或网络，把链条上各节点的资源有效整合并互动管理，更有效地向市场提供商品和服务来完成单个企业所不能承担的市场功能。这就是企业信息化的第四个层次。

狭义的供应链管理信息化位于企业信息化第三个层次的后期阶段。在该阶段，企业内部的原有业务模式成为以"e化管理"为手段的企业发展前行的羁绊。"基于部门"的业务方式被"基于过程"的业务方式所取代，通过对物流、信息流和资金流的设计和控制，把企业内部各部门之间的关系转变为供应链的上下游关系，旨在提高供应链中各环节的效率和效益。换言之，企业内部的供应链管理信息化不是企业原有业务流程的简单"e化"，它将彻底改变原有的企业管理思想和业务流程，按照产品生产的各个工序缩短单产品生产周期，加大产品质量控制力度，提高产品准时交货率，在保证质量的基础上缩短产品下线时间，降低生产成本。

合理地设计和利用供应链中的"三流"，不仅可以降低企业的库存量和流动资金，而且提高了企业快速的反应能力，有利于企业在变幻莫测的市场中占据有利地位。

产品（实物）是从最初供应商流向最终客户，资金按照相反方向流动，而信息则双向流动。供应链管理实际上是对实物流、信息流、资金流的集成管理。

供应链管理是对从供应商到客户之间的商业流程的集成管理，以提供给客户更具价值的产品、服务和信息。最简单的供应链可以是一层关系：一个客户和一个供应商。复杂的供应链则可能有多重客户、供应商关系（从而有子供应商、直接客户、最终客户的说法）。

拿流行的 iPad 为例。就生产环节讲，三星公司给苹果公司供应芯片，是苹果公司的直接供应商；给三星公司提供生产芯片设备的公司，是苹果公司的子供应商；而苹果公司则是最终客户。就销售环节讲，苹果公司是供应商，供货给配货中心（批发商）；配货中心进一步供货给零售商；然后产品到了消费者（最终客户）的手上。

在上面的供应链中，产品（实物）是从最初供应商流向最终客户，资金按照相反方向流动，而信息则双向流动。供应链管理实际上是对实物流、信息流、资金流的集成管理。

顾名思义，实物流是产品的物理流动，涉及采购、生产、仓储、运输等，其管理重点是以最经济、有效的方式采购、制造和运输产品。例如对零售业巨头沃尔玛而言，在哪里选择供应商、在哪里设置一级配货中心、二级配货中心、在哪里开店，都得考虑生产成本、仓储成本、运输成本是否最低。其中运输与仓储又是物流管理的核心内容。

但从概念上讲，实物流又不全是物流。物流说到底是把产品从甲地搬到乙地，而实物流还包括生产部分，例如在生产企业内，设备布局、工艺流程等都属实物流的范畴。

信息流与实物流结伴而行。举个很简单的例子，你要寄一个包裹，填写的表格就是为沟通信息。包裹的流动形成实物流，表格的流动则形成信息流。对一个多重、复杂的供应链，信息的有效流通就非常重要，也往往比实物流更难管理。供应链管理更多的是对信息流的管理。如果你问有经验的进出口人员，他们很可能会告诉你，各种单据比产品流通更难对付（单据构成信息流）。

如果出问题，很可能是单据出了问题。要么是单据丢失，要么是信息不准确。在质量管理中，大多质量问题不是单纯的制造问题，而是信息问题。货量不准、标签出错、包装出错、货号出错、质量证书没附上等，应有尽有。而预测信息在整个供应链上传递时出现的失真，历来是供应链管理的最大挑战之一。

资金流看上去没有实物流、信息流重要，但却是盘活一个供应链的关键，因为资金是企业的血液。相信大家对 20 世纪 80～90 年代的"三角债"还记忆犹新。这其实就是资金流出现问题，结果导致很多行业整体陷入困境。

从广义上讲，生产企业的资金流问题大都与库存问题共存。而库存则与信息流息息相关（例如"牛鞭效应"中预测信息延供应链传递时失真、放大，导致供应商过量生产、过度扩张，从而资金积压严重）。所以资金流问题往往取决于信息流。工业化国家提倡的"拿信息换库存"就是鼓励供应链伙伴及时、准确地共享信息，以减小"牛鞭效应"、减小库存。

我们今天所面临的不再是一个简单的供求市场，而是一个新技术不断涌现，市场迅速变化的竞争性环境，制造商与它的客户、供应商之间的关系也变得越来越重要。一个良好的供应链管理系统能缩短产品交付时间、减低总体采购成本，为公司及顾客增加更多价值。它不仅可以获得品牌化所产生的利益，而且可以通过和其他产品相区别以及促进与顾客之间的良好关系来降低公司的成本，改善与供应商的关系，简化业务流程，使企业集中在其核心能力上。

现代供应链管理把整条供应链上的活动作为一个连续的、无缝进行的过程来加以规划和优化。把整个链条中各环节的规划工作集成在一起，而不是按照活动功能分隔开来，这就要求企业根据管理需要进行业务重组和流程再造，依照"用户需求"和"流程管理"的思想对企业的管理思想、管理模式、管理方法、管理机制、管理基础、业务流程、组织结构和管理规章制度进行改造，优化关键业务流程，根据"木桶理论"，不断找出供应链上"最短的那块木头"并进行优化，这样就能够提升整条供应链乃至整个企业的竞争力。

在经历了这个阶段后，企业就迈入了信息化的第四个层次。各企业的内部供应链在经过市场的第二轮整合优化后又形成了利益共享、分工更细、联系紧密的产业链。因为在全球化激烈竞争中，仅仅依靠企业自身的单枪匹马是无法胜任的，以往企业"大而全、小而全"的粗放式经营模式将成为过去，只有依靠分工协作才能生存。如果没有完善的信息交互、协同商务机制，这条产业链上的节点还是彼此独立的信息孤岛，不能够成为完整的产业链条，所以在整合了企业内部信息孤岛后，这个阶段的企业信息化建设就是整合企业间的信息孤岛问题。这种广义的供应链管理信息化进一步弱化了企业间的边界，建立起一种跨企业的协作，以此来追求和分享市场份额。企业间供应链通过网络平台和网络服务进行企业间商务合作，合理调配企业资源，加速企业存货资金的流动，提升了供应链运转效率和竞争力。由于基础设施完善，企业信息化准备就绪，企业间协同电子商务有望在此阶段得到飞速发展。

大、中型企业已经体会到通过内部业务流程的优化来提高企业竞争优势的力量。如今，他们更希望通过供应链的优化来达到提高核心竞争力的目的。企业在 ERP 系统的投资已经使企业提高在企业内部各方面（包括协同制造、JIT 资源和客户拉动制造等）的管理能力。如今，新的焦点已经转移到供应链管理系统。因为 Internet 的应用促进了供应链管理系统的发展，形成了一种使得链条上制造方和供应方的活动在彼此间实现透明化的全新模式。供应链的活动包括即时供货、精确的库存透明度、在线配送跟踪、仓储、运输和需求等活动。

3.3 客户关系管理系统

客户关系管理（Customer Relationship Management，CRM），起源于美国 20 世纪 80 年代初提出的接触管理（Contact Management），它专门收集整理客户与公司的所有联系信息。到 90 年代初期则演变成包括电话服务中心及信息分析的客户关怀（Customer Care）。经历了 20 多年的发展，客户管理不断演变发展并趋向成熟，最终形成了一套较为完整的管理理论体系。

3.3.1 客户关系管理定义与内涵

客户关系管理的产生是市场与科技发展的结果。在社会的进程中，客户关系管理一直就存在，只是在不同的社会阶段其重要性不同，其具体的表现形式不同而已。市场营销理论经历了几个发展阶段，从生产为核心到产品质量为核心，再到现在的客户为核心，这些变化的主要动力就是社会生产力的不断提高。试想在一个供不应求的时代，又有谁会去关注产品的需求者呢？

现代市场上产品的日益丰富使得任何厂商都没有了垄断的优势，每一个厂商面对的都是残酷的竞争，怎样留住客户成了现代企业在市场竞争中取胜的法宝。因此，客户关系也逐渐被越来越多的企业所关注，并随着互联网的广泛应用，客户关系管理系统日益为企业所关注。

1. 客户关系管理的定义

关于客户关系管理（CRM）的定义，不同的研究结构有着不同的表述。

GartnerGroup 认为，所谓的客户关系管理就是为企业提供全方位的管理视角，赋予企业更完善的客户交流能力，使客户的收益率最大化。

波士顿 Hurwitzgroup 认为，CRM 的焦点是改善与销售、市场营销、客户服务和支持等领域的客户关系有关的商业流程并实现自动化。CRM 既是一套管理方法，也是一套软件和技术。它的目标是缩减销售周期和销售成本、增加收入、寻找扩展业务所需的新的市场和渠道以及提高客户的价值、满意度、赢利性和忠诚度。

IBM 公司认为，客户关系管理分为三类：关系管理、流程管理和接入管理，涉及企业识别、挑选、获取、保持和发展客户的整个商业过程。

可以看出，以上各论点对"客户关系"的概念都有一个较为明确、一致的理解，即客户关系是客户与企业发生的所有关系的总和，是企业与客户之间建立的一种相互有益的关系。那么到底什么是 CRM 呢？

从管理科学的角度来考察，客户关系管理源于市场营销理论，从解决方案的角度考察，客户关系管理是将市场营销的科学管理理念通过信息技术的手段集成在软件上面，从而得以在全球大规模地普及和应用。由此，我们认为 CRM 是企业利用 IT 技术和互联网技术实现对客户的整合营销，是以客户为核心的企业营销的技术实现和管理实现。分为理念、技术、实施三个层面，如图 3-2 所示。

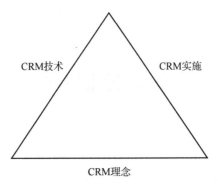

图 3-2 CRM 概念图

(1) CRM 理念：建立"以客户为核心、以市场为导向"经营管理模式。

(2) CRM 技术：Internet 和电子商务、多媒体技术、数据仓库和数据挖掘、专家系统和人工智能、呼叫中心等。

(3) CRM 实施：CRM 软件不是一种交付即用的工具，需要根据组织的具体情况进行 CRM 实施。

CRM 理念是 CRM 成功的关键，它是 CRM 实施应用的基础和土壤；CRM 技术是 CRM 成功实施的手段和方法；实施是决定 CRM 成功与否、效果如何的直接因素。

2．CRM 内涵

(1) CRM 是一种管理理念

CRM 是一种管理理念，起源于西方的市场营销理论，诞生和发展在美国，其核心思想是将企业的客户（包括最终客户、分销商和合作伙伴）作为最重要的企业资源，通过完善的客户服务和深入的客户分析来满足客户的需求，保证实现客户的终身价值。

(2) CRM 是一种管理机制

CRM 是一种旨在改善企业和客户之间关系的新型管理机制，它实施于企业的市场营销、销售、服务与技术支持等与客户相关的领域，要求企业从"以产品为核心"的模式向"以客户为核心"的模式转移。也就是说，企业关注的焦点应从内部运作转移到客户关系上来。CRM通过向企业的销售、市场和客户服务的专业人员提供全面、个性化的客户资料，并强化跟踪服务、信息服务能力，使他们能够协同建立和维护一系列与客户和生意伙伴之间卓有成效的"一对一"关系，从而使企业得以提供更快捷和周到的优质服务，提高客户满意度，吸引和保持更多的客户，从而增加营业额；另外，它还可通过信息共享和优化商业流程来有效地降低企业的经营成本。

（3）CRM是一种管理软件和技术

计算机互联网技术的发展为现代客户关系管理实现更完善的功能提供了可能性。融合了先进的经营管理理念与现代科技的CRM系统，更加注重客户数据的集中统一管理，将传统客户管理模式中存在于不同部门的客户信息片段连成一个统一的整体，使得公司内部每一个员工都有对同一客户的统一认识。CRM系统的核心思想就是"客户为核心"，为了达到这样一个目的，就必须要能够准确掌握客户的需求，提供个性化的服务，提供及时的、必要的客户关怀。因此，任何一个CRM系统，其关键就是怎样可以有效地管理客户数据。在现代社会，获取数据已经不是最重要的，而系统地保存数据，有效使用这些数据才是关键。在CRM系统中，运用了管理心理学、消费心理学、统计、市场调研等知识，通过对这些客户数据的统计分析，得出客户的购买行为特征，并可以据此调整公司的经营策略、市场策略，让整个经营活动更为有效。

CRM系统也将把公司销售、市场、客户服务等部门的工作规范化。CRM系统提供了一个部门工作的规范工具，提供一种统一的格式。在传统工作模式下，通常都没有一个信息处理的统一模式，因此对于同一部门的不同人员，都会有自己的报表处理模式，在需要统一处理的时候经常会出现重复劳动，造成劳动力资本的浪费，降低了工作效率。CRM系统将会通过规范工作流程以及工作报表等，集中数据处理，避免重复劳动，改进工作流程。同时，通过这样一种规范化的处理，将大大提高公司内部各部门的协同工作能力。

（4）CRM进一步延伸了企业供应链管理

在大多的ERP产品中都包括了销售、营销等方面的管理，CRM产品则是专注于销售、营销、客户服务和支持等方面，在这些方面比ERP更进一步。如果把CRM看成企业管理的前端应用系统，ERP就是企业管理的后端系统。只有两者实现全面的集成，才能使市场与客户信息、订单信息、产品和服务的反馈信息通过系统的处理分析，及时地传递给ERP系统和企业设计部门，使ERP系统实现理想的订单生产模式，迅速满足客户个性化的需求。同时，ERP系统中产生的产品信息、生产进度、库存情况和财务结算信息可以及时地传递到CRM系统中，为客户提供整个交易过程中的全程跟踪服务，提高客户价值、客户满意度、客户利润贡献度、客户忠诚度，实现最终效果的提高。因此，ERP与CRM的无缝集成，将带来$1+1>2$的理想效果，最大化地提高企业对市场的快速响应能力和满足客户个性化需求的能力，最终以实现供应链管理为目标，使企业在激烈的市场竞争中立于不败之地。

3.3.2 客户关系管理系统类型

CRM系统主要应用于企业销售、市场、服务等与客户密切接触的前端部门，通过接口与ERP、SCM等系统协同运作，共同为企业开源节流、提高企业市场竞争力和综合实力服务。

CRM 管理系统一般分为运营型、协作型、分析型 CRM，如图 3-3 所示。

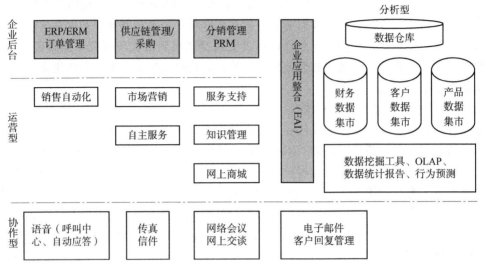

图 3-3　CRM 系统结构图

1．运营型 CRM

运营型 CRM 设计的目的是为了让企业营销、销售和服务人员在日常工作中能够共享客户资源，减少信息流动断点，提供高效的客户服务。运营型 CRM 主要分为销售自动化、服务自动化和市场营销自动化。

（1）销售自动化

销售自动化是 CRM 系统中的一个最核心模块。它是在销售过程中，针对每一个线索、客户、商机、合同、订单等业务对象进行有效的管理，提高销售过程的自动化，全面提高了企业销售部门的工作效率缩短销售周期，帮助提高销售业绩。它可以有效地支持总经理、销售总监、销售主管、销售人员等不同角色对客户的管理、对商业机会的跟踪，对订单合同的执行等，有效导入销售规范，实现团队协同工作。

主要功能包括日程和活动安排、销售线索管理、客户联系人管理、商机管理、合同管理、订单管理、销售预测、竞争对手管理、产品管理、报价管理、费用管理和销售计划管理等。

客户管理：客户基本信息；与此客户相关的基本活动和活动历史；联系人的选择；订单的输入和跟踪；建议书和销售合同的生成。

联系人管理：联系人概况的记录、存储和检索；跟踪同客户的联系，如时间、类型、简单的描述、任务等，并可以把相关的文件作为附件；客户的内部机构的设置概况。

时间管理：日历；设计约会、活动计划，有冲突时，系统会提示；进行事件安排；备忘录；进行团队事件安排；查看团队中其他人的安排，以免发生冲突；把事件的安排通知相关的人；任务表；预告/提示；记事本；电子邮件；传真。

潜在客户管理：业务线索的记录、升级和分配；销售机会的升级和分配；潜在客户的跟踪。

销售管理：组织和浏览销售信息，如客户、业务描述、联系人、时间、销售阶段、业务额、可能结束时间等;产生各销售业务的阶段报告,并给出业务所处阶段、还需的时间、成功的可能性、历史销售状况评价等信息;对销售业务给出战术、策略上的支持;对地域(省市、邮编、地区、行业、相关客户、联系人等)进行维护;把销售员归入某一地域并授权;地域的重新设置;根据利润、领域、优先级、时间、状态等标准,用户可定制关于将要进行的活动、业务、客户、联系人、约会等方面的报告;提供类似BBS的功能,用户可把销售秘诀贴在系统上,还可以进行某一方面销售技能的查询;销售费用管理;销售佣金管理。

(2) 市场营销自动化

通过市场营销自动化帮助企业建立和管理市场活动,并获取潜在客户;帮助市场研究人员了解市场、竞争对手、消费趋势,并制订灵活、准确的市场发展计划。其目标是为营销及其相关活动的设计、执行和评估提供详细的框架。

市场管理系统的典型功能包括:市场活动和行销管理、线索销售分析、渠道和竞争对手管理、活动/日历、附件/邮件管理等。

电话营销和电话销售:电话本;生成电话列表,并把它们与客户、联系人和业务建立关联;把电话号码分配到销售员;记录电话细节,并安排回电;电话营销内容草稿;电话录音,同时给出书写器,用户可做记录;电话统计和报告;自动拨号。

营销管理:产品和价格配置器;在进行营销活动(如广告、邮件、研讨会、网站、展览会等)时,能获得预先定制的信息支持;把营销活动与业务、客户、联系人建立关联;显示任务完成进度;提供类似公告板的功能,可张贴、查找、更新营销资料,从而实现营销文件、分析报告等的共享;跟踪特定事件;安排新事件,如研讨会、会议等,并加入合同、客户和销售代表等信息;信函书写、批量邮件,并与合同、客户、联系人、业务等建立关联;邮件合并;生成标签和信封。

(3) 服务自动化

通过将客户服务与支持功能同销售、营销功能很好地结合,为企业提供更好的商业机会,向已有的客户销售更多的产品。主要是完成对服务流程的自动化和优化,加强服务过程的控制和管理,实现标准化、准确化的服务,从而达到提高服务效果,增加客户满意度和忠诚度,实现企业利润最大化。

服务管理系统的典型功能包括:实施服务管理、服务请求管理、客户管理、活动管理、计划/日历管理、产品管理,服务合同和服务质量的管理、图/表分析等。

客户服务:服务项目的快速录入;服务项目的安排、调度和重新分配;事件的升级;搜索和跟踪与某一业务相关的事件;生成事件报告;服务协议和合同;订单管理和跟踪;问题及其解决方法的数据库。

2. 协作型CRM

协作型CRM的设计目的是能够让企业客户服务人员同客户一起完成某项活动,可以实现和客户的高效互动。

(1) 呼叫中心管理

呼叫中心通过提供各种计算机语音集成中间设备来支持自动呼叫分配/专用分组交换机,实现计算机电话集成技术与CRM业务应用软件之间的整合,通过电话技术来进行与客户之间的互动,对来自多个渠道的工作任务和座席代表的任务进行全面的管理。

呼叫中心已经在很多方面得到应用。如电话银行,用户可以通过电话进行汇率查询、账户结余查询、转账、代扣公用事业费等。现在的呼叫中心是CRM行业的一个重要分支,它是由若干成员组成的工作组，这些成员既包括一些人工座席代表，又包括一些自动语音设备。它们通过网络进行通信，共享网络资源，为客户提供交互式服务。

一般的呼叫中心由六部分组成：程控交换机（PBX）、自动呼叫分配器（ACD）、交互式语音应答（IVR）、计算机语音集成（CTI）服务器、人工座席代表（Agent）和原有系统主机。

（2）呼入管理

作为呼叫中心系统的补充和扩展，呼入管理提供了一些高级和细化的功能，对客户的电话呼入做出更及时、准确的回应，提高客户的满意度。

呼入管理可使用户迅速地查找客户，并将客户分成不同类别，排出他们的优先次序，并采用路由安排将互动信息传递给最合适的座席，提高座席代表的沟通成效和生产率。如"黄金级别"客户享有一定的优先权，应由技术最强的座席代表负责接待。呼入管理还实现与交互式语音应答（IVR）的整合。采用交互式语音应答技术，可使客户以自助方式完成互动，而且可将语音应答软件中搜集的信息传递给座席代表，用来改善客户服务品质。呼入管理可从交互式语音应答中收集数据，然后将这些数据传路由选择引擎，为座席代表提供更为完整的客户资料。在交互式语音应答和路由选择过程中，已经获得或查询了客户信息，因此当座席代表为客户服务时，客户无须再次重复自己的基本信息。

（3）呼出管理

作为呼叫中心系统的补充和扩展，呼出管理提供了一些高级和细化的功能，如呼出名单管理、弹出屏幕、软拨号等。通过这些功能，可以更好地执行企业营销战略。如通过前面提到的在线营销管理功能，销售人员能找出合适的目标市场，并创建呼出名单，以主动地与目标客户进行联系和沟通。通过与在线营销管理的集成，呼出管理软件可自动查阅呼出名单，管理联系客户的过程，并协助联络营销名单中所列出的潜在客户和客户。它相当于呼出名单管理工具，并有拨号功能，可加强呼出名单的联系效果，并提高座席代表的工作效率。销售人员也可以获得呼出电话的反馈信息，能对营销活动的方法和效果进行分析，从而形成了闭环式的营销过程。利用在线营销管理软件所提供的以前的广告活动的资料、相关的分析工具，销售和营销人员可定义一对一营销战略，找出新的目标市场，创建新的呼出对象名单，延续客户生命周期。

3. 分析型 CRM

在当今企业 CRM 的应用中，之所以与其相匹配的 BI/DSS 的需求呼声日益高涨，主要原因是：在商业智能和决策支持解决方案的帮助下，企业可以通过充分挖掘现有的客户数据资源，捕获信息、分析信息、沟通信息，发现许多过去缺乏认识或未被认识的数据关系。使得企业对客户的需求能有更及时更充分的理解，能够帮助企业管理者做出更好的商业决策，并借此提升企业核心竞争力。企业不再满足原有信息管理系统简单的信息统计汇总，而是更多地关注能否全面获得客户和市场的资料，能否借助现代化的技术对繁多复杂的现实数据其客观本质规律进行深入理解、认识，并做出专业化的正确判断。

分析型 CRM 能够分析出企业的问题，并且能够找出问题的原因，而且能够对将来的趋势和行为进行预测，从而很好地支持人们的决策，比如，经过对公司整个数据库系统的分析，它可以回答诸如"哪个客户对我们公司的邮件推销活动最有可能做出反应以及为什么"等问题。

在企业隔离客户生命周期的各个阶段都会用到数据挖掘技术。分析型 CRM 能够帮助企业确定客户的特点，从而可以为客户提供有针对性的服务。通过数据挖掘，可以发现购买某一商品的客户的特征，从而可以向那些也同样具有这些特征却没有购买的客户推销这个商品；若找到流失的客户的特征，就可以在那些具有相似特征的客户还未流失之前，采取针对性的措施。

(1) 分析型CRM主要用途

分析客户特征。为了制订出个性化的营销手段，分析客户特征是首要工作。企业不仅会想方设法了解顾客的地址、年龄、性别、收入、职业、教育程度等基本信息，对婚姻、配偶、家庭状况、疾病、爱好等的收集也是不遗余力。

分析"黄金客户"。通过客户行为分析，挖掘出消费额最高、最为稳定的客户群，确定为"黄金客户"。针对不同的客户档次，确定相应的营销投入。对于"黄金客户"，往往还需要制订个性化营销策略，以求留住高利润客户。所以，不要期待在CRM时代继续人人平等。当然，成功的CRM不会让顾客感觉到被歧视。

分析客户关注点。通过与客户接触，收集大量客户消费行为信息，通过挖掘，得出客户最关注的方面，从而有针对性地进行营销活动，把钱花在"点"上。同样的广告内容，根据客户不同的行为习惯，有的人会接到电话，有的人就可能收到信函；同一个企业，会给他们的客户发送不同的信息，而这些信息往往正是顾客感兴趣的。

获得客户。对大多数行业来说，企业的增长需要不断地获得新的客户。新的客户包括以前没有听说过企业产品的人、以前不需要产品的人和竞争对手的客户。数据挖掘能够辨别潜在客户群，并提高市场活动的相应率。

交叉销售。现在企业和客户之间的关系是经常变动的，一旦一个人或者一个公司成为企业的客户，企业就要尽力保持这种客户关系。客户关系的最佳境界体现在三个方面：①最长时间地保持这种关系；②最多次数地和客户交易；③保证每次交易的利润最大化。因此，企业需要对已有的客户进行交叉销售。交叉销售是指企业向原有客户销售新的产品或服务的过程。交叉销售是建立在双赢的基础之上的，客户因得到更多更好符合其需求的服务而获益，企业也因销售增长而获益。在企业所掌握的客户信息，尤其是以前购买行为的信息中，可能正包含着这个客户决定下一次购买行为的关键因素。

(2) 分析型CRM的主要功能

客观地讲，分析型CRM通常具有较强烈企业个性化色彩，企业的行业特征越强，该色彩就越浓烈。但也存在相当一部分的共性需求，如客户、产品销售、市场、服务的众多分析就是最普遍应用的领域。各行企业都要了解和监视对不同类别客户、不同地区，不同产品种类，不同销售部门和员工在不同时间下的销售进程、财务状态；了解和掌控企业的客户综合状态、产品综合状态、竞争对手综合状态和市场、销售与服务环节等的具体内涵。

市场分析：对各类市场的活动、费用、市场反馈、市场线索进行分析，帮助市场人员全程把握市场活动。对市场的广告宣传、市场情报进行统计分析，供市场各类宣传决策。分析合作伙伴、潜在合作伙伴的各种背景、潜力、实际营运状态，协助合作伙伴的发展和维系。

销售分析：在销售环节，针对客户，实现客户销售量、销售排名、销售区域、销售同期比、收款－应收、客户新增、重复购买、交叉销售、客户关怀全面分析。针对产品，实现产品销售量、排名、区域、同期比、产品销售价格、利润、新产品销售构成、久未交易产品、新产品销售构成等的全面分析。针对部门，实现部门/员工销售量、排名、同期比、收款－欠款、指标完成情况、满意－投诉等的全面分析。此外，实现合同类型、合同执行情况、产品利润、客户利润、部门利润、商机费用、客户费用、部门费用、线索来源、线索商机转换、商机成功率、综合销售漏斗、合作伙伴销售等的全面分析。

产品分析：根据市场、销售、服务各环节的反馈，实现产品的销售增长率、质量一缺陷、质量费用、生命周期、产品属性、产品销售能力、获利能力、市场占有率、竞争能力、市场容量等的分析。

客户分析：在客户统一管理的层面上，实现客户属性、消费行为、与企业的关系、客户价值、客户服务、信誉度、满意度、忠诚度、客户利润、客户流失、恶意行为、客户产品、客户促销、客户未来等的全面分析。

竞争分析：通过对竞争对手同类产品信息的收集和统计，实现与竞争对手价格、地区、产品性能、广告投入、市场占有率、项目成功率、促销手段、渠道能力等方面的竞争优势分析。实现不同地区、不同产品、不同竞争对手的竞争策略分析。

预测：对未来销售量、销售价格、市场潜力、新产品定价等企业经营决策特别关心的内容，通过适当的预测模型，进行多维度的剖析，方便决策。

总体来说，客户关系管理系统具有的功能可归纳为三个方面：第一，对销售、营销和客户服务三个部分业务流程的信息化；第二，与客户进行沟通所需要的手段（如电话、传真、网络以及 E-mail 等）的集成和自动化处理；第三，对上面两个部分功能所积累下的信息进行加工处理，产生客户智能，为企业战略决策提供支持等。客户关系管理系统的具体功能如表 3-2 所示。

表 3-2 客户关系管理系统功能

主要模块	该模块所实现的功能
销售模块	（1）销售。销售是销售模块的基础，用来帮助决策者管理销售业务，主要功能包括额度管理、销售力量管理和地域管理。 （2）现场销售管理。为现场销售人员设计，主要功能包括联系人和客户管理、机会管理、日程安排、佣金预测、报价、报告和分析。 （3）现场销售/掌上工具。作为销售模块的新成员，该组件包含许多与现场销售组件相同的特性，不同的是该组件使用的是掌上计算设备。 （4）电话销售。可以进行报价生成、订单创建、联系人和客户管理等工作；还有一些针对电话商务的功能，如电话路由、呼入电话屏幕提示、潜在客户管理以及回应管理。 （5）销售佣金。允许销售经理创建和管理销售队伍的奖励和佣金计划，帮助销售代表形象地了解各自的销售业绩
营销模块	（1）营销。可使得营销部门实时跟踪活动的效果，执行和管理多样的、多渠道的营销活动。 （2）针对电信行业的营销部件。在上面的基本营销功能基础上，针对电信行业的 B2C 增加了一些附加特色。 （3）其他功能。可帮助营销部门管理其营销资料；列表生成与管理；授权和许可；预算；回应管理
客户服务模块	（1）服务。可完成现场分配、现有客户管理、客户产品全生命周期管理、服务技术人员档案、地域管理等。通过与企业资源计划（ERP）的集成，可进行集中式的雇员定义、订单管理、后勤、部件管理、采购、质量管理、成本跟踪、发票和会计等。 （2）合同。该部件主要用来创建和管理客户服务合同，从而保证客户获得的服务水平和质量，帮助企业跟踪保修单和合同的续订日期，利用事件功能表安排预防性的维护活动。 （3）客户关怀。该模块是客户与供应商联系的通路，允许客户记录并解决问题，如联系人管理、客户动态档案和任务管理等

3.3.3 客户关系管理与企业资源规划的整合

从 CRM 的功能和 ERP 的功能所述的内容中不难看出,CRM 与 ERP 有重叠部分,在各自的发展趋势中均应相互渗透和共同提高。具体而言,ERP 与 CRM 的整合内容主要包括 10 个方面。

(1) 客户管理:CRM 与 ERP 系统中都要用到客户的一些基本信息,比较而言,CRM 中更全面一些。

(2) 产品管理:CRM 与 ERP 系统中都要用到产品的基本信息、产品的 BOM 表、产品的客户化配置和报价等。

(3) 工作流管理:CRM 与 ERP 系统中都有工作流管理,实际两者的工作方式是一样的。

(4) 工作人员管理:CRM 与 ERP 系统都要涉及企业员工的基本情况和工作安排情况,但 ERP 系统中对人力资源有一个全面的管理。

(5) 营销管理:ERP 的营销主要是简单地提供一些市场资料和营销资料,相对来讲比较简单,而 CRM 则提供了相当完善的营销管理功能,特别是强调一对一的营销思想。

(6) 销售管理:CRM 系统在销售管理方面强调的是过程,讲究机会管理、时间管理和联系人管理等,而 ERP 系统中更多地强调结果,讲究销售计划和销售成绩等。

(7) 客户服务和支持:ERP 系统只提供了简单的客户投诉记录、解决情况,而没有就客户服务和支持做全面的管理,而 CRM 则实现了这种全面管理,而且尤其强调客户关怀。

(8) 订单管理:ERP 和 CRM 都有订单管理,两者可以说是完全重叠的,不过这种重叠是建立在企业的 ERP 之上的。

(9) 信息交流:信息交流如同一般的报表,CRM 与 ERP 系统的很多使用者都需要查询对方系统中的一般信息。

(10) 决策支持:CRM 和 ERP 系统都使用了数据仓库和联机分析处理功能,从而实现商业智能和决策支持。所使用的技术相差不大,只是数据对象有所不同。

在对 CRM 系统与 ERP 系统整合时,可以使用 5 种方法。

(1) 提供中间件

运用"新的模块化软件概念",提供 ERP 或 CRM 系统同第三方软件集成标准件,即业务应用程序接口(BAPI)。例如在国内,创智集团推出的 Power CRM 2000 通过它的 ERP 接口模块,经过简单配置后,就可实现 Power CRM 2000 同 Oracle Applications Rlli、SAPR/3、Symix Syte Line ERP、Symix Syte Centre ERP 等主流 ERP 系统的完美结合。

(2) 数据同步复制

在 CRM 和 ERP 系统的服务器之间建立起数据复制的功能,使两者的数据保持同步。如可以使用 Sybase 提供的 Replication Server 和 SQL Remote 两种复制技术来实现 Adaptive Server、非 Sybase、基于局域网和主机数据服务器之间的数据复制。

(3) 二次开发

对自己掌握的 CRM 或 ERP 软件进行客户化修改。例如自己有 CRM 产品,客户使用的是其他厂商的 ERP 软件。当客户的用户查询订单状态时,系统可先读 CRM 和 ERP 系统中的状态,两者有出入,则修改保持同步后,再显示给用户看,这种方式对系统升级不利。

（4）统一标准

CRM 与 ERP 之间，有些功能是相同或相似的，如工作流、决策支持，可以采用相同的技术手段，推出相应的行业标准，从而实现互换性使用。

（5）统一使用

CRM 中销售、市场营销和服务实现了业务自动化，而 ERP 中的这部分功能就没有这么强，所以当企业在实行 ERP 之后，再上 CRM 的话，则可用 CRM 覆盖 ERP 中的销售、市场营销和服务等模块。

综上所述，较好的整合方法有两种，一是 CRM 和 ERP 两个系统出自同一个软件厂商，两者已经高度集成；二是提供标准的中间件，方便系统升级维护，保护企业的有效投资，一个软件公司无论多么强大，也无法独自开发包括企业全部应用的管理软件，在技术上必须有能力把第三方软件接在自己的核心软件上。对软件供应商而言，谁把握了这种新的整合趋势，无疑就会成为未来市场上的主宰者。

3.3.4 客户关系管理与供应链的整合

在传统供应链中，供应商是将货物沿着供应链向最终用户的方向"推动"，这样的系统需要在仓库里储存货物，尽管这种做法并不合算。而电子供应链改变了传统供应链的运行方向，电子供应链主张的是及时生产顾客所需的产品，而不需在仓库上耗费巨资。在电子商务及新的在线购物系统中，顾客可从供应链的每个成员中"拉出"他们所需的东西，结果是顾客可获得更加快速而可靠的服务，而供应商也减少成本。为了有效地实施拉动战略，企业必须与供应链中的所有成员建立电子联系。

在这种新的商业环境下，所有的企业都将面临更为严峻的挑战，它们必须在提高客户服务水平的同时努力降低运营成本；必须在提高市场反应速度的同时给客户以更多的选择。同时，因特网和电子商务也将使供应商与客户的关系发生重大的改变，其关系将不再仅仅局限于产品的销售，更多的将是以服务的方式满足客户的需求来替代将产品卖给客户。越来越多的客户不仅以购买产品的方式来实现其需求，而且更看重未来应用的规划与实力，而不仅仅是产品本身，这将极大地改变供应商与客户的关系。因此，CRM 与 SCM 的整合也势在必行。具体而言，整合内容如下。

1. 信息共享是基础

整合的第一个层次就是实现需求信息在供应链中的共享。有人将供应链管理称为"需求链管理"，来强调供应链中所有活动都是基于客户的实际需求，是有一定道理的。实际上，客户订单就是供应链中所有行为最终驱动的源头。

信息共享是解决供应链中著名的"长鞭效应"需求扭曲问题的最有效方法。在理想情况下，下游点可以和上游点共享它的客户或它的客户信息，信息共享的程度越深，存在"长鞭效应"的危险性就越小。同样，上游点也可以和它的下游点共享库存水平、生产能力和交货计划等方面的信息，这就让下游的合作伙伴能够清晰地了解供应商的供应情况，减小了他们"赌博"的倾向。所以供应商不仅可以共享他们自己的有关库存和生产能力方面的信息，同时还可以共享他们的供应商的数据，供应链中的所有信息应该是透明的。

信息整合更深层次指在供应链中实现知识交流，要求各合作者之间要有更深层次的信任，而不只是简单的数据共享。知识交流是沃尔玛公司和华纳兰伯特医药公司协作预测和补充医药和保健品的基础，沃尔玛公司通过跟客户的交流以及对各销售点的数据分析，可以清楚地了解到当地客户的偏好；而华纳-兰伯特医药公司了解他们的药品特性并且利用各种外部数据如天气预测等来计划需求趋势。然后，双方可以通过他们知识的交流来制订正确的市场补充计划。

2. 决策协作

在信息和知识共享的基础上，供应链伙伴之间寻求更深层次的整合。他们开始交换某些决策权、工作职责和资源，以更好地加强协作，共同努力开拓市场。供应链上某个伙伴可能处于更适合的位置来执行通常由另一个伙伴拥有的决策权，如果把这个决策权从这个合作伙伴转给另一个更适合的合作伙伴，那么整个供应链的效率将得到明显改善。

协作的下一个层次是工作的重新部署。本着实现供应链优化的原则，所有的工作将在供应链中重新分配，这样的重新分配只有在信息和知识共享的基础上才可能实现。如在传统计算机行业，最终产品结构由制造商完成，以成品形式存放在制造商的仓库中。分销商和零售商（一般称之为销售渠道）从制造商那里订货、提货存仓，最终消费者从分销商和零售商获取产品。但是现在情况跟传统的供应链结构有些不同了。例如，两种主要活动：销售和客户关系、产品客户化和交货，在特殊情况下，分别被重新分配给了制造商和渠道。

直接销售模式情况下，制造商负责产品的客户化和交货，同时也负责销售和客户关系的处理，戴尔公司和 Gateway 公司是这种模式的典型代表。销售代理模式情况下，渠道负责销售和关系等活动，而制造商负责产品的实际客户化工作。这种模式下的产品从制造商直接交付运送给客户，像 HP 公司和 Compaq 公司在他们的 PC 客户服务中就使用这种模式来响应他们竞争对手使用直接销售模式取得的成功。在这种情况下，由于产品很复杂，因此需要渠道协作负责销售和客户关系方面的事务。高价值产品更适宜让制造商生产入仓并直接交货给客户，而不是将产品存放在销售渠道那里。

另外，作为销售渠道组装程序的例子，IBM 公司是一个极好的例子。它的销售渠道不仅负责销售和客户关系，而且负责产品构造来满足客户要求。销售渠道最接近客户，和客户交流更多，更了解客户，他们被允许参与满足客户需求的产品构造类型选择这样的活动，但是制造商和销售渠道都提供产品售后服务。因为客户登记了保修单，任何维修服务要求，他们都可以和制造商直接联系。制造商实际上也需要这样的联系，因为通过维修电话中获得有价值的反馈信息，帮助改善产品设计。但大多数的制造商都缺乏广泛的维修服务网来对客户提出的维修计算机的请求做出快速反应，这时候销售渠道在这点上处于更加优势的地位，因为他们本身是呈地理分布的。如 HP 公司虽然拥有 800 名员工组成的一个小组负责处理客户维修服务，但实际上家用 PC 的维修服务是由销售商处理的。

最后，外协模式下，制造商负责销售和客户关系，而销售渠道则负责处理产品客户化和交货。网上交易的实现使这种工作职责重新分配的趋势正在呈加速度发展；制造商们正在逐步承担着传统上由分销商和零售商扮演的完成订单的角色，分销商和零售商将在新的供应链中被重新定义地位。

3.4 电子商务系统

电子商务是指买卖双方利用现代开放的互联网络，按照一定的标准进行的各类商业活动。电子商务是随着 Internet 发展而发展起来的。从 1997 年开始，电子商务发生了质的飞跃，它真正超越大公司的应用范围而形成了一个全球性的经济现象。电子商务的飞速发展，其特殊的经营模式，必然会改变人们传统的管理模式和管理理念。无论电子商务将来的走向如何，至少它在管理上对人们的影响是巨大的。在由工业社会的产业经济向网络经济转变的过程中，电子商务是一种非常重要的、关键的手段和措施。它是网络经济与传统经济的桥梁，是企业由传统经济跨入网络经济的必由之路，因而，电子商务对企业经营环境及企业管理的影响是直接、深刻和全方位的。

3.4.1 电子商务的定义

电子商务的定义源于两个英文单词，一个是 electronic commerce，另一个是 electronic business。前者可直接翻译成电子交易，也称为狭义的或早期的电子商务，主要是指利用 Web 在网上进行交易；后者可直接翻译为电子商业，也称为广义上的电子商务，主要是指基于 Web 的全部商业活动。所以，从某种意义上来讲，电子商务是通过互联网实现企业、商户及消费者的网上购物、网上交易及在线电子支付的一种不同于传统商务运营的新型商务运营模式。电子商务是随着 Internet 的发展而发展起来的，主要通过电子数据交换（Electronic Data Interchange，EDI）和 Internet 来实现的。要想真正理解电子商务，首先要来看一看传统商务的流程以及所包含的元素，如图 3-4 所示。

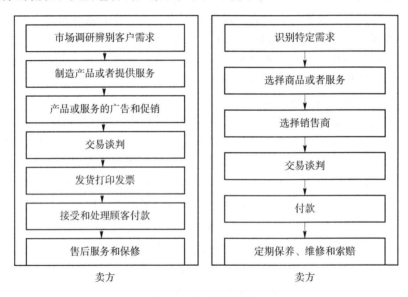

图 3-4 传统商务流程

图 3-4 给出了传统商务的流程和构成元素，为了更好地理解商务流程，必须首先区分几个概念。

(1) 活动（Activity）是指工作中的一个任务。

(2) 交易（Transaction）是指价值的交换，它包含了一个或多个相关的活动。

(3) 商务所从事的具有逻辑和相关性的一组活动和交易的集合被称为商务过程。无论是传统的商务过程还是电子商务过程都满足该定义。并且可以说，对于电子商务而言，其流程和所包含的元素也如图 3-4 所示，同传统商务不同之处在于，电子商务的某些活动或者说某些交易是通过网络和计算机来实现完成的。下面就来看一看电子商务是如何定义的。

IBM公司给电子商务（electronic business）下的定义是：通过使用Internet技术来变换业务流程。从中可以看出IBM公司在电子商务中也特别强调了Internet技术。简而言之，电子商务就是利用电子数据传输来实现或者提高商务过程。随着Internet的普及以及在电子商务中得到越来越多的应用，因此有时会用Internet Commerce来指代Electronic Commerce，这时重点强调的是基于Internet的电子商务，这也是当前电子商务的主流，而且可以预计在不远的将来随着传输技术和安全技术的不断完善，基于Internet的电子商务必将得到更大的发展。

3.4.2 电子商务的构成及特征

1. 电子商务的构成

电子商务是以商务活动为主体，以计算机网络为基础，以电子化手段在法律许可范围内所进行的商务活动交易过程。电子商务的构成包括商城、消费者、产品和物流四个要素。

（1）商城

各大网络平台为消费者提供物美、质优、价廉的商品，吸引消费者购买商品的同时促使更多商家入驻网络平台。

（2）消费者

消费者与生产者、销售者不同，消费者是产品和服务的最终使用者，消费者的目的主要是将产品和服务用于个人或家庭需要而不是经营或销售，这是消费者最为本质的一个特点。作为消费者，其消费活动的内容不仅包括为个人或家庭需要而购买和使用产品，也包括为个人或家庭需要而接受他人提供的服务。

（3）产品

产品是指能够供给市场，被人们使用和消费，并能满足人们某种需求的任何东西，包括有形的物体和无形的服务。产品一般可以分为五个层次，即核心产品、有形产品、附加产品、期望产品和潜在产品。

其中，核心产品是指消费者购买某种产品时所追求的利益，是消费者真正要买的东西；有形产品是核心产品借以实现的形式，即向市场提供的实体和服务的形象；附加产品是指消费者购买有形产品时所获得的全部附加服务和利益；期望产品是指消费者购买某种产品时通常所希望和默认的一组产品属性；潜在产品是指一个产品最终可能实现的全部附加部分和新增加的功能。

（4）物流

根据物质资料和实体流动的规律，应用管理的基本原理和科学方法，对物流活动进行计划、组织、指挥、协调、控制和监督。确保各项物流活动实现最佳的协调与配合，以降低物流成本，提高物流效率和经济效益。

2. 电子商务的特征

电子商务通过计算机网络进行并完成各项商务活动、交易活动、金融活动和相关的综合服务活动。电子商务与从传统的商务活动存在较大区别，具体表现为以下特征。

（1）虚拟性

电子商务的贸易双方，从磋商、签订合同到支付等环节无须当面进行，均可通过计算机网络完成，整个交易过程实现完全虚拟化。对于卖方而言，可以到网络管理机构申请域名，制作自己的主页，组织产品信息上网；而买方可以通过虚拟现实、网上聊天等新技术将自己的需求信息反馈给卖方。通过信息的相互交换，最终签订电子合同，完成交易并进行电子支付，整个交易过程都是在虚拟环境下完成的。

(2) 广泛性

电子商务是一种新型交易方式，无论是跨国公司还是中小型企业，都可以通过电子商务方式找到新的市场和赢利机会，消费者也可以在电子商务中获得价格上的实惠，更可以通过自由的网络使自己成为一个商家而获得利益。电子商务的影响远远超出了商务本身，它对社会的生产和管理、人们的生活和就业、政府职能、教育文化都带来了巨大的影响，电子商务将人类真正带入了信息社会。

(3) 低成本性

企业运营成本包括采购、生产和市场营销成本。首先，通过网络收集信息可以大大减少公司的采购步骤。其次，企业生产成本的降低可以通过减少库存、缩短产品周期体现出来。最后，电子商务可以大大降低企业的营销费用，网络营销可以使得企业直接和供应商、用户进行交流，消费者则可以直接从生产厂家以更低的价格买到物美价廉的产品。

(4) 高效性

在传统的商务活动中，用信件、电话和传真传递信息必须有人的参与，每个环节都必须花费不少的时间，有时由于人员合作及工作时间的问题会延误传输时间，从而失去最佳商机。电子商务克服了传统商务中存在的费用高、易出错、处理速度慢等缺点，极大地缩短了交易时间，使得整个交易过程非常的快捷与方便。

(5) 整体性

电子商务能够通过互联网协调新老技术，使用户能够利用他们已有的资源和技术，从而更加有效地完成他们的任务。电子商务能规范事务处理的工作流程，将人工操作和电子信息处理集成为一个不可分割的整体。

(6) 安全性

电子商务是一个开放的平台，安全是非常重要的因素。对于客户而言，无论网络商品的吸引力多大，如果客户对交易安全性缺乏把握，那么便无法促使网络交易行为的进行。在电子商务中，安全性是必须考虑的核心问题。欺骗、窃听、病毒和非法入侵都在威胁着电子商务，因此要求网络能够提供一种端到端的安全解决方案，包括加密机制、签名机制、分布式安全管理、存取控制和防火墙等。随着技术的发展，电子商务的安全性也相应增强，并作为电子商务的核心技术。

(7) 协调性

商务活动本身是一种协调过程，需要客户与公司内部、生产商、批发商、零售商之间的协调。在电子商务环境中，更加需要银行、配送中心、通信部门以及技术服务等多个部门的通力协作。

3.4.3 电子商务的技术架构

1. Internet 和 WWW 的发展

简单地说，Internet 是一个全球范围内互连的计算机网络系统。Internet 最早来源于美国国防部高级研究计划局 DARPA（Defense Advanced Research Projects Agency）的前身

ARPA 建立的 ARPAnet，该网于 1969 年投入使用。1972 年，ARPAnet 在首届计算机后台通信国际会议上首次与公众见面，并验证了分组交换技术的可行性，由此，ARPAnet 成为现代计算机网络诞生的标志。

1982 年，Internet 由 ARPAnet，MILNET 等几个计算机网络合并而成，作为 Internet 的早期骨干网，ARPAnet 试验并奠定了 Internet 存在和发展的基础，较好地解决了异种机网络互联的一系列理论和技术问题。与此同时，局域网和其他广域网的产生和蓬勃发展对 Internet 的进一步发展起到了重要的作用。其中，最为引人注目的就是美国国家科学基金会 NSF（National Science Foundation）建立的美国国家科学基金网 NSFnet，1986 年，NSF 建立起了六大超级计算机中心，为了使全国的科学家、工程师能够共享这些超级计算机设施，NSF 建立了自己的基于 TCP/IP 协议族的计算机网络 NSFnet。NSF 在全国建立了按地区划分的计算机广域网，并将这些地区网络和超级计算中心相连，最后将各超级计算中心互联起来。NSFnet 对 Internet 的最大贡献是使 Internet 向全社会开放，而不像以前那样仅仅允许计算机研究人员、政府职员和政府承包商使用。然而，随着网上通信量的迅猛增长，NSF 不得不采用更新的网络技术来适应发展的需要。1990 年 9 月，由 Merit、IBM 和 MCI 公司联合建立了一个非赢利性的组织——先进网络和科学公司 ANS（Advanced Network & Science, Inc）。ANS 的目的是建立一个全美范围的 T3 级主干网，它能以 45 Mbit/s 的速率传送数据，相当于每秒传送 1400 页文本信息。到 1991 年年底，NSFnet 的全部主干网都已同 ANS 提供的 T3 级主干网相通。

今天的 Internet 已不再是计算机人员和军事部门进行科研的领域，而是演变成了一个开发和使用信息资源的覆盖全球的信息海洋。在 Internet 上，按从事的业务分类包括了广告公司、航空公司、农业生产公司、艺术、导航设备、书店、化工、通信、计算机、咨询、娱乐、财贸、各类商店、旅馆等 100 多类，覆盖了社会生活的方方面面，构成了一个信息社会的缩影。

中国早在 1987 年就由中国科学院高能物理研究所首先通过 X.25 租用线实现了国际远程联网，并于 1988 年实现了与欧洲和北美地区的 E-mail 通信。1993 年 3 月经电信部门的大力配合，开通了由北京高能所到美国 Stanford 直线加速中心的高速计算机通信专线。1994 年 5 月高能物理研究所的计算机正式进入了 Internet，与此同时，以清华大学为网络中心的中国教育与科研网也于 1994 年 6 月正式联通 Internet，1996 年 6 月，中国最大的 Internet 互联子网 ChinaNet 也正式开通并投入营运，在中国兴起了一种研究、学习和使用 Internet 的浪潮，中国的用户已经越来越走进 Internet，而 Internet 则已经越来越成为中国人科研工作甚至日常生活的一个重要组成部分。

谈论了 Internet 发展之后，下面来谈一谈 World Wide Web 的发展。可以简单地将 Web 描述为运行在连接于 Internet 的计算机上的软件。在今天，Web 是 Internet 上最大的信息流量，它超过了 E-mail、文件传输和其他数据传输。

在 20 世纪 60 年代，TedNelson 描述了一个系统，在一个页面上的文本可以连接到另一个页面的文本。Nelson 称这种页面连接系统为超文本。在 20 世纪 90 年代初期，Berners-Lee 开发了超文本服务器程序并且可以在 Internet 上得到。超文本服务器是一台存储超文本标记语言（Hypertesxt Markup Language）所写文本的计算机，其他计算机可以连接并阅读这些文件。在今天，称超文本服务器为 Web 服务器。Web 的使用在信息社会呈现出了快速的增长，许多软件都可以用来阅读 HTML 文档，但是当前大多数的人们使用 Web 浏览器来阅读，Web 浏览器是一个阅读 HTML 的图形接口软件。当前最为流行的软件是 Microsoft Internet Explorer 和 Netscape Navigator。WWW 的发展相当迅速，1992 年全球只有 26 台 Web 服务器，到今天 Web 服务器的台数已经多得无法计数。Internet 和 WWW 的发展为电子商务奠定了良好的平台基础。

2. 包交换网

连接局部区域计算机的网络称为局域网（Local Area Network，LAN），连接大范围和远程计算机的网络称为广域网。早期的广域网使用电话公司的线路进行连接，这时的单点连接方式称为线路交换（circuit switching）。但是线路交换由于其单点连接模式不适用于全球范围内的 Internet。Internet 设计的目标是即使在部分线路故障时仍可以保证信息的正常传递。Internet 采用的传输技术是包交换技术，即传输的消息（message）被分割成小的片段，这些片段都有电子标签，包括源地址、序列号和目标地址。每个片段可以通过不同的网络路径到达目标地址，当所有的片段都到达目标地址的计算机上时，将片段进行组合就得到了原始的消息。决定信息包路径的计算机称为路由计算机、路由器、网关计算机或者边界路由器。

3. Internet 协议和 Internet 地址

在 Internet 上使用的两个主要协议是传输控制协议（Transmission Control Protocol，TCP）和 Internet 协议（Internet Protocol，IP）。消息在 Internet 上传递前，TCP 控制消息分解为信息包，当信息包到达目标地址后，TCP 控制这些信息包组合成原始消息。IP 为每个信息包的源地址和目标地址做了特定标记。

IP 的版本在过去的 20 多年中一直使用的是 Internet Protocol Version 4，简写为 IPV4，它使用 32 位的二进制数字去标识连接于 Internet 上的计算机，该数字地址称为 IP 地址。IPV4 包含 40 多亿个地址，但是至今为止已有 20 多亿个地址被使用或者已被分配。为了克服地址数量不足的问题，IETF（Internet Engineering TaskForce）同意了 Internet Protocol Version 6，简写为 IPV6。IPV6 使用 128 位的二进制数去标识连接于 Internet 上的计算机。由于使用数字的 IP 地址不容易记忆，因此使用了单词作为代替的标识地址的方法，称为域名（Domain Name，如 www.sohu.com。域名对于目前大多数人而言是较为熟悉的，在这里就不再详细介绍了。

此外在 Internet 上经常使用的协议包括超文本传输协议（Hypertext Transfer Protocol，HTTP）用于超文本信息的请求和响应；简单邮件传输协议（Simple Mail Transfer Protocol，SMTP）用于邮件的发送；Post Office Protocol（POP）用于邮件的接收。

4. 标记语言和 Web

最常使用的标记语言是 HTML，它是一种早期的较为复杂的标记语言 SGML（Standard Generalized Markup Language）的子集。SGML 在出版业使用多年，用于创建那些需要经常以不同格式打印和经常需要修改的文档。SGML 是一种元语言（Metalanguage），即 SGML 可以定义其他语言。从 SGML 演化出的另一种用于 Web 的标记语言是可扩展标记语言（Extensible Markup Language，XML）。XML 作为 Internet 上共享信息的标记语言正得到越来越广泛的应用。XML 语言也是一种元语言，通过扩展 XML 的使用，用户可以创建自己的标记元素。各种标记语言的关系可以用图 3-5 来表示。

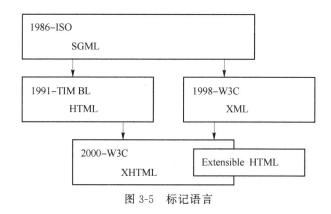

图 3-5 标记语言

对于 HTML 大家已经比较熟悉，下面再简单谈谈 XML。XML 同 HTML 相比存在两个重要的不同点。第一，XML 不是实现定义标签（tag）的标记语言，它只是一个框架，在该框架中，其他个人、公司或者组织可以创建自己的标签集合。第二，XML 标签没有规定文本在 Web 中如何展现，它只是传达了其中信息的语义（semantics）。虽然某些浏览器可以展现 XML 文档，但是 XML 不倾向于在浏览器中读取，XML 文件倾向于使用包含格式指令的其他文件进行转换，或者利用程序进行读取。

5. Intranet 和 Extranet

Intranet 是一个互连的网络，通常使用 TCP/IP 协议集，网络的范围不超过创建该网络的组织边界。当 Intranet 扩展到组织边界之外的实体时称为 Extranet，这些实体包括商业伙伴、供应商和顾客。公共网（Public Network）是可以为公众访问的计算机网络或者通信网络。私有网（Private Network）是租用线路连接两个公司的私有网络。虚拟私有网（Virtual Private Network-VPN）一种使用公共网极其协议的 Extranet，用于传递敏感数据给其顾客、合作伙伴、供应商以及分支机构。VPN 使用 IP 通道（IP tunneling）在公共的 Internet 上创建私有的通路为 Extranet 的一方及其合作伙伴提供安全的信息传输。

个人或者组织连接 Internet 可以通过电话线（包括拨号到 ISP、ISDN）、宽带网（ADSL、HDSL）和租用线路等方式，此外还有无线接入的方式。

3.4.4 电子商务系统的组成

1. 基本电子商务的组成

电子商务系统是保证电子商务为基础的网上交易实现，如图 3-6 所示。

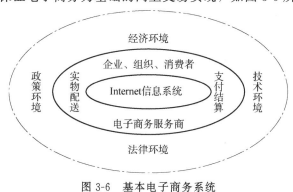

图 3-6 基本电子商务系统

图 3-6 显示的是一个完整的基础电子商务系统,它在 Internet 信息系统的基础上,由参与交易主体的信息化企业、信息化组织和使用 Internet 的消费者主体,提供实物配送服务和支付服务的机构,以及提供网上商品服务的电子商务服务商组成。在网上进行交易,交易双方在空间上是分离的,为保证交易双方进行等价交换,必须提供相应货物配送手段和支付结算手段。货物配送仍然依赖传统物流渠道,对于支付结算既可以利用传统手段,也可以利用网上支付手段。此外,为保证企业、组织和消费者能够利用数字化沟通渠道,保证交易顺利进行的配送和支付,需要由专门提供这方面服务的中间商直接参与,即电子商务服务商。由上述几部分组成的基础电子商务系统,将受到一些市场环境的影响,这些市场环境包括经济环境、政策环境、法律环境和技术环境等几个方面。

(1) Internet 信息系统

电子商务的基础是 Internet 信息系统,它是进行交易的平台,交易中所涉及的信息流、物流和货币流都与信息系统紧密相关。Internet 信息系统是指企业、组织和电子商务服务商,在 Internet 的基础上开发设计的信息系统,它可以成为企业、组织和个人消费者之间跨越时空进行信息交换的平台,在信息系统的安全和控制措施保证下,通过基于 Internet 的支付系统进行网上支付,通过基于 Internet 物流信息系统控制物流的顺利进行,最终保证企业、组织和个人消费者之间网上交易的实现。因此,Internet 信息系统的主要作用是提供一个开放的、安全的和可控制的信息交换平台,它是电子商务系统的核心和基石。

(2) 电子商务服务商

电子商务服务商是为企业、组织与消费者在 Internet 上进行交易提供支持的组织和工作者。根据服务层次和服务内容的不同,可将电子商务服务商分为两大类:一类为电子商务系统提供系统支持服务的,它主要为企业、组织和消费者在网上交易提供技术和物质基础;另一类为直接提供电子商务服务者,它为企业、组织与消费者之间的交易提供沟通渠道和商务活动服务,如阿里巴巴、淘宝网等。其中,第一大类的电子商务服务商又可分为四类,第一类是服务接入商(Internet Access Provider,IAP),其典型代表是提供 Internet 通信和线路租借服务的电信运营商;第二类是服务提供商(Internet Service Provider,ISP),它主要为企业建立电子商务系统提供全面支持,一般企业、组织与消费者上网时只通过 ISP 接入 Internet,由 ISP 向 IAP 租借线路;第三类是内容服务提供商(Internet Content Provider,ICP),它主要为企业提供信息内容服务,如财经信息、搜索引擎等。第四类是应用服务系统提供商(Application Service Provider,ASP),它主要为企业、组织建设电子商务系统时提供系统解决方案,这些服务一般都是属于信息技术行业的公司提供,如 IBM 等公司。

(3) 企业、组织与消费者

企业、组织与消费者是 Internet 上市场交易主体,他们是进行网上交易的基础。一般来说,组织与消费者上网比较简单,因为他们主要是使用电子商务服务提供商提供的 Internet 服务来参加交易。企业上网则是非常重要而且是很复杂的。这是因为,一方面企业作为市场交易一方,只有上网才能参与网上交易;另一方面,企业作为交易主体地位,必须为其他参与交易方提供服务和支持,如提供产品信息查询服务、商品配送服务、支付结算服务。因此,企业上网开展网上交易,必须进行系统规划建设好自己的电子商务系统。电子商务系统是由基于企业内部网基础上的企业管理系统、电子商务站点和企业经营管理组织人员组成。

(4) 实物配送

进行网上交易时,如果用户与消费者通过 Internet 订货、付款后,不能及时送货上门,便不能满足消费者的需求。因此,一个完整的电子商务系统,如果没有高效的实物配送物流系统支撑,是难以维系交易顺利进行的。

(5) 支付结算

支付结算是网上交易完整实现的很重要的一环,关系到购买者是否讲信用,能否按时支付;卖者能否按时回收资金,促进企业经营良性循环的问题。一个完整的网上交易,它的支付也应在网上进行。但由于目前电子虚拟市场尚在演变过程中,信用问题及安全问题尚未完全解决,许多电子商务支付并不完全在网上进行。

上述各方面构成了电子商务交易系统的基础,它们是有机结合在一起的,缺少任何一个部分都影响对网上交易的顺利进行。Internet 信息系统保证了电子虚拟交易市场交易系统中信息流的畅通,它是电子虚拟市场交易顺利进行的核心。企业、组织与消费者是网上交易的主体,实现其信息化和上网是网上交易顺利进行的前提。电子商务服务商是网上交易顺利进行的手段,实物配送和网上支付是网上交易顺利进行的保障。

2. 电子商务系统的功能

企业通过实施电子商务实现企业经营目标,需要电子商务系统能提供网上交易和管理等全过程的服务。因此,电子商务系统应具有广告宣传、咨询洽谈、网上订购、网上支付、电子账户、服务传递、意见征询、业务管理等各项功能。

(1) 网上订购。电子商务可借助 Web 中的邮件或表单相互传递信息,实现网上的订购。网上订购通常都在产品介绍的页面上提供十分友好的订购提示信息和订购交互格式框。当客户填完订购单后,通常系统会回复确认信息来保证订购信息的准确。订购信息也可采用加密的方式使客户和商家的商业信息不会泄漏。

(2) 货物传递。对于已付了款的客户应将其订购的货物尽快传递到他们手中。如有些货物在本地,有些货物在异地,电子商务系统应能在网络中进行物流的调配。而最适合在网上直接传递的货物是信息产品,如软件、电子读物、信息服务等。它能直接从电子仓库中将货物发到用户端。

(3) 咨询洽谈。电子商务借助非实时的电子邮件、新闻组和实时的讨论组来了解市场和商品信息,洽谈交易事务,如有进一步的需求,还可用网上的会议系统来交流即时的图形信息。网上的咨询和洽谈能超越人们面对面洽谈的限制,提供多种方便的异地交谈方式。

(4) 网上支付。电子商务要成为一个完整的过程,网上支付是重要的环节。客户和商家之间可采用多种支付方式,省去交易中很多人员的开销。网上支付需要更为可靠的信息传输安全性控制,以防止欺骗、窃听、冒用等非法行为。

(5) 电子银行。网上的支付必须要有电子金融来支持,即银行、信用卡公司等金融单位为金融服务提供网上操作的服务。

(6) 广告宣传。电子商务可凭借企业的 Web 服务器和客户的浏览,在 Internet 上发布各类商业信息。客户可借助网上的检索工具迅速地找到所需商品信息,而商家可利用网页和电子邮件在全球范围内做广告宣传。与以往的各类广告相比,网上的广告成本最为低廉,而给顾客的信息量却最为丰富。

(7) 意见调查。电子商务能十分方便地采用网页上的"选择""填空"等格式文件来收集用户对销售服务的反馈意见。这样,使企业的市场运营能形成一个封闭的回路。客户的反馈意见不仅能提高售后服务的水平,更能使企业获得改进产品、发现市场的商业机会。

（8）业务管理。企业的整个业务管理涉及人、财、物多个方面，如企业与企业、企业与消费者及企业内部等各方面的协调和管理。因此，业务管理是涉及商务活动全过程的管理。

3.4.5 基于电子商务的企业业务系统整合

1. 电子商务环境下 ERP、SCM、CRM 的含义

ERP 即企业资源规划（Enterprise Resource Planning），最早是美国公司于 1990 年提出，经过了 MRP、MRP Ⅱ 等阶段，发展成为主要对制造业进行物资、资金、信息一体化管理的企业内部资源管理软件和管理思想。

SCM 即供应链管理（Supply Chain Management），其职能是生产过程中从供应商到客户的物流计划和控制的执行，管理在生产过程中物资流通和信息流通，包括产品从生产到运输、从原材料供应商到成品供应商、从生产厂家到消费者的每一个细节。SCM 目前所要解决的问题是在互联网信息技术的发展前提下，在全球企业供应网络的范围内对其进行有效管理。

CRM 即客户关系管理（Customer Relationship Management）。要想实现企业与客户之间的价值最大化，深入分析客户的详细资料，改善企业和客户之间的关系，提高客户对企业的满意程度必不可少。CRM 的概念最初是由 Gartner Group 提出来的，在之后的电子商务领域广为流传。如何提高客户给企业带来的价值呢？仅仅增强企业的竞争力是远远不够的，在市场经济千变万化，企业竞争百舸争流的局面下，所有行业的市场都存在企业之间生产资料相互需要，相互补给的情况，企业间为争夺客户拼得面红耳赤，客户关系管理便显得尤为重要。

2. ERP、SCM、CRM 三大系统的整合

（1）ERP 和 CRM 的整合

ERP 的传统系统主要注重于企业后台环节，使企业内部业务自动化流程提高，但直接和客户进行面对面沟通交流的功能尚未完善，而 CRM 系统则与客户进行实时互动，充分掌握了客户资料，提升了客户对企业的满意度、忠诚度，为企业开发了新的渠道和市场，减少了很多销售中不必要的环节，降低了销售成本，提高了企业的赢利率。总之，客户作为企业发展最重要的资源，是 CRM 的侧重点，ERP 则要围绕企业的物流链、资金链、人力链进行资源的优化合理的配置，同时以 CRM 来带动企业进行一个组织上和业务上的战略优化，ERP 必须基于 CRM 的战略配置，有效地改进生产制造工艺，严格品控生产质量，优化物流资源管理，做好财务的预算和分析，分配好企业人力。

（2）SCM 和 CRM 的整合

在产品同理化、同性化趋势下的今天，制造商将产品投向市场的同时，如果不能针对客户的实际需求做出及时有效的反应，不能提取客户的意见重新设计或改进生产工艺和产品，其结果必定是造成了旧产品的大量积压与库存，新产品又无法及时补充市场上的空缺，对于企业和客户来说都将承受一定的损失，由此可见 SCM 对于产品的有效传递服务相当重要。SCM 和 CRM 的整合可以使在为客户进行优质服务的同时对客户的个别需求进行大规模的定制，使设计客户的需求过程变得简化。企业只有根据客户的特定需求来为客户量身定制产品和服务才能在竞争中取得明显性的优势，大规模定制实现了与客户一对一的直接联系，只有客户对企业的满意度和忠诚度显著提升，企业才会有赢利的机会。

(3) ERP、SCM、CRM 的整合及其作用

在企业信息化建设加快的同时，ERP、CRM、SCM 作为企业应用系统的中流砥柱，该怎样在电子商务的基础上进行整合呢？首先，企业要通过 CRM 实现与客户之间的有效沟通，准确地把握客户的个性化需求，在保证产品质优的同时提供便捷的销售渠道，针对客户的意见对生产工艺与售后服务加以改进。其次通过 SCM 控制生产成本、销售成本、采购成本，降低库存，加强供应链内企业之间的交流与信息共享，即时对市场上的变化做出迅速反应，最后，通过 ERP 连接企业的前台服务和后台服务，将营销业务和生产管理逐渐移植到互联网上，客户的需求或个性化定制可以及时地通过网络零延时传递，大大节省了交易时间，企业自身的需求和供给，逆差和顺差将逐渐朝平衡稳固的趋势发展。

根据对以上论述总结出基于电子商务的 ERP、CRM、SCM 的整合有以下特点。

(1) ERP 的集成管理计划体系中除了对生产资料、生产能力、原材料采购的计划外，还包括了对产品后期销售计划的执行与改进，企业利润的细分，企业财务的预算，人力资源管理。做到了风险的分析控制从而将企业资金链的流通和生产过程中物资流通的纰漏降到最小，保证了企业内部的顺利发展。

(2) SCM 加强了企业外部资金流通和信息流通、物资流通的集成管理，把企业生产供应链所有环节整合在一起，使上下游企业以适当的方式进行计划信息的共享，保证了生产、需求、供应网络的稳定畅通，弥补了 ERP 在执行中鞭长莫及的部分，从而提升了供应链在客户群体中的整体价值和良性竞争能力。

(3) CRM 弥补了 ERP 在接待客户与洽谈方面的不足，它通过不断分析挖掘数据，将企业营销活动中有价值的信息反馈到生产和销售中。合理分配好人力资源，合理优化好客户资源，以客户为中心来为客户服务，培养客户对企业的忠诚度，从而达到提升企业软实力，增加企业利润的目的。

【本章小结】

当今，几乎全球的企业都恋上了社交媒体，很多大企业甚至会在社交营销中投入巨资，以建立和维护品牌的知名度。当然，社交媒体信息系统也是信息系统，因此同样具有信息系统的组成要素：硬件、软件、数据、处理和人员。

供应链管理，就是指在满足一定的客户服务水平的条件下，为了使整个供应链系统成本达到最小而把供应商、制造商、仓库、配送中心和渠道商等有效地组织在一起来进行的产品制造、转运、分销及销售的管理方法。随着全球经济的一体化，不难发现在全球大市场竞争环境下任何一个企业都不可能在所有业务上成为最杰出者，必须联合行业中其他上下游企业，建立一条经济利益相连，业务关系紧密的行业供应链，实现优势互补，充分利用一切可利用的资源来适应社会化大生产的竞争环境，共同增强市场竞争实力。总体上讲，供应链管理系统的发展历程与信息化四个层次密切相关。目前国内 SCM 市场大概分成两大阵营，高端大型企业被国外 I2、SAP 等厂商所占据；中低端企业则是国内 SCM 厂商的客户群。

客户关系管理是企业利用 IT 技术和互联网技术实现对客户的整合营销，是以客户为核心的企业营销的技术实现和管理实现。分为理念、技术、实施三个层面。CRM 的功能可以归纳为三个方面：对销售、营销和客户服务三部分业务流程的信息化、与客户进行沟通所需要的手段（如电话、传真、网络、E-mail 等）的集成和自动化处理、对上面两部分功能所积累下的信息进行的加工处理，产生客户智能，为企业的战略战术的决策提供支持。

CRM 管理系统一般分为运营性、协作型和分析性 CRM。

电子商务的定义源于两个英文单词，一个是 electronic commerce，另一个是 electronic business。前者可直接翻译成电子交易，也称为狭义的或早期的电子商务，主要是指利用 Web 在网上进行交易；后者可直接翻译为电子商业，也称为广义上的电子商务，主要是指基于 Web 的全部商业活动。所以，从某种意义上来讲，电子商务是通过互联网实现企业、商户及消费者的网上购物、网上交易及在线电子支付的一种不同于传统商务运营的新型商务运营模式。一个完整的基础电子商务系统，它在 Internet 信息系统的基础上，由参与交易主体的信息化企业、信息化组织和使用 Internet 的消费者主体，提供实物配送服务和支付服务的机构，以及提供网上商品服务的电子商务服务商组成。Internet 信息系统保证了电子虚拟交易市场交易系统中信息流的畅通，它是电子虚拟市场交易顺利进行的核心。企业、组织与消费者是网上交易的主体，实现其信息化和上网是网上交易顺利进行的前提。电子商务服务商是网上交易顺利进行的手段，实物配送和网上支付是网上交易顺利进行的保障。

【本章思考题】

1. 简述社交媒体信息系统构成。
2. 供应链管理的基本内容包含什么？
3. 供应链管理系统的发展经历了哪些阶段？供应链管理有怎样的发展趋势？
4. 客户关系管理的内涵是什么？
5. 客户关系管理有哪些类型？各自的特点是什么？
6. CRM 与 ERP、SCM 的整合内容是什么？
7. 电子商务的形式有哪些？
8. 简述电子商务系统的基本组成和功能。

【中英文对照表】

Customer care	客户关怀
Inter Organizational System（IOS）	组织间系统
electronic commerce	狭义的电子商务
electronic business	电子商业或广义上的电子商务
Electronic Data Interchange（EDI）	电子数据交换
Transmission Control Protocol（TCP）	传输控制协议
Internet Protocol（IP）	Internet 协议
Simple Mail Transfer Protocol（SMTP）	简单邮件传输协议
Extensible Markup Language（XML）	可扩展标记语言
Internet Access Provider（IAP）	服务接入商
Internet Service Provider（ISP）	服务提供商
Internet Content Provider（ICP）	内容服务提供商
Application Service Provider（ASP）	应用服务系统提供商

第4章 决策支持系统与商务智能

【本章学习目的】

本章重点介绍了决策支持系统（DSS）、商务智能（BI）和知识管理（KM）等对管理信息系统有着重要影响的信息技术和管理思想。本章学习目的如下。

（1）通过对决策支持系统的学习，掌握决策的定义、类型和过程；了解 DSS 的发展过程，掌握 DSS 的定义、与 MIS 的关系，以及 DSS 的结构；了解 IDSS 和 GDSS 的定义和结构。

（2）通过对商务智能的学习，掌握商务智能的定义；掌握数据仓库和数据集市的定义；掌握 OLAP 的定义和特点；掌握数据挖掘的定义、挖掘的基本过程和任务类型。

（3）通过对知识管理的学习，掌握知识管理的概念，了解知识管理的实施步骤和模块功能。

【本章引导案例】

火神山医院的决策支持系统：天翼云

2020 年的 2 月 2 日，武汉火神山医院正式完工。仅仅 10 天就建成了一座医院，这样的"中国速度"海外媒体称之为"奇迹"。2 月 4 日，医院正式开始接诊，其高效运行的背后，还有很多不为人知"硬核科技"助力火神山医院的信息化系统，提升医院的诊治效率、改善医疗质量，进一步方便了医院系统化和规范化的管理。

如果说箱式板房是火神山医院的躯体，那么要让这整个躯体活起来，还要依靠看不见的信息化系统。但是如果火神山医院采用传统的信息化系统建设方式，就要保证有上百台服务器，以及网络设备、存储设备，还要创造配套的机房环境。这样从采购到安装部署需要很长时间，显然无法满足在几天时间内正式收治确诊病患的需求。为了保障新建医院业务系统能够快速、稳定的上线使用，武汉市卫健委最终决定采用中国电信天翼云快速开通的弹性资源部署业务系统。天翼云团队在第一时间组织各部门人员组成交付团队，从云内规划、安全部署到资源发放、漏洞扫描、VPN 专线开通等方面同步开展，加快云网资源开通，安全加固等工作，力争以最快速度、最优质量交付。

1 月 26 日 21 时，天翼云仅仅用了 3 天时间，火速实现向"火神山"医院交付云资源。天翼云平台上部署了疫情直报系统、医院的 HIS、PACS、集成平台、心电、手麻、远程会诊、分级诊疗、挂号叫号以及财务系统、办公 OA 等各类系统 50 余个业务管理系统。此项工作的完成标志着"火神山"医院整体上的云资源取得关键性进展，为 2 月 2 日全面完成医院诊疗服务信息化建设奠定基础。

天翼云为火神山医院打造"专属云＋公有云"的定制化解决方案，在确保患者病例信息安全保密的同时，能够最大限度为医患提供便捷可靠的医疗信息化服务。作为远程会诊支持平台的天翼云，在此次疫情防控工作中起到了非常重要的作用。过去，病人遇到特殊病情会选择转院或者邀请医疗专家前来会诊。现在，在天翼云的帮助下，医疗专家可以对病人进行远程会诊，大大提升了确诊效率，也降低了人员接触带来的病毒传染风险。现此项技术已经在各地医院展开应用。例如，在广安市首例新型冠状病毒性感染的肺炎患者和四川省首例危重患者治愈出院的两个案例中，不仅有医护人员的精心治疗和贴心照顾，同时也离不开5G的远程会诊技术让患者能够及时得到华西医院院长这样的全国顶级专家的诊疗。新型冠状病毒性肺炎疫情发生以来，依托中国电信医疗影像云平台开展的影像远程诊断会诊，最大限度上减少医生和患者的流动，切断传播途径，为防止疫情扩散，控制交叉感染发挥了重要作用。通过医疗影像云平台病人在基层医院检查就诊的检查信息，将被存储在专属的云上。一方面患者可以随时随地地查看自己的各种检查报告和全部影像资料；同时，对于诊断医师来说，由于影像胶片都是高清的原始图片，可任意放大或缩小，能够方便上级医院的医生更好地做出准确诊断，以便及时有效地指导基层医院开展治疗。目前，安徽省医疗影像云平台已经联网全省各级医院1218家，疫情期间每周影像数据会诊量超过2万例。

与此同时，中国电信成都分公司为成都市各区县定点医院及集中医学观察点开通防疫监控系统，覆盖成都17家定点医院和20个集中医学观察点。该系统基于中国电信天翼云和魔镜慧眼平台，采用互联网＋功能云化方式，通过部署在定点医院等疫情防控重点区域的110个全高清摄像头，实时采集高清视频画面通过5G网络传输，供疫情防控部门、医疗机构及时了解疫情动态，为此次疫情的防控决策提供重要依据。

讨论：天翼云如何支撑火神山医院的决策支持系统的？

案例来源：https://baijiahao.baidu.com/s?id=16581584390682208786&wfr=spider&for=pc

4.1 决策支持系统

4.1.1 决策

1. 决策的概念

我们每天都要做许多决策，决策活动与人类活动是密切相关的。例如，某企业要开发一个新产品，引进一条生产线，某人选购一种商品或选择一种职业，都带有决策的性质。

"决策"一词的英语表述为decision，它是人们为了达到某一种目的而进行的有意识的、有选择的行动。在一定的人力、设备、材料、技术、资金和时间因素的制约下，人们为了实现特定的目标，而从多种可供选择的策略中做出决断，以求获得满意效果的过程就是决策的过程。

正确理解决策概念，应把握以下几层意思。

(1) 决策要有明确的目标

决策是为了解决某一问题,或是为了达到一定目标。确定目标是决策过程第一步。决策所要解决问题必须十分明确,所要达到的目标必须十分具体。没有明确的目标,决策将是盲目的。

(2) 决策要有两个以上备方案

决策实质上是选择行动方案的过程。如果只有一个备选方案,就不存在决策的问题。因而,至少要有两个或两个以上方案,人们才能从中进行比较、选择,最后选择一个满意方案为行动方案。

(3) 选择后的行动方案必须付诸实施

如果选择后的方案,束之高阁,不付诸实施,这样,决策也等于没有决策。决策不仅是一个认识过程,也是一个行动的过程。

决策是人类社会自古就有的活动,决策科学化是在 20 世纪初开始形成的。第二次世界大战以后,决策研究在吸引了行为科学、系统理论、运筹学、计算机科学等多门科学成果的基础上,结合决策实践,到 20 世纪 60 年代形成了一门专门研究和探索人们做出正确决策规律的科学——决策学。决策学研究决策的范畴、概念、结构、决策原则、决策程序、决策方法、决策组织等,并探索这些理论与方法的应用规律。随着决策理论与方法研究的深入与发展,决策渗透到社会经济、生活各个领域,尤其应用在企业经营活动中从而也就出现了经营管理决策。

2. 决策的分类

决策问题的复杂性和多样性,决定了决策有多种不同的类型。

(1) 结构化决策:能用确定的模型或语言描述某一决策过程的环境及规则,采用特定的方法总能得到最优决策方案,没有必要靠"感觉"或"直觉"。

(2) 非结构化决策:决策过程复杂,不可能用确定的模型或语言描述其决策过程,更没有一种方法或者一组规则能够保证得出最优决策方案。

(3) 半结构化决策:它是介于以上两者之间的决策,这类决策可以采用适当的方法产生较优的决策方案。

3. 决策过程

决策分析一般分四个步骤:

(1) 发现问题,确定决策目标。发现决策问题,收集与决策问题有关的信息,研究决策环境,分析并确定影响决策的条件和因素,寻找解决问题的机会并形成决策目标。这是决策活动的起点。

(2) 设计备选方案。提出各种解决问题的备选方案,分析每种方案的主要限制条件,并用概率定量地描述每个方案所产生各种结果的可能性。

(3) 选择方案。在定量分析的基础上,决策人员根据个人才能、经验、风格以及所处环境条件等因素进行定性分析,将定量计算和定性分析结合起来,权衡各备选方案的利弊得失,对各种备选方案进行选择,并从中选出一种最佳方案以供实施。

(4) 方案实施。可以将最佳方案在小范围内实施,以验证其运行的可靠性。通过小范围验证后,执行方案的实施,对出现的偏差要及时控制,并做出必要的调整。

决策往往不可能一次完成，而是一个迭代过程。决策可以借助于计算机决策支持系统来完成，即用计算机来辅助确定目标、拟订方案、分析评价以及模拟验证等工作。

4.1.2 决策支持系统

1. 决策支持系统的概念

决策支持系统（Decision Support System，DSS）是应用决策科学及有关学科的理论与方法，辅助决策者通过数据、模型和知识，以人机交互方式进行半结构化或非结构化决策的计算机应用系统。它是管理信息系统（MIS）向更高一级发展而产生的先进信息管理系统。它为决策者提供分析问题、建立模型、模拟决策过程和方案的环境，调用各种信息资源和分析工具，帮助决策者提高决策水平和质量。

2. 决策支持系统的发展历程

近半个世纪以来，组织的管理思想、方法与工具随着组织环境的变迁而发生了巨大的变化，管理思想、方法与工具的改进使组织的管理效率与效用有了显著的提高。

20世纪60年代末70年代初出现的MIS（Management Information System，管理信息系统）使企业的信息获得了系统的开发和利用，将企业的管理水平提高到了一个新的层次。但是，在面对一些半结构化和非结构化的决策支持要求时，MIS却无能为力。于是，决策支持系统应运而生。

1971年Keen提出"管理决策系统"（Management Decision System，MDS），1978年Keen和ScottMorton首次提出了"决策支持系统"一词，标志着利用计算机与信息支持决策的研究与应用进入了一个新的阶段，并形成了决策支持系统新学科。

20世纪70年代末期，决策支持系统一词已经非常流行，研究开发出了许多具有代表性的DSS，大都由模型库、数据库及人机交互系统三个部件组成。例如，用于产品推销、定价和广告决策的Brandaid，用于支持企业短期规划的Projector，以及适用于大型卡车生产企业生产计划决策的Capacity Informaition System等。

20世纪80年代初期，决策支持系统增加了知识库与方法库，构成了三库系统或四库系统。

20世纪80年代后期，人工神经元网络及机器学习等技术的研究与应用为知识的学习与获取开辟了新的途径。专家系统与DSS相结合，充分利用专家系统定性分析与DSS定量分析的优点，形成了智能决策支持系统（IDSS），提高了DSS支持非结构化决策问题的能力。

近年来，随着Internet的普及，DSS与计算机网络技术结合构成了新型的能供异地决策者共同参与进行决策的群体决策支持系统（GDSS）。GDSS利用便捷的通信技术在多位决策者之间沟通信息，提供良好的协商与综合决策环境，以支持需要集体做出决定的重要决策。

3. 决策支持系统的结构

决策支持系统支持各种层次的人们进行的决策活动，它提供与决策问题相关的各种数据、模型和方法，甚至是知识的管理和存储功能。

决策支持系统基本结构主要由三个部分组成，即数据管理部件、模型管理部件和用户界面管理部件。

(1) 数据管理部件

数据管理部件负责存储并维护与决策问题领域相关的信息,由信息和数据库管理系统两部分构成。

其中,信息包含组织内部信息和外部信息。组织内部信息主要来源于组织所实施的 MIS 等信息系统的数据库;外部信息是指来源于组织外部的、与决策问题有关的政策、社会环境和竞争对手的信息。

(2) 模型管理部件

模型管理部件负责存储和维护 DSS 使用的各种模型,由模型和模型管理系统构成。它是决策支持系统最核心、最复杂和最难实现的部分。

其中,模型是指运用适当的数学方法对某个事件、事实或状况的描述。例如,企业在物资采购时,保证物资订购费用(C_r)和物资储备费用(C_h)以及最小的经济订购批量(q)模型:$q=\sqrt{\dfrac{2C_rQ}{C_h}}$,其中 Q 为物资的阶段需求量。

使用 DSS 支持决策时,决策者根据具体问题构造或生成决策支持模型,所以说,DSS 是由"模型驱动的"。

(3) 用户界面管理部件

用户界面管理部件负责决策者与决策支持系统之间的沟通,在决策者、数据库和模型库之间传送(包括转换)命令和数据,模型的输出结果也通过它显示。

由于决策者大多为非计算机专业人员,他们要求系统使用方便、灵活性好,所以良好的用户界面往往是决策支持系统成败的关键。

决策支持系统的基本结构如图 4-1 所示。

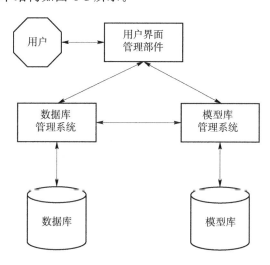

图 4-1 决策支持系统基本结构

20 世纪 80 年代研究开发的决策支持系统还包含了方法库管理部件与知识库管理部件。

方法库管理部件负责存储、管理、调用及维护 DSS 各部件要用到的通用算法、标准函数等方法,它由方法库和方法库管理系统构成,方法库中的方法一般用程序方式存储。方法库中的各种方法如图 4-2 所示。

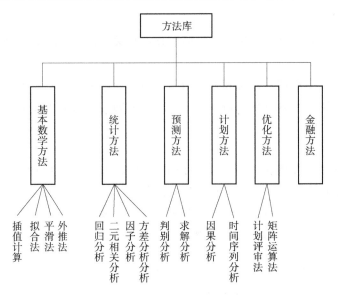

图 4-2　方法库示例

知识库管理部件负责存储、管理、调用及维护与决策问题相关的各种规则、因果关系、决策人员的经验等,它由知识库和知识库管理系统构成。

增加了知识库和方法库的决策支持系统结构如图 4-3 所示。

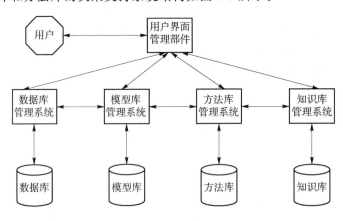

图 4-3　四库决策支持系统结构

4. 决策支持系统与管理信息系统关系

DSS 与 MIS 的关系有广义与狭义之分。

就狭义而言,DSS 与 MIS 是不同的系统,DSS 是鉴于 MIS 的不足而推出的新型系统。两者的目标、服务对象不同,解决的问题也不同。

(1) DSS 是为战略层的决策服务的,主要解决半结构化和非结构化问题,把内外的综合性信息转换为决策知识;MIS 主要为业务层服务的,主要解决结构化问题,把数据转换为信息。

(2) DSS 是模型和用户共同驱动的,即决策过程和决策模型是动态的,决策过程需要有大量的、经常性的人机交互;而 MIS 则是数据驱动的,其处理过程和规则是固定不变的,自动化程度高,人工干预少。

就广义而言,DSS 是 MIS 的分系统,即 MIS 是一个总概念,DSS 是 MIS 发展的高级阶段或高层分系统。

4.1.3 新一代的决策支持系统

1. 智能决策支持系统

智能决策支持系统是人工智能（Artificial Intelligence，AI）和 DSS 相结合，应用专家系统（Expert System，ES）技术，使 DSS 能够更充分地应用人类的知识，如关于决策问题的描述性知识，决策过程中的过程性知识，求解问题的推理性知识，通过逻辑推理来帮助解决复杂的决策问题的辅助决策系统。

专家系统是人工智能的一个重要应用，知识库和推理机是专家系统的两个关键技术。将专家系统与传统的 DSS 结合而形成的智能决策支持系统，在结构上增设了知识库、推理机与问题处理系统，用户界面管理部件还加入了自然语言处理功能。IDSS 在用户决策问题的输入、决策问题的描述、决策过程的推理、问题解的求取与输出等方面都有了显著的改进。IDSS 的典型结构如图 4-4 所示。

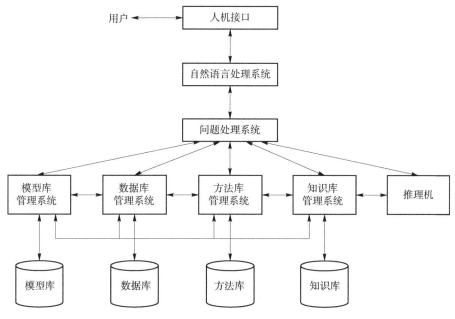

图 4-4 IDSS 典型结构

（1）智能人机接口：四库系统的智能人机接口接受用自然语言或接近自然语言的方式表达的决策问题及决策目标，这较大程度地改变了人机界面的性能。

（2）自然语言处理系统：转换产生的问题描述由问题分析器判断问题的结构化程度，对结构化问题选择或构造模型，采用传统的模型计算求解；对半结构化或非结构化问题则由规则模型与推理机制来求解。

（3）问题处理系统：是 IDSS 中最活跃的部件，它既要识别与分析问题，设计求解方案，还要为问题求解调用四库中的数据、模型、方法及知识等资源，对半结构化或非结构化问题还要触发推理机作推理或新知识的推求。

（4）知识库子系统和推理机

知识库子系统的组成可分为三部分：知识库管理系统、知识库及推理机。

1）知识库管理系统

功能主要有两个：一是回答对知识库知识增、删、改等知识维护的请求；二是回答决策过程中问题分析与判断所需知识的请求。

2）知识库

知识库是知识库子系统的核心。

知识库中存储的：是那些既不能用数据表示，也不能用模型方法描述的专家知识和经验，也即是决策专家的决策知识和经验知识，同时也包括一些特定问题领域的专门知识。

知识库中的知识表示：是为描述世界所做的一组约定，是知识的符号化过程。对于同一知识，可有不同的知识表示形式，知识的表示形式直接影响推理方式，并在很大程度上决定着一个系统的能力和通用性，是知识库系统研究的一个重要课题。

知识库包含事实库和规则库两部分。例如：事实库中存放了"任务 A 是紧急订货""任务 B 是出口任务"那样的事实。规则库中存放着"IF 任务 i 是紧急订货，and 任务 i 是出口任务，THEN 任务 i 按最优先安排计划""IF 任务 i 是紧急订货，THEN 任务 i 按优先安排计划"那样的规则。

3）推理机

推理是指从已知事实推出新事实（结论）的过程。推理机是一组程序，它针对用户问题去处理知识库（规则和事实）。

推理原理如下：

若事实 M 为真，且有一规则"TFMTHENN"存在，则 N 为真。

因此，如果事实"任务 A 是紧急订货"为真，且有一规则"IF 任务 i 是紧急订货 THEN 任务 i 按优先安排计划"存在，则任务 A 就应优先安排计划。

2．群体决策支持系统

群体决策支持系统是一种利用计算机网络与通信技术，供多个决策者为了一个共同的目标，通过某种规程相互协作，来探寻半结构化和非结构化决策问题的决策支持系统。它是指把有关同一领域不同方面或相关领域的各个决策支持系统集成在一起，使其互相通信，互相协作，形成一个功能十分全面的决策支持系统，是由一组决策人员作为一个决策群体同时参与决策会话，从而得到一个较为理想的决策结果的计算机决策支持系统。

群体决策支持系统从 DSS 发展而来，通过决策过程中参与者的增加，使得信息的来源更加广泛；通过大家的交流、磋商、讨论而有效地避免了个体决策的片面性和可能出现的独断专行等弊端。

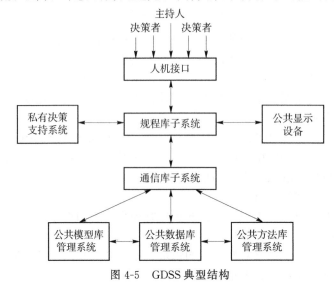

图 4-5　GDSS 典型结构

第 4 章 决策支持系统与商务智能

与传统的 DSS 相比，GDSS 必须建立在计算机网络的基础上，在系统构成上增设了规程库子系统、通信库子系统、共享的数据库以及公共显示设备等部件，如图 4-5 所示。

(1) 通信库子系统相当于会议的秘书处，是系统的核心，它存储与管理主题信息、会议进程信息及与会者的往来信息，负责这些信息的收发，沟通与会者之间、与会者与公共数据库、模型库与方法库之间的通信。

(2) 规程库子系统存储与管理群体决策支持的运作规则及会议事件流程规则等。例如：决策者请求的优先级别规则、决策意见发送优先级别规则及各种协调规则等。

(3) 公共显示屏信息也由通信库子系统传送至各参会者的站点。

GDSS 是多个 DSS 和多个决策者集成的结果，也蕴含了多个决策者的智慧和经验，以计算机和网络为基础，用于支持群体决策者共同解决半结构化的决策问题。在实际应用中，将复杂的决策问题提给各 DSS，这些 DSS 帮助各个决策者做出自己各自的决策，最终进入 GDSS，这时由组织的管理者用 GDSS 对各个决策进行综合分析和集成，形成最后的决策结论。

因此，我们注意到：GDSS 是一个支持群体决策的支持工具，而并不是多个 DSS 的简单组合。利用 GDSS 可以减少群体决策中的部分消极行为的影响，完成群体决策过程和得出群体决策方案，最终得到群体决策结果。

4.2 商 务 智 能

4.2.1 商务智能

商务智能（Business Intelligence，BI）是 20 世纪 90 年代末首先在国外企业界出现的一个术语，它把先进的信息技术应用到整个企业，不仅为企业提供信息获取能力，而且通过对信息的开发，将其转变为企业的竞争优势。随着全球经济步入信息分析的时代，越来越多的企业提出他们对 BI 的需求，把 BI 作为帮助企业达到经营目标的一种有效手段。

BI 使得企业的决策者能够对企业信息进行有效、合理地分析和处理，为决策提供可靠的依据。从不同的角度，BI 可以有不同的定义。如果从 IT 技术的角度来定义 BI，可以认为 BI 是运用了数据仓库、联机分析处理和数据挖掘技术来处理和分析数据的技术，它允许用户查询和分析数据库或数据仓库，进而得出影响商业活动的关键因素，最终帮助用户做出更好、更合理的决策。Mark Hammond 从管理的角度看待 BI，认为 BI 是"从根本上帮助你把公司的运营数据转化成为高价值的可以获取的信息（或者知识），并且在恰当的时间通过恰当的手段把恰当的信息传递给恰当的人"。

商业智能的技术体系主要有数据仓库（Data Warehouse，DW）、联机分析处理（OLAP）以及数据挖掘（Data Mining，DM）三部分组成，三者构成的商务智能的技术体系结构如图 4-6 所示。

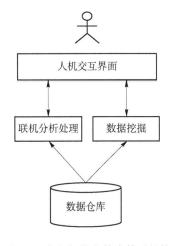

图 4-6 商务智能的技术体系结构

4.2.2 数据仓库

1. 数据仓库的概念

数据仓库之父 William H. Inmon 在 1991 年出版的"Building the Data Warehouse"（《建立数据仓库》）一书中提出的定义被广泛接受，数据仓库是一个面向主题的、集成的、非易失的、反映时间变化的数据集合，用来支持管理人员做出决策。

2. 数据仓库的特征

（1）面向主题

主题是一个抽象的概念，是在较高层次上将企业信息系统中的数据综合、归类并进行分析利用的抽象。

面向主题，是数据仓库显著区别于关系数据库系统的一个特征。

操作型数据库的数据组织面向事务处理任务，各个业务系统之间各自分离，而数据仓库中的数据是按照一定的主题域进行组织的。例如，"会员制"经营方式的商场，按业务已建立起销售、采购、库存管理以及人事管理子系统。表 4-1 是面向应用的数据组织方式，表 4-2 则是面向主题的数据组织方式。

表 4-1 面向应用的数据组织方式

子系统	数据库名称	数据字段
销售子系统	顾客	顾客号、姓名、性别、年龄、文化程度、地址、电话
	销售	员工号、顾客号、商品号、数量、单价、日期
采购子系统	订单	订单号、供应商号、总金额、日期
	订单细则	订单号、商品号、类别、单价、数量
	供应商	供应商号、供应商名、地址、电话
库存管理子系统	领料单	领料单号、领料人、商品号、数量、日期
	进料单	进料单号、订单号、进料人、收料人、日期
	库存	商品号、库房号、库存量、日期
	库房	库房号、仓库管理员、地点、库存商品描述
人事管理子系统	员工	员工号、姓名、性别、年龄、文化程度、部门号
	部门	部门号、部门名称、部门主管、电话

表 4-2 面向主题的数据组织方式

主题	信息类	数据字段
商品	商品固有信息	商品号、商品名、类别、颜色
	商品采购信息	商品号、供应商号、供应价、供应日期、供应量
	商品销售信息	商品号、顾客号、售价、销售日期、销售量
	商品库存信息	商品号、库房号、库存量、日期
供应商	供应商固有信息	供应商号、供应商名、地址、电话
	供应商品信息	供应商号、商品号、供应价、供应日期、供应量
顾客	顾客固有信息	顾客号、顾客名、性别、年龄、文化程度、住址、电话
	顾客购物信息	顾客号、商品号、售价、购买日期、购买量

（2）集成

一个数据仓库是通过集成多个异种数据源来构造的，在数据进入数据仓库以前，必须经过转换、统一与综合。

数据集成是数据仓库建设中最关键、最复杂的一步。

数据集成首先要统一源数据，即确保命名约定、编码结构、属性度量等的一致性；其次，还要对数据进行综合和计算，完成数据的转化。

（3）相对稳定

数据仓库的数据主要供企业决策分析之用，所涉及的数据操作主要是数据查询，一旦某个数据进入数据仓库以后，一般情况下将被长期保留，也就是数据仓库中一般有大量的查询操作，但修改和删除操作很少，通常只需要定期的加载、刷新。

（4）反映历史变化

数据仓库中的数据通常包含历史信息，系统记录了企业从过去某一时点（如开始应用数据仓库的时点）到目前的各个阶段的信息，通过这些信息，可以对企业的发展历程和未来趋势做出定量分析和预测。

3. 数据集市

数据仓库所存放的是整个企业的信息，并且数据是按照不同的主题来组织的。比如，市场发展趋势的分析主题主要由市场部门的人员使用，可以将这部分数据在逻辑上或者物理上分离出来，当市场部门使用数据时，无须到数据仓库的巨量数据中进行检索，而只需在这些数据上进行分析，因此从处理效率的角度出发，这种划分是合理的。

人们把这种为某个局部范围内的管理人员提供管理决策支持的数据集称为数据集市（Data Mart），它是一种微型的数据仓库，是为了特定的应用目的或应用范围，而从数据仓库中独立出来的一部分数据，其目的是减少数据处理量，使信息的利用更快捷、更灵活。

4. 联机分析处理

联机分析处理（On-Line Analytical Processing，OLAP）是数据仓库的主要应用，支持复杂的分析操作，侧重决策支持，并且提供直观易懂的查询结果。

（1）OLAP的概念

1993年，关系数据库之父E.F.Codd提出了OLAP概念，认为联机事务处理（On-Line trans Action Processing，OLAP）已不能满足终端用户对数据库查询分析的需要，SQL对大型数据库进行的简单查询也不能满足终端用户分析的要求。用户的决策分析需要对关系数据库进行大量计算才能得到结果，而查询的结果并不能满足决策者提出的需求。因此，E.F.Codd提出了多维数据库和多维分析的概念，即OLAP。

OLAP委员会给出了定义：OLAP是一种软件技术，它使分析人员能够快速、一致、交互地从多种角度观察数据，以达到深入理解数据的目的。这些信息是从原始数据中转化出来的、以用户容易理解的方式反映企业的真实情况。

OLAP的目标是满足决策支持或多维环境特定的查询和报表需求，它的技术核心是"维"这个概念，因此OLAP也可以说是多维数据分析工具的集合。

（2）OLAP的基本操作

①切片和切块（Slice and Dice）：在多维数据结构中，按二维进行切片，按三维进行切块。

②钻取（Drill）：从较高维度层次下降到较低层次上来观察多维数据。
③聚合（Roll-up）：钻取的逆操作。
④旋转（Rotate）：通过旋转可以得到不同视角的数据。

（3）OLAP 的特点

OLAP 支持对数据仓库的分析操作，它同支持事务处理操作的联机事务处理（OLAP）有着显著的差异，如表 4-3 所示。

表 4-3 OLTP 与 OLAP 的对比

	OLTP	OLAP
用户	操作人员，低层管理人员	决策人员，高级管理人员
功能	日常操作处理	分析决策
DB 设计	面向应用	面向主题
数据	当前的、最新的、细节的、二维的、分立的	历史的、聚集的、多维的、集成的、统一的
存取	读/写数十条记录	读上百万条记录
工作单位	简单的事务	复杂的查询
用户数	上千个	上百个
DB 大小	100 MB～100 GB	100 GB～100 TB

4.2.3 数据挖掘

全球的商业活动产生了巨大的数据集，包括销售事务、产品描述、促销活动、公司利润和业绩以及顾客反馈。例如，像沃尔玛这样的大型商场遍及世界各地的数以千计的超市每周都要处理数亿笔交易。如何基于这些海量的数据来提高商业服务水平和质量是信息技术所面临的主要问题。数据挖掘出现于 20 世纪 80 年代后期，20 世纪 90 年代有了突飞猛进的发展，目前数据挖掘在企业中的应用已经比较成熟。

1. 数据挖掘的概念

作为一个多学科概念，数据挖掘可以从多个角度进行定义。现有的数据挖掘其实并不能表述其主要含义。严格来说，数据挖掘应该命名为"从数据中挖掘知识"，但数据挖掘已经成为一种流行的表达。人们常把数据挖掘作为知识发现的同义词或者是知识发现的一个基本步骤。

目前，人们普遍采用广义的数据挖掘功能的观点：即数据挖掘是从大量数据中挖掘新颖、有趣模式和知识的过程。

其中，数据包括数据库、数据仓库、Web、其他信息库或者是动态流入系统的数据。如学生档案数据库中有关学生基本情况的各条记录，它是用来描述事物有关方面的信息，是人们进一步发现知识的原材料。

数据挖掘其实是一类深层次的数据分析方法。由于各行业业务自动化的实现，商业领域产生了大量的业务数据，这些数据不再是为了分析的目的而收集的，而是由于纯机会的商业运作而产生。分析这些数据也不再是单纯为了研究的需要，更主要是为商业决策提供真正有价值的信息，进而获得利润。但所有企业面临的一个共同问题是：企业数据量非常大，而其中真正有价值的信息却很少，因此从大量的数据中经过深层分析，获得有利于商业运作、提高竞争力的信息，就像从矿石中淘金一样，数据挖掘也因此而得名。

因此，商务智能中的数据挖掘可以描述为：按企业既定业务目标，对大量的企业数据进行探索和分析，揭示隐藏的、未知的或验证已知的规律性，并进一步将其模型化的先进有效的方法。

2. 数据挖掘的基本过程

整个数据挖掘过程可以分成多个阶段，阶段的划分大同小异。不管如何划分，数据挖掘通常包括以下基本过程。

(1) 数据收集

对挖掘问题进行分析，确定挖掘任务，并根据挖掘任务收集有关的数据。

(2) 数据预处理

首先对数据进行清洗，即消除数据中的噪声和不一致；然后将数据转换成适合数据挖掘的格式。

(3) 数据挖掘

这里的数据挖掘是指知识发现中一个关键环节，而非整个知识发现过程。在这个阶段，针对数据运行选择的挖掘方法（如决策树、神经网络、SVM 等），得出挖掘结果。

(4) 知识评价

采用各种兴趣度指标评价挖掘结果，从而发现用户感兴趣的知识。

3. 数据挖掘分类

对数据挖掘进行分类的标准多种多样，本书根据数据挖掘任务进行分类。数据挖掘任务说明了"用户采用数据挖掘技术来干什么"的问题。常见的数据挖掘任务包括以下几种。

(1) 分类（Classification）

分类是找出数据库中一组数据对象的共同特点并按照分类模式将其划分为不同的类，其目的是通过分类模型，将数据库中的数据项映射到某个给定的类别。它可以应用到客户的分类、客户的属性和特征分析、客户满意度分析、客户的购买趋势预测等，如一个汽车零售商将客户按照对汽车的喜好划分成不同的类，这样营销人员就可以将新型汽车的广告手册直接邮寄到有这种喜好的客户手中，从而大大增加了商业机会。

(2) 聚类（Clustering）

聚类是将一个群体分成多个类，使同类个体尽可能相似而不同类间个体差异尽可能大。与分类模型不同的是，聚类模型从未知开始，既不知道具体的分类标准，也不知道会有些什么类。按照给定的聚类参数（如距离等）进行分解、合并。得到的结果由领域专家进行甄别，如果不满足目标，需要改动聚类参数，重新聚类。一旦达到目标，分类规则也就通过聚类参数得到。

它可以应用到客户群体的分类、客户背景分析、客户购买趋势预测、市场的细分等。

(3) 关联分析（Association Analysis）

关联分析用于发现事物间的关联规则，或称相关程度。关联规则的一般形式是：$A \rightarrow B$ $[s, c]$，它表示：如果 A 发生，则 B 有 c 的可能发生，且 A、B 同时发生在所有事务的比例为 s。s、c 分别称为关联规则的支持度和可信度。

例如：如果 IBM 公司的股票价格上升，有 70% 的可能微软公司的股票价格要下跌；买榔头的人有 40% 的可能同时买钉子。

在客户关系管理中，通过对企业的客户数据库里的大量数据进行挖掘，可以从大量的记录中发现有趣的关联关系，找出影响市场营销效果的关键因素，为产品定位、定价与定制客户群、客户寻求、细分与保持，市场营销与推销，营销风险评估和诈骗预测等决策支持提供参考依据。

（4）回归（Regression）

用属性的历史数据预测未来趋势。其主要研究问题包括数据序列的趋势特征、数据序列的预测以及数据间的相关关系等。它可以应用到市场营销的各个方面，如客户寻求、保持和预防客户流失活动、产品生命周期分析、销售趋势预测及有针对性的促销活动等。

（5）时间序列分析（Time Series Analysis）

用已有的数据序列预测未来。从这一点上看，与回归模型很相似。但回归模型不强调数据间的先后顺序，而时间序列模型要考虑时间特性，尤其要考虑时间周期的层次，如天、周、月、年等，有时还要考虑日历的影响，如节假日等。例如，股票数据挖掘等。

（6）偏差检测（Deviation Detection）

偏差包括很大一类潜在有趣的知识，如分类中的反常实例，模式的例外，观察结果对期望的偏差等，其目的是寻找观察结果与参照量之间有意义的差别。在企业危机管理及其预警中，管理者更感兴趣的是那些意外规则。意外规则的挖掘可以应用到各种异常信息的发现、分析、识别、评价和预警等方面。例如入侵检测等。

4. 数据挖掘应用途径

数据激增是当今社会的一大特性，如何有效地利用数据挖掘方法，从海量信息中提取出有用的模式和规律而不仅仅是"望洋兴叹"，已经成为人们迫切的需求。企业应该将数据挖掘视为一大法宝，利用它将数据转化为商业智能，提高企业的核心竞争力。从投资的角度来看，如果对数据研究所支付的费用少于研究成果所带来的价值，数据挖掘就值得去做。

正如修行的省悟过程一样，要将数据挖掘引入公司，并非只有一种途径。人们的最终目的是解决企业的业务问题，为企业提供更大的商机。本文简要介绍了将数据挖掘技术应用到企业中的四种有效途径。

（1）购买成熟的模型

如果企业的问题已经有了现成的解决方案，便没有必要再去耗费时间和资金去建立一个新的模型了。这个模型的形式可能是一系列的关联规则，也可能是一个确定了系数的回归模型，或是一个训练好了的神经网络模型——它可以直接应用到实际问题中。人们要做的只是将自己的数据"喂"给它，模型经过自动消化处理，得出一个精简的答案：诸如哪些老客户面临流失的危险？哪些新客户是最有潜力带给公司价值的？

这种方法采用了"拿来主义"，是最节省气力的，不失为一个好办法。美国的银行大都采用了信用评估系统，当客户递交贷款申请后，该系统根据用户填写的一大串资料快速对客户信用风险做出预测。实际表明，该系统能够大大提高工作的效率，而且效果也不会逊于信贷员的经验判断。但是，这种评分机制将众多不同的数据浓缩为一个结果，很多细节上的差别无疑被忽视了——客户信用评分高或低的具体原因没有被体现出来。

另外，这种方便、快捷的方法也极其缺少灵活性：如果使用的条件发生了变化，模型难以随之做出改动。因此，必须要注意使用购买模型的先决条件：你目前的形势包括产品、市场、客户关系等必须和该模型当初建立时的假设是一致的。盲目生搬硬套，势必会产生毫无价值甚至荒谬的结果，一旦不经意的应用，危害就难说了。

（2）使用行业应用软件

顾名思义，行业应用软件是为某一行业领域量身定做的。从底层的数据分析处理一直到顶层的交互界面都是结合特定行业的业务流程和专业特色来设计、开发的。虽然它的应用领域比较狭窄，但较之直接购买的模型，它可以更多地融入和结合人的判断，提高了灵活性。而且，相对于通用数据挖掘软件，它能够很好地利用专业领域的各种知识。

目前比较流行的客户流失管理软件，被电信、超市、电子商务等许多不同类型的企业所应用，他们共同的目标是为了提前发现有可能流失的客户群，及时反应，做出相应的挽留措施。此类软件可以结合企业自身的规模、用户、产品、交易额、市场环境、挖掘目标等具体条件来控制和实施数据挖掘的过程。

通常，行业应用软件里嵌入了多个建模的模板，使用向导的方式辅助用户完成模型的建立，然后从中选取最优。其实，这种"最优选择"也只是相对的，因为辅助建模的过程是僵硬的，它无法完成数据挖掘中最重要的部分，包括正确理解和定义商业问题、将有用的数据挑选出来转换为潜在的信息、对建模结果进行理性的解释和评价。

固然，这类软件采用了专业领域的表达方式和解决特定问题的用户界面，从而易于理解而且自动性高，使实施的过程变得相对简单。但是，如果企业拥有更加复杂的数据和更加具体的挖掘目标，就需要采用更加高级的数据挖掘方法了。

（3）聘请专家实施项目

他山之石，可以攻玉。如果数据挖掘并非只是为了解决眼前的问题，而是着眼于企业长远的成长；如果企业的数据来自众多系统，格式复杂也并非纯净；如果不明确如何利用挖掘的成果创造新的商机；如果企业内部的成员没有足够的能力保证项目的顺利实施——此时，聘请外部专家来引导数据挖掘项目走向成功，才是明智的选择。

可以联系数据挖掘软件销售商（诸如 SAS、SPSS、Miner 等），邀请数据挖掘工程师带着功能强大（操作同样复杂）的数据挖掘软件来到企业，将他们的专业知识应用到企业的数据挖掘过程中；也可以带着企业的数据到高校或咨询公司等数据挖掘中心，利用他们的软件和硬件，和他们一起工作。

数据挖掘的过程绝非一蹴而就，而是如同僧人的修行省悟，可能漫长而反复。建模方法千变万化，而数据静静地待在那里，十足一副以不变应万变的姿态。这里有条条大路，但并非都能通向罗马，为了找到最有效的模型，通常需要反复检验，做出选择。一般存在以下几个决定性的步骤需要放慢脚步，仔细考察。首先，根据现有的人力、物力选取建模工具；其次，根据数据的特点对模型分类，制订标准来拆分数据，从而建立不同的模型；再次，调整参数，从决策树、神经网络等算法中选取最有效地建立最终模型；最后，建模过程中要具体问题具体分析，有效地抽取、清洗、转换、重组数据。需要强调的是，在这个过程中一定要注意企业人员和挖掘人员之间的沟通和协调，才能将企业积累的商业智慧和挖掘人员的专业知识完美结合。

（4）量身定做开发自己的数据挖掘平台

由于商业问题的特殊性，数据挖掘工具并非像某些促销广告所言："总有一款适合您"。通过考察企业问题的特殊性，对购买软件、聘请专家所需要的投资和挖掘成果应用后可能带来的回报等因素进行综合比较，也可以考虑开发一个适合自身环境的数据挖掘工具。虽然可能会花去较长的时间，但成功之后，受益久远。这个量身定做的数据挖掘工具可以随时根据企业环境的变化做出修正和调整，并且有坚实的技术支持作为保障。

这类状况在商业范围内比较少见，通常在医药、体育等自身数据差异较大、数据挖掘研究尚不全面成熟的领域使用。主要表现为走进高校，和具有专业知识的导师及其研究生小组互动完成。

以上方法的选择由企业环境所决定，可以选其一，也可以将几种方法捆绑起来，优势互补。最后还要强调两点：第一，并非所有的软件都能完全实现自动化，也并非所有的软件都能取代人的智慧，如果没有专业的数据挖掘技能，即使数据挖掘工具的功能再强大，也很难产生好的结果。所以，必须有数据挖掘领域的专家参与，以人为本，才能保证企业数据挖掘流程沿着安全、有效的轨道进行。第二，企业自身远比外部更了解自己的业务和客户，最好的方法是在企业内部培养数据挖掘骨干人员——只有同时做到精通企业问题和数据分析方法，才能将数据挖掘的效用发挥到极致。

4.3 知识管理系统

4.3.1 知识管理的概念

当今，经济增长比任何时候都更加依赖于知识的生产、扩散和应用。知识作为人力资源和技术中的重要成分，其作用日益明显。一个区别于农业经济、工业经济的新的经济形态，即一个"以知识为基础的经济"正在兴起。

有知识，就有对知识的管理。随着知识经济的兴起，知识正逐渐取代金融资本和自然资源，成为一个国家最重要的战略资源，同时也成为企业最重要的生产要素。

"高尔夫球童"可以看成是一个企业知识管理的简单例子。好球童不应该只会背球棒和捡球，当高尔夫球者咨询时，一个好的球童将会给他提供一些建议，如"由于风的存在使得第九个洞比实际长 15 码"。一天工作完成后，准确的建议可能使得球童获得更多的小费。另外，从球童建议中获得利益的高尔夫球者更有可能下次再到这里打球。如果一个好球童愿意把他知道的知识同其他球童分享的话，那么最终他们将获得更多的小费。知识管理如何运作使得这种情况发生呢？球场的主人可能会做出决定，注重收集球童们给顾客的好的建议，并为他们提供流行商品作为给他们的奖励。一旦好的建议收集起来，球场的经理将把这信息汇集在笔记本上，并且把他们发给所有的球童。一个设计良好的知识管理计划最终结果使得每个人都获得了利益。这个例子中，球童获得更多的小费和流行商品；高尔夫球者由于他们从球童集体经验中得到了技术，因此会打得更好；而球场的主人也获利，因为较好的得分带来了更多的回头客。

1. 知识的概念

知识是知识管理和知识管理学研究的基础和逻辑起点，对知识的不同理解，会影响到对知识管理和知识管理学理解的差异。因此研究和掌握知识管理必须首先对知识有一个清晰而全面的认识。

(1) 知识的定义

知识是一个内涵十分丰富，外延非常广泛的概念。不同的人、不同领域的研究者，对知识的理解和定义不同，他们分别从各自的认识立场和研究角度出发对知识进行了定义。

世界银行在《1998 年世界发展报告——知识促进发展》中指出：知识是用于生产的信息（有意义的信息）。

中国国家科技领导小组办公室在《关于知识经济与国家基础设施的研究报告》中对知识的定义为："经过人的思维整理过的信息、数据、形象、意象、价值标准以及社会的其他符号化产物，不仅包括科学技术知识——知识中的重要组成部分，还包括人文社会科学的知识，商业活动、日常生活和工作中的经验和知识，人们获取、运用和创造知识的知识，以及面临问题做出判断和提出解决方法的知识。"

关于知识的不同定义表明，"知识"已经不再是一个简单的、各种元素的无序集合，而是被纳入了一个动态的、与人或组织相交互的系统。更明确地说,只有在"使用"过程中,知识才体现出其价值,才成为有实践意义的、真正的知识。

(2) 知识的分类

日本知识管理专家野中郁次郎将企业知识划分为隐性知识和显性知识两类。所谓隐性知识是高度个性化而且难于格式化的知识,包括信仰、隐喻、直觉、思维模式和所谓的"诀窍";而显性知识则可以用规范化和系统化的语言进行表达和传播,又称为可文本化的知识,比如编辑整理的程序或者普遍原则。

显性知识和隐性知识的区别如表 4-4 所示。

表 4-4 显性知识和隐性知识的区别

	显性知识	隐性知识
定义	是能用文字和数字表达出来的,容易以数据的形式交流和共享,并且经编辑整理的程序或者普遍原则	是高度个性而且难于格式化的知识,包括主观的理解、直觉和预感
特点	存在于文档中 可编码的(Codified) 容易用文字的形式记录 容易转移	存在于人的头脑中 不可编码的(Uncodified) 很难用文字的形式记录 难于转移

根据 DelphiGroup 的调查显示,企业中的大部分知识(42%)是存在于员工头脑中的隐性知识;但是几种不同种类(电子的和纸制的)的显性知识总和却又大于隐性知识。可见,隐性知识和显性知识在企业中的分布是相对平衡的,所以两种知识都必须得到相同的重视。

野中郁次郎提出,在企业创新活动的过程中隐性知识和显性知识两者之间互相作用、互相转化,知识转化的过程实际上就是知识创造的过程。知识转化有四种基本模式——社会化(Socialization)、外化(Externalization)、整合化(Combination)和内化(Internalization),即著名的 SECI 模型,如图 4-7 所示。

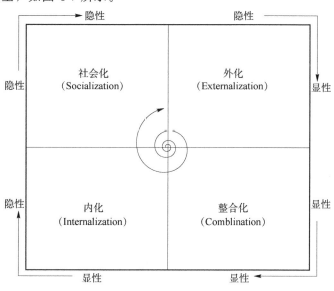

图 4-7 野中郁次郎的 SECI 模型

SECI模型存在一个基本的前提，即不管是人的学习成长，还是知识的创新，都是处在社会交往的群体与情境中来实现和完成的。正是有社会的存在，才有文化的传承活动，任何人的成长、任何思想的创新都不可能脱离社会的群体、集体的智慧。

SECI模型指出知识完成一次螺旋上升要经历四个知识转化阶段：社会化、外化、整合化和内化阶段。

社会化阶段指的是隐性知识向隐性知识的转化。它是一个通过共享经历建立隐性知识的过程，而获取隐性知识的关键是通过观察、模仿和实践，而不是语言。

在具体的商务环境中进行的所谓"在职培训"基本上应用的就是这种原理。

例如：

①公司与供应商及顾客直接交往及互动，因而获得了知识。

②勤于在公司内部各处所走动及视察，因而获得隐性知识。通常在公司内部各个实际职场皆可搜集到最新的资讯。社会化也包括隐性知识的散布。将一个人现存的想法或意念直接传达或移转给他的同仁或部属，愿意让人分享他个人的知识，因而创造了一个共有的知识转化的场所。

在此过程中的主要挑战是：如何识别和组织领域中的专家？如何沟通协作？如何总结和传递经验教训？

外化阶段指隐性知识向显性知识的转化。它是一个将隐性知识用显性化的概念和语言清晰表达的过程，其转化手法有隐喻、类比、概念和模型等，比如将实践工作中的经验教训总结成书面形式。这是知识创造过程中至关重要的环节。

在商业实务方面，外表化须有下列两项要素的协助。

①将隐性知识转化成显性知识，这会涉及一些表达的技术，以便将一个人的想法或心意利用文字、概念、比喻性文字与图片或影片等视觉教育器材等，以交谈或对话等方式清楚地表达出来。

②将顾客或专家们高度个人化或高度专业化的隐性知识转变成可以理解的形式。这会涉及演绎或推论技巧，因而须善用创造性推论。

在此过程中的主要挑战是：缺乏自动化的流程来捕捉隐性知识，缺乏贡献隐性知识的激励环境。

整合化阶段指的是显性知识和显性知识的组合。它是一个通过各种媒体产生的语言或数字符号，将各种显性概念组合化和系统化的过程。比如从多个来源收集、整理和学习知识，并获得新的发现，得到新的知识。

在商业实务方面，组合阶段包含下列三项程序。

①从公司内部或外部搜集已公开的资料等外表化知识，然后加以整合成新的显性知识。

②利用报告或开会等方式将这种新知识传播给组织成员。

③将显性知识重新加以汇整及处理，使之变成公司的计划、报告或市场资料，以方便使用。公司成员在组合阶段通过会商可达成共识或协议，以便执行更加具体的步骤。

内化阶段是指显性知识到隐性知识的转化。它是一个将显性知识形象化和具体化的过程，通过"汇总组合"产生新的显性知识被组织内部员工吸收、消化，并升华成他们自己的隐性知识。比如通过阅读大量的书籍来丰富自己的知识。

在商业实务方面，内化包含以下两个层面。

①须将显性知识变成具体措施而付之行动。换言之，在将显性知识的内化过程中，就可

针对策略、行动方案、创新或改善等方面研拟出实际的构想或实施办法。例如，在较大型的组织实施的教育训练计划可帮助学员了解整个组织及全体学员的情况。

②可利用模拟或实验等方式，帮助学员在虚拟情况下来学习新观念或新方法。

以上四种不同的知识转化模式是一个有机的整体，它们都是组织知识创造过程中不可或缺的组成部分。总体上说，知识创造的动态过程可以被概括为：高度个人化的隐性知识通过共享化、概念化和系统化，并在整个组织内部进行传播，才能被组织内部所有员工吸收和升华。

2. 知识管理的定义

知识管理（Knowledge Management，KM）是网络新经济时代的新兴管理思潮与方法，管理学者彼得·德鲁克早在 1956 年就预言："知识将取代土地、劳动、资本与机器设备，成为最重要的生产因素"。受到 20 世纪 90 年代的资讯化蓬勃发展，知识管理的观念结合网络、资料库以及应用计算机软件系统等工具，成为企业累积知识财富，创造更多竞争力的新世纪利器。

美国生产和质量委员会（APQC）对知识管理所下的定义为："知识管理应该是组织有意识采取的一种战略，它保证能够在最需要的时间将最需要的知识传送给最需要的人。这样可以帮助人们共享信息，并进而通过不同的方式付诸实践，最终达到提高组织业绩的目的。"

国内学者关于知识管理的定义：知识管理就是以知识为核心的管理，它是通过确认和有效利用已有的和获取的知识，并通过对各种知识的连续性管理，提高企业的创新能力和创造价值的能力，以满足企业现有和未来开拓市场机会需要的一种过程。

在信息时代里，知识已成为最主要的财富来源，而知识工作者就是最有生命力的资产，组织和个人的最重要任务就是对知识进行管理。知识管理将使组织和个人具有更强的竞争实力，并做出更好地决策。在 2000 年的里斯本欧洲理事会上，知识管理更是被上升到战略的层次："欧洲将用更好的工作和社会凝聚力推动经济发展，在 2010 年成为全球最具竞争力和最具活力的知识经济实体。"

对于组织和个人，知识管理都已经成为伟大机遇和挑战。

4.3.2 知识管理的维度

在知识创造与传播过程及知识管理活动中，有两个因素至关重要：一是人，二是技术。这两个因素同时构成了知识管理的两个维度。

人之所以是知识管理的关键因素之一，是因为人的大脑不仅是隐性知识的载体，而且是知识创造和传播的内生力量。在知识转化的四个阶段，每一个阶段都离不开人的参与，特别是社会化和内化阶段，几乎完全是人的因素在起作用。可以说，人是知识创造与传播的决定性因素，也是知识管理的重要维度之一。

技术主要是在知识创造与传播过程中的组合阶段起作用，同时也支持外化与内化过程。在整合阶段，知识的编码、存取完全依赖于信息技术。在外化阶段，电视会议系统、电话和 E-mail 等通信和信息技术能够强化和方便人们的沟通和交流，因而也促进了隐性知识向显性知识的转化过程。在内化阶段，计算机仿真、虚拟现实等技术可以向人们提供实时的培训。因此，技术在知识创造与传播过程中也起着关键作用，是知识管理的重要维度之一。

组织可以通过创建适宜的组织环境和加大在信息技术方面的投资力度来强化知识管理过程中两个维度的作用。项目团队、特别任务组等正式团体鼓励面对面地交流，促进知识创造与传播过程中社会化和内化两个阶段的知识转化与吸收，因而在知识管理中发挥着重要作用。像实践社团这样的非正式团体，其成员来自相同的专业领域，使用相同的专业术语，因而更容易交流，可以促进外在化过程，同时也有助于社会化和内化过程。因此，创建正式的工作团体，培养非正式的学习团体，使两者互为补充，是知识管理过程中发挥"人"的因素的组织基础。信息技术不仅支持显性知识的快速存取，而且支持人与人之间的快速沟通，因而也支持知识管理过程中"人"的因素的发挥。将人和技术两个因素结合起来，才能更好地加强知识管理活动。

4.3.3 专家系统

1. 专家系统的定义及结构

专家系统是一个智能计算机程序系统，其内部含有大量的某个领域专家水平的知识与经验，能够利用人类专家的知识和解决问题的方法来处理该领域问题。简而言之，专家系统是一个具有大量专业知识与经验的计算机程序系统，通过应用人工智能技术和计算机技术，根据某领域一个或多个专家提供的知识与经验，进行推理和判断，模拟人类专家的决策过程，从而解决那些需要人类专家处理的复杂问题。

专家系统的基本工作流程就是用户通过人机界面回答系统的提问，推理机将用户输入的信息与知识库中各个规则的条件进行匹配，并把匹配规则的结论存放到综合数据库中。最后，专家系统将得出最终结论呈现给用户。专家系统的基本结构如图4-8所示，其中箭头方向为数据流动的方向。

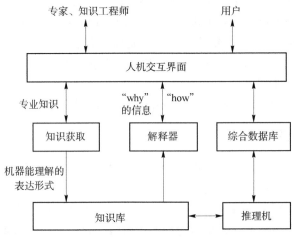

图4-8 专家系统结构图

2. 专家系统的特点

专家系统是一个基于知识的系统，它利用人类专家提供的专门知识，模拟人类专家的思维过程，解决对人类专家都相当困难的问题。因此，一个高性能的专家系统应具备如下特征。

（1）启发性。不仅能使用逻辑知识，也能使用启发性知识，它运用规范的专门知识和直觉的评判知识进行判断、推理和联想，实现问题求解。

（2）透明性。它使用户在对专家系统结构不了解的情况下，可以进行相互交往，并了解知识的内容和推理思路，系统还能回答用户的一些有关系统自身行为的问题。

（3）灵活性。专家系统的知识与推理机构的分离，使系统不断接纳新的知识，从而确保系统内知识不断增长以满足商业和研究的需要。

3. 专家系统的功能

（1）存储问题求解所需的知识。

（2）存储具体问题求解的初始数据和推理过程中涉及的各种信息，如中间结果、目标、字母表以及假设等。

（3）根据当前输入的数据，利用已有的知识，按照一定的推理策略，去解决当前问题，并能控制和协调整个系统。

（4）能够对推理过程、结论或系统自身行为做出必要的解释，如解题步骤、处理策略、选择处理方法的理由、系统求解某种问题的能力、系统如何组织和管理其自身知识等。这样既便于用户的理解和接受，同时也便于系统的维护。

（5）提供知识获取，机器学习以及知识库的修改、扩充和完善等维护手段。只有这样才能更有效地提高系统的问题求解能力及准确性。

（6）提供一种用户接口，既便于用户使用，又便于分析和理解用户的各种要求和请求。

4.3.4 内容管理系统

1. 内容管理系统的定义

内容管理系统（Content Management System，CMS）是一种位于 Web 前端服务器和后端办公室系统或流程之间的软件系统。内容的创作人员、编辑人员和发布人员使用内容管理系统来提交、修改、审批和发布内容。这里的"内容"是指包括文件、表格、图片、数据库中的数据甚至视频等一切可以发布到 Internet、Intranet 以及 Extranet 网站的信息。

内容管理还可选择地提供内容抓取工具，将第三方信息来源，比如将文本文件、HTML 网页、Web 服务、关系数据库等的内容自动抓取，并经分析处理后放到自身的内容库中。随着个性化的发展，内容管理还辅助 Web 前端将内容以个性化的方式提供给内容使用者，即提供个性化的门户框架，以基于 Web 技术将内容更好地推送到用户的浏览器端。

2. 内容管理系统的特点

（1）内容管理系统可建设具有独特个性的网站。"网站模板与网站程序完全分离"和"模板方案"是目前 CMS 的主流设计特点，让网站的模板设计与程序彻底分开。设计者可以将每个频道、栏目甚至内容页面运用不同的模板，随时能编辑、修改网站界面，更能一键切换预设的模板方案，更换网站界面。

（2）内容管理系统后台管理实现方便、易用、人性化的操作方式，创新采用书签式管理的 Web 界面，切换方便，节省使用者和浏览者的时间。所见即所得的编辑功能，可以在内容管理系统里直接进行文字的排版处理，还可以在线对图片进行简单处理。系统支持插入 Flash、音频、视频、超链接、特殊字符等。

（3）内容管理系统使用基于角色的用户管理，通过添加不同权限的用户，可以将一个网站的管理权限分配给不同的用户。通过建立具有不同管理权限的用户组，可以将用户分成多种级别：超级管理员、栏目管理员、文档录入员、审核员等，一份内容从最初录入到最后发布到网站上，中间可以经过编辑初审、修改，管理员审批等，保证发布内容的质量。

3. 内容管理系统的未来趋势

（1）从非结构化到异构化和标准化。企业系统的未来发展趋势是应用走向整合，实现网站与后端的业务系统、CRM、营销等系统的整合，实现对这些异构信息的集成管理。

(2) 内容管理走向智能化。内容管理的另一个趋势就是智能管理。通过智能化管理，实现信息从原始存储状态到不同服务类型的自动组织、归类。同时，内容的智能化管理，也将为实现知识管理提供内容基础。

(3) 内容管理走向平台化。内容管理应用将和企业业务活动及专业系统紧密结合，呈现行业化趋势。因而需要将内容管理技术抽象组合，实现成为组件化功能性中间件应用平台，提供开放的内容应用服务或开发接口以支撑多样化的上层应用。

(4) 管理环节将逐步丰富。随着协同应用的普及，信息沟通方式越来越灵活多样，内容管理平台需要能够管理日益丰富的或新兴的内容应用和分发渠道，包括博客平台、RSS 内容聚合、搜索服务、内容商务、P2P 内容搜索和整合、5G 内容等。

(5) Web 内容管理依然是主流，企业内容管理逐渐变热。随着互联网的进一步发展，Web 内容管理应用将不断普及和深化。随着企业信息化建设的深入，企业对内容管理的需求正逐步升温。内容管理将从最初的各自独立管理过渡到集成多种内容管理为一体的企业内容管理（ECM），同时 Web 内容管理依然占据当前内容管理应用的主流。

4.3.5 知识管理系统的功能

一个成熟的知识管理系统，至少要具备以下 15 项功能。

(1) 强大的非结构化知识处理能力。可将现存在大量的文档和历史知识，这部分非结构化的文档，需要能够进行快速的导入和管理，并能够进行全文、附件内容的检索。

(2) 结构化知识处理能力。对日常工作运行中产生的结构化数据，能够进行自定义发布为知识，搜索引擎可对结构化知识进行全文检索。

(3) 全面精准的知识搜索引擎。

①支持对知识标题、正文、关键字附件文件名的搜索。

②支持对附件文档内容的搜索。

③支持全文与附件的组合关键字搜索。

④支持搜索结果的相关度排序和知识访问率排序。

⑤支持搜索引擎与维度绑定，在维度范围内进行关键字搜索。

⑥经组合关键字测试，需要的知识在正文搜索结果中前十名命中概率在 98% 以上，在附件搜索结果中前十名命中概率在 95% 以上。

⑦经单组关键字测试，需要的知识在正文搜索结果中前五名命中概率在 98% 以上，在附件搜索结果中前五名命中概率在 95% 以上。

(4) 知识专家问答系统。进行知识的问答求索，可指定专家回复，限定回复的时间日期，并进行统计跟踪。

(5) 便捷的知识关联应用。可自定义问题分解步骤，可关联子问题关系，可以预设问题答案，为有效利用知识库内已有知识提供便利工具。

(6) 完善的文档及内容管理子模块。支持对知识的管理需要进行数据分析、批量导入、版本管理，建立知识发布、管理、应用及审核处理等流程定义。

(7) 权限管理子系统。能够定义用户的角色，并对角色进行权限设定，不同用户拥有不同的权限，保证系统的文件安全性。

(8) 知识维度的自由设定。支持有权限的应用者自行设定部门或板块的知识结构。

(9) 版本管理功能。支持知识从发布起便记录其历史版本，能够查询每个修改过的版本情况。

（10）个人知识门户。支持对每个用户建立个人知识结构、知识文集、知识收藏等，个人培训计划，便于岗位知识的传承与管理。

（11）知识地图。支持能够全局预览本企业知识架构的知识地图和不同岗位具有不同知识结构的岗位知识地图。

（12）知识学习培训。支持从知识库中选取知识，对某一类用户进行培训，或个人根据知识库内容建立自主学习计划，支持进行在线考试。

（13）知识统计功能。支持对知识库的库存、使用率的统计表现。

（14）批量导入，能够对原有知识数据进行批量导入处理，减少操作时间。

（15）系统集成。与其他系统，如 OA、CRM 等应用系统的数据进行整合，读取这些系统的数据作为知识储存应用，与这些系统的用户进行集成，实现统一登录。

【本章小结】

信息技术的迅速发展给企业管理决策、组织变革和客户营销等方面带来了重大变革，本章重点介绍了决策支持系统、商务智能和知识管理等对 MIS 有着重要影响的信息技术和管理思想。

首先引入决策的概念、类型和过程；介绍了 DSS 的概念及其发展过程、分析了 DSS 与 MIS 的关系，以及 DSS 的结构；介绍了 IDSS 和 GDSS 的定义和结构。

在基本概念的基础上介绍了商务智能的概念及其体系结构，重点讨论了数据仓库、数据集市和 OLAP 的概念内涵和特征；分析了数据挖掘的概念、挖掘的基本过程和挖掘任务类型。

最后重点介绍了知识和知识管理的概念，以及显性知识和隐性知识的分类及其转化模型；分析了知识管理的维度和内容；介绍了知识管理的实施和系统功能。

【本章思考题】

1. 什么是决策支持系统？决策支持系统的结构是什么样的？
2. 什么是数据仓库？数据仓库和数据挖掘有什么区别？
3. 什么是数据挖掘？数据挖掘的基本过程是怎样的？
4. 什么是显性知识？什么是隐性知识？解释知识转化的 SECI 模型。
5. 什么是知识管理的关键要素？

【中英文对照表】

Decision Support System（DSS）	决策支持系统
Group Decision Support System（GDSS）	群体决策支持系统
Management Decision System（MDS）	管理决策系统
Artificial Intelligence（AI）	人工智能
Expert System（ES）	专家系统
Data Warehouse（DW）	数据仓库
Data Mining（DM）	数据挖掘
Knowledge Management（KM）	知识管理

第 5 章 管理信息系统开发概述

【本章学习目的】

管理信息系统的开发是一项复杂的系统工程,它涉及的知识面广、部门多,不仅涉及技术,而且涉及管理业务、组织和行为;它不仅是科学,而且是艺术。随着计算机技术的不断发展,人们在管理信息系统的长期开发实践中已研制出了多种开发方法,如结构化生命周期方法、原型法、面向对象方法、快速应用开发等方法,这些开发方法在系统开发的不同方面和不同阶段发挥了重要的作用。为了保证系统开发工作的顺利进行,应根据所开发的系统的实际情况,采用行之有效的开发方式,以达到管理信息系统开发的有效性、经济性和实用性目的。

本章将首先详细介绍信息系统的各种开发方法,接着围绕着结构化系统开发方法,详细介绍了生命周期各阶段的工作内容,并结合具体开发案例进行了分析。

要求学生通过本章的学习掌握以下要点:
(1) 领会结构化生命周期方法、原型法、面向对象方法和快速应用开发的优缺点;
(2) 掌握系统开发生命周期每个阶段的工作内容;
(3) 充分认识系统的两种开发策略,并能根据企业实际情况选择合适的开发方式;
(4) 能够根据实际情况进行分析系统开发方法的选择。

【本章引导案例】

疫情防控的"奇兵"——阿里云宜搭平台

新冠肺炎,一次突发的公共卫生事件,是一场与时间赛跑的战役。"早发现、早报告、早隔离、早治疗"一句看似平常的宣传语,成为了疫情防控行动力的最贴切阐释。面对各地政府、医院、社区和企业疫情防控的应急需求,就像一支数字化疫情防控的"奇兵",及时响应了全国各地对相关疫情信息采集、管理、调度和决策的需求,帮助政府、医院、社区和企业等城市职能和疫情防控部门,快速上线了疫情防控上报系统、摸排系统、返程登记系统、企业复工申报系统、社区健康打卡系统等,为疫情防控赢得了宝贵的时间。

(1) 一站式交付,系统快速上线

传统的系统开发,需要经过需求分析、系统开发、集成测试、客户验收后才发布上线,通常至少要 2 周到 1 个月的开发周期。疫情防控上报系统通过宜搭可视化的编辑器,拖拽模块、自定义的组件,以及内置的业务逻辑规则和流程,不到 24 小时就完成了医院疫情数据上报系统在郑州的开发、测试与上线。病人来到医院发热门诊,患者通过支付宝扫描二维码,即可在系统中自动同步个人基本信息,大大提升了医生采集疫情信息的效率,零接触、少交流,直接降低了医生与患者交叉感染的风险。

除支持系统的快速搭建上线外，宜搭提供的组件还能在PC与移动端的前端页面生成标准化的表单。为确诊和疑似病例的上报、医疗物资日消耗、发热门诊登记等信息的统一实时记录提供了有力保障。

对于多级部门数据实时导入，宜搭通过与内置报表系统的打通，提供了数据存储与数据分析服务，系统管理人员省去了数据清洗、数据整理的时间，基于宜搭应用沉淀的算法就可以直接进行分析，并通过报表形式展现。以医疗物资系统为例，各省市卫健委可根据发热门诊量的上报数据对医护资源进行合理调配；根据各医疗单位直报的防护用品及消耗情况、需求情况，进行应急资源的合理调度和储备；指挥部也能通过定点医院及非定点医院患者收治情况，实时掌握疫情重点区域的疫情发展的严重性，合理安排患者就诊机构。

在系统的搭建过程中，数据库资源、物理服务器资源的申请，均可通过宜搭直接在阿里云上完成。这种低代码甚至零代码的开发模式，在宜搭平台上，从业务需求到应用实现的研发流程闭环，是真正完整的高效率、高质量和低成本的一站式交付。

（2）构筑防控堡垒，宜搭应需而变

在社区摸排系统和社区健康登记系统上线前，社区的网格管理员只能挨家挨户、地毯式的上门摸排，不仅工作强度大，摸排效率低，还会面临极大的感染风险。另外，入境检疫登记和疫情防控上报系统的数据，在没有和社区摸排串联起来的时候，根本无法形成疫情防控的合力。通过宜搭快速上线社区摸排系统和社区健康打卡系统后，双管齐下，有效地推动了防控力量向社区下沉。

利用摸排系统，来自城市各个部门的完整信息所碰撞出的名单，可实时更新到社区网格管理员的手机上，网格管理员可更加主动地对外来应隔离人员进行摸底排查和管理；同时，不再需要挨家挨户上门摸排，社区借助阿里达摩院提供的智能外呼系统，可远程了解他们的身体状况，是否有新冠肺炎症状，生活物资储备情况，有无外出等情况。除了主动摸排，健康打卡系统则从社区居民端进一步扩展了基层社区疫情防控的手段，市民可每天登入系统打卡，上报健康和生活情况。

宜搭根据疫情变化与对应的策略变化，对系统快速进行迭代。以健康打卡的系统为例，社区居民从进入小区到日常建卡打卡，字段规则是要随着疫情的变化不断迭代，如现在是否健康，是否发热、咳嗽等；后来，变成是否接待过来自疫区的亲朋好友，来自哪个地区，是否接触过疑似和确诊患者；日前，已经变成是否已返回工作所在地，几日返回，是否完成自我隔离。宜搭的多样化定制，以及灵活配置能力，为系统整个服务的生命周期预留了很多的扩展点和定义复杂逻辑的编码通道，方便系统后期根据疫情的进展，变化和定制自己的逻辑。据了解，在搭建系统过程中，针对一次性对三分之二的字段大范围的页面改动，仅用了2小时就完成了。

（3）夯实SaaS底座，宜搭大有可为

"接下来，随着郑州疫情防控态势的逐步深入，我们正谋划将数字化疫情防控中所取得的成果，复制到教育、商超、交通工具等领域"，展途说。

赋能疫情防控，阿里宜搭依托零编码、低门槛、可视化、一站式交付、多样化、定制强等技术优势，成为了数字化疫情防控的"奇兵"。势必，也为未来低代码应用的开发奠定了坚实基础。Gartner预计，2021年市场对于应用开发的需求将五倍于IT公司的产能。为填补这一产量缺口，低代码/零代码技术是目前唯一可行的解决方案。

讨论：突发疫情期间，为什么SaaS平台被广为采用？

案例来源：https://www.sohu.com/a/374482812_100159565

5.1 系统开发生命周期

任何事物都有产生、发展、成熟、消亡的过程,信息系统也不例外。信息系统在使用过程中随着内外部环境的变化及信息需求的改变,需要对它进行不断地维护、修改和完善。当系统不再适应用户需求时,就要被淘汰,要由新系统代替老系统,这种周期循环称为信息系统的生命周期。

系统开发生命周期(System Development Life Cycle,SDLC)是指开发信息系统的一种结构化的按部就班的方法。它是人们在研究软件生产时发现的一种规律性的事实。在整个系统的开发过程中,为了要从宏观上管理系统的开发和维护,就必须对系统的开发过程有总体的认识和描述。结构化开发方法将整个开发过程划分为五个首尾相连的阶段,一般称为系统开发的生命周期。

严格来讲,在系统开发生命周期中有数以百计的不同活动,它们组成了 SDLC 的每一阶段。典型的活动包括决策预算、收集业务需求、设计模型以及编写详细的用户文档。在每一个系统的开发项目中所执行的活动都必须根据所构建的系统类型和所使用的工具的不同而有所变化。

一般而言,SDLC 的活动可分为五个首尾相连的工作阶段,以下是针对系统开发生命周期五个阶段及其相关活动详细介绍,如表 5-1 所示。

表 5-1 系统开发生命周期及其相关活动

阶段	活动
1. 系统规划	初步调查,定义要开发的系统 确定项目范围,制订项目计划 初步调查,进行可行性分析
2. 系统分析	详细调查,定义需求 建立系统逻辑模型
3. 系统设计	建立技术架构 先总体设计,后详细设计 建立系统物理模型
4. 系统实施	编写程序代码 进行系统测试 编写详细的用户说明书 为系统用户提供培训
5. 系统维护	建立帮助以支持系统用户 提供支持系统变化的维护

5.1.1 第一阶段:系统规划

在系统开发生命周期的计划阶段,系统参与人要为开发的信息系统制订一个可靠的计划。下面是在计划阶段要做的 3 个主要活动。

第5章 管理信息系统开发概述

1. 初步调查，定义要开发的系统

系统分析员必须识别和选择要开发的系统或者决策出哪种系统是支持企业战略决策所需要的。企业典型的做法是组织考察所有提出的系统并运用业务影响或关键成功因素来对这些系统进行优先排序。

首先，来分析系统所支持的组织的战略目标，如果系统分析员能正确的回答，则说明所开发的系统是必须开发的。不正确的回答注定会导致错误的、失败的系统，不然会浪费组织大量的人、财、物资源。要想知道组织的战略目标，可采用关键成功因素（Critical Success Factor，CSF）法进行分析，关键成功因素是一种对组织的成功起关键作用的因素，决策的信息需求往往来自这些关键性成功因素。

关键成功因素法就是要识别连接系统目标的主要数据类型及其关系，它所使用的工具是树枝因果图（也称鱼骨图），如图 5-1 所示。由图可以看出，某企业有一个目标是缩短造船周期，图中矩形框中标注的是影响该目标实现的关键因素，横线上所注的是影响这些因素的子因素。企业可从此图找出最关键的影响因素。

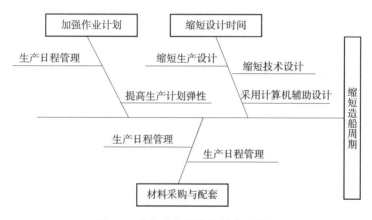

图 5-1 缩短造船周期的树枝因果图

2. 确定项目范围，制订项目计划

系统开发人员必须要定义项目的范围并且为项目开发编写项目范围说明书。项目范围制订时要明确定义高层系统的需求，该范围常常提出系统的最基本的定义，项目范围通常在书面的项目范围文件中定义。设定项目范围非常重要，最重要的原因是它能帮助系统开发人员和组织消除范围蔓延和功能蔓延。范围蔓延指的是项目范围增大到超出原技术所设定的范围。功能蔓延指的是组织会不断要求开发者增加一些最初需求所不包含的功能。

一个完整且详细的项目计划是整个系统开发工作开始的重要标志。项目计划定义系统开发中全部要完成的活动，及这些活动所涉及的谁在什么时间做什么事情的问题，包括所有要实施的活动以及完成这些活动所需的人力、时间和成本。项目计划是保证准时交付一个完成的、成功的信息系统的指导性力量。图 5-2 所示的是完成一个项目的甘特图的例子。一般而言，完成这一系统开发工作需要一个项目经理，他是这个项目计划和管理方面的专家，他们定义和开发项目计划并跟踪计划以保证所有关键项目里程碑准时完成。项目里程碑表达的是某些活动完成的关键日期。例如，完成计划阶段可能就是一个项目里程碑事件。

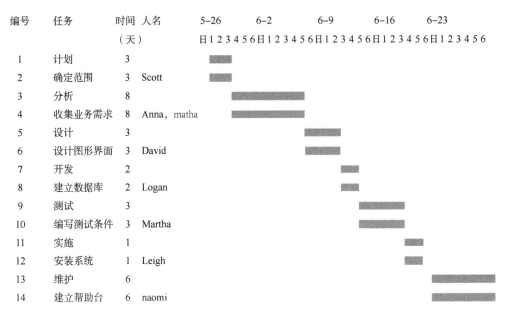

图 5-2 某系统开发的项目计划

3. 初步调查，进行可行性分析

可行性分析又称可行性研究（Feasibility Analysis，Feasibility Study）指在当前组织内外的具体环境和现有条件下，某个项目投资的研制工作是否具备必要的资源及其他条件。可行性研究的目的不是解决问题，而是研究在当前的具体条件下，开发新系统是否具备必要的资源和其他条件。为了达到这个目的，必须认真了解用户的要求及现实环境，探索若干种可供选择的主要解法，并对每种解法的可行性进行仔细论证。

对于建立信息系统来说，主要从以下三个方面进行可行性分析：

（1）技术可行性；

（2）经济可行性；

（3）运行可行性。

除了上述三个方面考虑之外，还可以从人员可行性、进程可行性、环境可行性等方面进行论证。

可行性分析的结论：如果可行性分析的结果论证系统结果完全不可行，一般会放弃该系统的开发；反之，结果完全具备立即开发的可行性即会进入下个阶段；某些条件不具备则重新进行可行性论证。

5.1.2 第二阶段：系统分析

一旦企业确定了开发哪些系统，就可以进入系统分析阶段了。系统开发生命周期的分析阶段指最终用户和信息技术专家共同工作为目标系统收集、理解和表达业务需求。这一阶段有如下两个主要的工作内容。

1. 详细调查，收集定义需求

业务需求指的是一份详细的员工需求，为保证系统开发成功，系统必须满足这些需求。业务需求引导和驱动着整个系统。一般而言，业务需求的收集类似于进行一项调查。可以采用是面谈、现场参观、问卷调查、联合应用开发会议（Joint Application Development，JAD）等方法进行。其中JAD方法是目前采用比较多，也是效率较高的一种方法。此方法有时需要系统用户和信息技术专家几天的时间在一起定义或回顾系统的业务需求。

对需求进行排序。一旦定义了全部的业务需求，就要将他们按业务的重要性进行优先序排列，并且以正式的可充分理解文件（一般称为需求定义文件）正式确定下来。系统用户对需求定义文件签字认可。签字表明系统用户批准所有的业务需求。一般来说，项目计划最重要的里程碑之一就是系统用户对业务需求的签字。

如果对业务需求掌握的不明确或不充分，那么在评价业务需求时要考虑的关键事情之一就是确定误差的代价。在分析阶段，发现一个错误并进行修正的代价相对而言是较少的，因为实际必须做的事情是修改一些文字材料和浪费一些人力。然而如果在后续的阶段发现一个错误，修改起来的代价就会变得难以置信的巨大，因为不得不修改实际系统。图5-3显示的是系统开发生命周期中修改错误的成本随发现错误的推迟呈现指数阻尼正弦曲线增长趋势。

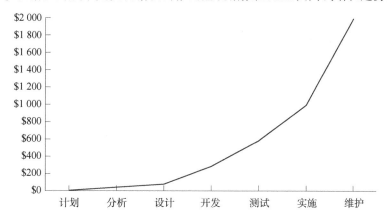

图5-3　在生命周期不同阶段发现错误的成本

2. 建立逻辑模型

对现有的系统进行充分详细调查的基础上，再进行组织机构功能的分析、企业业务流程分析、数据流程分析、建立要开发新系统的逻辑模型，形成综合型的系统分析报告，并提交开发领导小组和用户审核，待确认无误后进入下一阶段的工作。

5.1.3　第三阶段：系统设计

系统开发生命周期设计阶段的主要目标是构建一个如何运行计划的技术性蓝图。在分析阶段，最终用户和信息技术专家一起从逻辑观点出发形成拟开发系统的业务需求。也就是说在分析阶段产生的业务需求文档没有考虑支持系统的技术或技术框架。当进入设计阶段时，项目小组要从物理或技术的观点考虑系统。即接受分析阶段产生的业务需求，并且定义设计阶段中的设计技术框架。以下是在设计阶段将要做的主要工作。

1. 设计技术框架

技术框架定义了系统运行所需的硬件、软件和通信设备。大部分系统运行在由雇员使用的工作站和运行应用软件的服务器所组成的计算机网络上。通信上要求可以访问因特网和允许最终用户拨号连接远程服务器。在选择最终技术框架之前，应该代表性地探究几种不同的技术框架。一般来说，企业所选的技术框架有如下几种。

（1）非集中式架构。一个非集中式架构包括信息共享很少或没有信息共享的系统，如图5-4所示。概括地说，这种架构产生于用户或部门开发的独立系统或应用软件，他们没有任何的中央控制。这种架构给用户开发满足他们需要的应用软件以及保持对软件的控制的自由。但是这种架构通常允许数据复写，频繁地导致数据的不一致。另外的一个主要缺点是，因为有太多独立的系统，共享应用程序和信息非常困难。而且，对于组织来说，与许多卖主建立保修和服务合同比只与一家或少数几家建立要贵得多。

图 5-4　非集中式架构

（2）集中式架构。一个集中式架构在一个中心区域或者中心主机中共享信息系统。这种架构决定了信息系统架构是集成的、整合的。因为典型的架构、应用软件和信息被存放在公司单一的主机上，如图5-5所示。集中式架构最大的优点就是它给予了高度的控制，使以下两方面变得很容易：一是高度保持了硬件、软件和程序和操作的标准；二是高度控制对信息的存取。但集中式架构的缺点是缺乏灵活性、适应能力低。

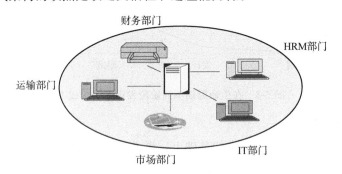

图 5-5　集中式架构

（3）分布式架构。分布式架构是指通过网络分配IT系统的信息和处理能力。通过分布式架构将所有的信息系统连接起来，使所有地点都能够共享信息和应用程序，如图5-6所示，也称为资源共享式计算模式。分布式架构的主要优点在于处理活动能够分配给最有效率的地点。

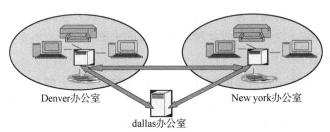

图 5-6　分布式架构

客户机/服务器（Client/Server，C/S）模式是分布式架构后来发展起来的一种计算模式。网络系统上的计算机系统分成客户机与服务器两类，如图 5-7 所示。其中服务器可能包括文件服务器、数据库服务器、打印服务器、专用服务器等。网络节点上的其他计算机系统成为客户机。C/S 架构的基础概念是应用程序被分配在客户机和服务器上。一套信息系统在将所有信息存储集中在服务器的同时，将功能分配到网络上互联的计算机。

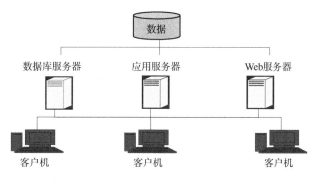

图 5-7 C/S 架构

由图 5-7 可见，C/S 架构的主要优点就是它从服务器上卸载应用程序和信息。但随之而来的缺点是，因为处理发生在许多客户端，客户机和服务器之间的交互非常频繁，信息必须在服务器和客户端之间快速流动，所以系统的复杂性大大增加，客户机/服务器在网络性能上需要配置很大的承载量。随着 Internet 的飞速发展与广泛应用，越来越多的组织利用互联网技术来建设自己的管理信息系统。这典型的分布式计算模式就是浏览器/服务器（Browser/Server，B/S），计算模式应用越来越广泛。该模式实际上是一种多层客户机/服务器结构，如图 5-8 所示。该模式的优点是由于基于 HTTP，所以可以对 Web 服务器上超文本文件进行操作，使得管理信息系统在技术上实现

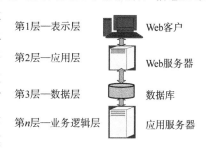

图 5-8 B/S 架构

了集格式化文本、图形、声音、视频信息为一体的高度交互环境，使信息处理的广度和深度大为增加。另外，由于采用统一的与平台无关的通信协议，可独立于计算机的软硬件平台。但不同的站点和部门，对信息技术架构的需求不同，所以应根据企业的实际需要进行选择。

在系统开发生命周期的开发阶段中，需要利用设计阶段所产生的详细设计资料，并将它们转化为实际系统。这一阶段的标志就是从逻辑设计转换到物理实现。为了建立系统，就必须建立运行系统的平台。在开发阶段，需要购买和装备所需的设备，以支持在设计阶段所设计的技术框架。

2. 先总体设计，后详细设计

系统设计是建立在系统分析基础上的，主要工作内容包含两个方面的设计：总体设计和详细设计。总体设计是把任务分解成若干基本的、具体的任务：

（1）将系统划分成模块；
（2）决定每个模块的功能；
（3）决定模块的调用关系；

(4) 决定模块的界面,即模块间信息的传递。

详细设计是为各个具体任务选择适当的技术手段和处理方法。详细设计包括代码设计、数据库设计、输入设计、输出设计、人机对话设计、处理过程设计等。这两部分的设计工作结束后,给出最终的物理模型和系统设计报告,与前几个阶段一样要提交用户审核,审核无误后进入下一个阶段的开发。

5.1.4 第四阶段：系统实施

系统开发生命周期中的实施阶段是指将系统分配给所有的系统用户,然后他们开始使用系统完成每天的工作。这一阶段包含两个如下的主要活动。

1. 编写程序代码

一旦建立了技术蓝图,就应该立即着手建立支持系统的数据库和编写系统所要求的代码。这些任务通常由信息技术专业人员承担,设计和建立数据库以及编写所有的软件代码可能需要花费几个月甚至更长的时间。

2. 编写并实施测试条件

生命周期的测试阶段是验证系统运行和是否满足所有在系统分析阶段定义的业务需求。测试是一个关键的阶段,是系统是否能够顺利运行的前提条件。测试阶段的主要活动包括：①为了完成一个彻底的测试就必须对测试条件进行细化。②测试条件是对系统必须完成的步骤连同每一步的设想结果进行的详细描述。③测试者将执行每项测试条件,并且为了验证系统功能的正确与否,将设想的结果与实际结果进行比较。④一个典型的系统开发工作具有几百个或几千个测试条件,必须测试和验证所有这些测试条件,才能降低整个系统运行风险。

当系统测试开始的时候时,必须进行不同类型的测试,一般包括四种测试类型：单元测试、系统测试、集成测试和用户接受测试。单元测试指测试系统的独立单元或代码段；系统测试是检测支持系统功能所编写的单元和代码段是否正确地集成到整个系统；集成测试是检验独立的系统能否在一起顺利工作；用户接受测试（User Acceptance Testing，UAT）是确定系统是否满足业务需求并能使系统用户正确工作的测试。

3. 编写详细的用户说明书

当安装系统时,必须向用户提供一套突出说明如何使用系统的用户说明书。

4. 为系统用户提供培训

联机培训和现场培训是两种主要的形式。联机培训是在因特网或利用 CD-ROM 进行的。系统用户可以在任何时间以自己的进度利用自己的计算机进行。这种培训方式较为灵活和方便。现场培训是由专门的老师在现场对系统用户进行一对一的辅导。这种培训方式对系统用户深度掌握系统非常有效。

为了确保项目实施,合适的项目实施方法是必不可少的。当用户实施一个新的系统时,可以采取并行实施、直接实施、引导实施和分段实施方法。并行实施指的是同时使用新老系统直到确定新系统能够正确地工作；直接实施是完全丢弃旧系统并立即使用新的系统；引导实施是仅让一小组人使用新系统直到认为新系统能正常工作,然后再将企业的人加入新系统中来；分段实施是分阶段实施新系统直到确定新系统已经能够正常工作,然后再实施新系统的剩余阶段。

5.1.5 第五阶段：系统维护

维护系统是系统开发工作的最后阶段。在系统开发生命周期的维护阶段，需要监测并支持新系统以保证其继续满足业务目标。一旦系统被实施运行，就会随业务的变化而改变。持续对新系统的监控和支持，包括进行细小的修改并评价系统以保证其能持续地使组织完成战略目标。维护阶段有如下的两个主要活动。

（1）设立为系统用户服务的帮助办公处。帮助办公处是一组对系统用户的问题做出反应的人员。一般有现场办公或电话服务两种形式。

（2）提供支持系统变化的环境。当业务环境发生变化的时候，必须成立专门的机构评估这些变化对系统的影响，以做出适当的反应：或升级老系统，或修改老系统，或抛弃老系统采用新系统。

5.2 系统开发方法

管理信息系统的开发是一项复杂的系统工程工作。它涉及的知识面广、部门多，至今还没有一种完全有效的方法来很好地适应各种系统的开发。但每一种方法都有自己的适应面。以下将介绍各种系统开发方法。

5.2.1 结构化系统开发方法

结构化系统开发方法（Structured System Analysis Design，SSA&D）又称为结构化生命周期法（Structured Design Life Cycle，SDLC）。在20世纪70年代初期诞生，是系统开发中最经典的一种方法，适合使用于复杂的大中型项目的开发，或者功能比较复杂系统的开发。该方法是用系统的思想和系统工程的方法，按用户至上的原则，结构化、模块化的自上而下地对系统进行分析与设计，自下而上逐步实施的开发方法。该方法首先用结构化分析（Structured Analysis，SA）对软件进行需求分析，然后用结构化设计方法（Structured Development，SD）进行总体设计，最后是结构化编程（Structured Programming，SP）。

1. 结构化生命周期法的基本思想

结构化的意思是企图使开发工作标准化。结构化开发的目标是有序、高效、高可靠性和少错误。在系统工程技术中，控制系统复杂性的两个基本手段是"分解"和"抽象"。对于一个复杂的问题，由于人的理解力、记忆力均有限，所以不可能触及问题的所有方面以及全部细节。为了将复杂性降低到人可以掌握的程度，可以把大问题分割成若干个小问题，然后分别解决，这就是"分解"。分解也可以分层进行，即先考虑问题最本质的属性，暂时把细节忽略，以后再逐步添加细节，直至涉及最详细的内容，这就是"抽象"。

结构化生命周期法的基本思路如图5-9所示。对于一个复杂的系统X，如何理解和表达它的功能呢？结构化方法使用了"自顶向下、逐步求精"的方式，X系统被分解成三个子系统：1、2、3如果子系统仍然复杂，就继续分解为1.1、1.2、1.3等子系统，如此继续下去，直到子系统（或模块）足够简单，能够清楚地被理解和表达为止。图5-9中体现了分解和抽象的原则，它使人们不至于一下子陷入细节，而是有控制地、逐步地了解更多的细节，这有助于理解问题。图中顶层抽象地描述了整个系统，底层具体地画出了软件的每一个细节，中间层则是从抽象到具体的逐步过渡。按照这样的方法，无论问题多么复杂，分析工作都可以有计划、有步骤、有条不紊地进行。

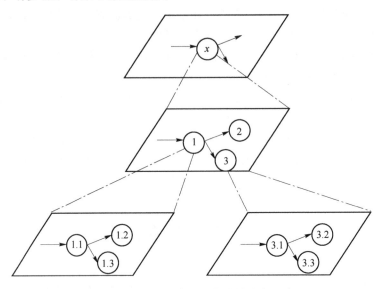

图 5-9　结构化系统开发方法的基本思路

2．结构化开发方法的生命周期

利用结构化开发方法开发系统，可以将系统开发分为几个首尾相连的阶段，一般称为结构化开发的生命周期。生命周期可以详细分为五个阶段。以下给出了五个阶段的划分方法，如图 5-10 所示。具体每个阶段的工作内容见 5.2 节。

（1）系统规划阶段；

（2）系统分析阶段；

（3）系统设计阶段；

（4）系统实施阶段；

（5）系统运行和维护阶段。

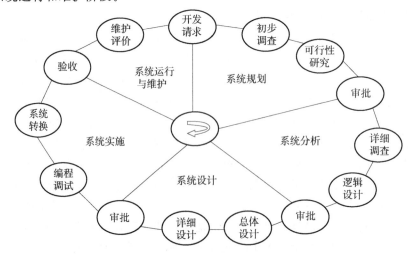

图 5-10　结构化系统开发方法的生命周期

3. 结构化系统开发方法的优点

结构化开发系统方法的优点表现在以下 5 个方面。

（1）建立面向用户的观点。强调用户是整个信息开发的起源和最终归宿。即用户的参与程度和满意程度是系统成功的关键。

（2）严格区分工作阶段。强调将整个系统的开发过程分成若干个阶段，每个阶段都有其明确的任务和目标，以及预期要达到的阶段成果。

（3）自顶向下进行开发。在生命周期的前三个阶段，结构化生命周期坚持自顶向下地对系统进行结构化划分。在进行系统调查或理顺管理业务时，从最顶层的管理业务入手，逐步深入到最基层。在分析问题时，首先站在整体的角度，将各项具体的业务和组织放到整体中加以考察。在系统设计时，先考虑系统整体的优化，然后再考虑局部的优化问题。在系统实施阶段，则是自底向上的逐步实施。

（4）工作文件的标准化和文档化。该方法非常重视文档工作，在系统生命周期的每一个工作阶段都要有详细的文字资料记录。工作文档标准化的好处是为研制工作过程中工作的交接和今后的系统维护提供了原始资料，可以避免工作中的一些缺陷和漏洞。

（5）采用图表工具描述系统。结构化方法在描述方式上尽量运用图形表示，使系统简明易懂，如数据流程图等工具。

4. 结构化开发方法的不足

但该方法也有明显的不足甚至是明显的缺陷，具体表现在以下几个方面。

（1）所需文档资料数量大。使用结构化方法必须编写数据流程图、数据字典、系统说明书等大量文档资料，这些文档需要占用大量的人力、物力和时间；同时文档也需不断修改，在修改过程中也难以保证文档的一致性。

（2）人机交互界面表达难。管理信息系统是人机交互的系统，所以人机交互是用户最为关心的问题之一。但是结构化生命周期法在理解、表达人机界面方面的能力明显不足，数据流程图和逐步分解技术都没有较好地表达交互界面的功能。

（3）用户信息反馈慢。结构化分析方法为目标系统描述了一个模型，但这个模型是概念上的，因此，在澄清和确定用户需求方面能起的作用是很有限的。

（4）开发周期长。该方法的开发周期过长，而且一旦用户的需求发生变化，系统将很难做出调整。由于固定顺序，前期工作所出现的误差越到后期修正或纠偏的代价就越大。

5.2.2 原型法

20 世纪 60 年代末至 70 年代初，出现了"软件危机"，为了对软件开发项目进行有效管理，信息系统开发生命周期法诞生了。由于开发过程规范、层次清晰，系统开发生命周期法得到广泛应用。但这种方法的应用前提是需要在早期就确定用户的需求，而不允许修改，这对于很多应用系统（如商业信息系统）来说是不现实的。用户需求定义方面的错误是信息系统开发中出现的后果最严重的错误。在此背景下，提出了基于循环模型的快速原型法。

1. 原型法（Prototyping）的提出背景

"软件危机"出现于 20 世纪 70 年代初，"软件危机"的表现为：软件开发速度满足不了实际需求，软件成本在计算机系统总成本中所占比例逐年上升，软件产品的质量不可靠，软件难以维护，没有适当的文档资料，开发进度难以控制。

产生"软件危机"的原因在于：用户需求不明确，缺乏正确的理论指导，软件规模越来越大且复杂度也越来越高。那么如何解决"软件危机"呢？人们越来越重视软件开发方法的研究，通过多年的研究和努力，软件开发方法有两个方面：一方面是着重研究与机器本身相关的软件开发工具，即高级语言及软件开发环境；另一方面，着重研究软件设计和规格说明等。这时系统开发生命周期（Systems Development Life Cycle，SDLC）应运而生。它是一种用于规划、执行和控制信息系统开发项目的组织和管理方法，是工程学的原理在信息系统开发中的具体应用。

正如前一节所述，生命周期法是一种结构化方法，把信息系统开发视为一个生命周期，把软件看成是人工制品，必然有其产生、成长、成熟、运作、消亡的生命过程。生命周期法把系统开发分为多个阶段，一般分为五个阶段：系统规划、系统分析、系统设计、系统实施、系统运行与维护。严格按阶段进行，每个阶段都有明确的目标和任务。每一阶段完成以后，要完成相应的文档资料，作为本阶段工作的总结，也作为下一阶段的依据。这种方法特别强调阶段完整性和开发的顺序性，它要求开发者首先确定系统的完整需求和全部功能。

生命周期法具有明显的优点。它采用系统观点和系统工程方法，自顶向下进行分析与设计并自下而上实施。开发过程阶段清楚，任务明确，并有标准的图、表、说明等组成各阶段的文档资料。生命周期法引入了用户观点，适用于大型信息系统的开发，将逻辑设计与物理设计分开。

但是，生命周期法的应用前提是严格的需求定义方法和策略。需求定义（the Definition of Requirement）方法是一种严格的、预先定义的方法。从理论上讲，一个负责分析设计的项目小组应完全彻底地预先指出对应用来说是合理的业务需求，并期待用户进行审查、评价和认可，并在此基础上顺利开展工作。

这种严谨的需求定义方法是在一定假设的前提下形成的，如下所述。

（1）所有的需求能被预先定义

这一假设的确切含义是，在没有系统实际工作经验的情况下，所有的系统需求在逻辑上是可以预先说明的。在某种情况下，虽然不能保证项目参加者个人都能明确系统需求和逻辑模型，但通过大多数人对系统的建议和合理判断，完全可以描述一个明确的系统需求，所有需求都能被准确预先定义。

但实际情况，需求定义方法假设的有效性是比较脆弱的。现实中，往往提供详细说明材料的人不是本领域的专业权威和职业分析人员；去定义复杂度甚高的事情又是十分困难的；大多数用户绝非面面俱到，只能是有选择性的说明。即使预先定义工作做得很好，往往系统仍旧需要进一步地修改和经过若干次反复，这是因为以下的事实是经常存在的。①个人对系统的认识往往与实际不完全吻合；②实地观察和使用系统会刺激用户对系统提出新的需求；③观看和经历会修改和取消对系统的事先需求。

（2）项目参加者之间能够清晰而准确地通信

严格需求定义方法的又一项重要假设是：在系统开发的进程中，项目组、项目经理、分析人员、用户开发人员、审计人员、保密分析员、数据管理员、人际关系专家等都能够清晰而有效地进行通信。虽然每个人都有自己的专业、观点和行动，但用图形/描述文档等工具，使得大家可能得到清晰、有效的沟通。

而实际情况往往是复杂的，对于共同的约定，每个人往往会有自己的解释和理解，对规格说明上应该有规定和说明，会有各种意见或加进个人看法。而文字叙述，如英语或汉语及其他文字描述，并非是一种准确的通信工具，即使提供了结构化的文字语言，如结构化英语以及判定表、树等较严格的通信的高级方式，当然这较叙述性的文字描述肯定是一种改进，减少了模糊性，但它仍然缺乏精确的技术上的通信语言的"严密性""专业性"和"行业性"。

因此，在多学科、多行业人员之间架起通信的桥梁是困难的。人们早就认识到，相互间通信的有效性的损失乃是开发过程中失败的主要原因之一。

（3）静态描述/图形模型对应用系统的反映是充分的

使用预先定义技术时，主要的通信工具是定义报告，包括工作报告和最终报告。采用叙述文字、图形模型、逻辑规则、数据字典等形式，这些具体形式因各自的技术有所不同，但其作用是相似的。

所有技术工具的共同特点是：它们都是被动的通信工具和静止的通信工具，不能表演，因而无法体现所建议的应用系统的动态特性，而要求用户根据一些静态的信息和静止的画面来认可系统则似乎近于苛求。

因此，严格定义技术本质上是一种静止、被动的技术，要它们来描述一个有"生命"的系统是困难的。理解和评价一个应用系统的最好方式，应该是去体验它，而不仅仅是去阅读和讨论它。

综合上述可见，严格需求定义的合理性在许多情况下并不满足，因此建立在脆弱基础上的开发策略在实施中一旦导致系统的失败就绝非意外之事。为了更好地处理由于缺乏支持严格方法的假设而给项目带来的风险，需要探求一种变通的方法。

解决需求定义不断变化问题一种思路是在获得一组基本的需求后，快速地加以"实现"。随着用户或开发人员对系统理解的加深而不断地对这些需求进行补充和细化。系统的定义是在逐步发展的过程中进行的，而不是一开始就预见一切，这就是原型法。

原型法是指在获取一组基本的需求定义后，利用高级软件工具可视化的开发环境，快速地建立一个目标系统的最初版本，并把它交给用户试用、补充和修改，再进行新的版本开发。反复进行这个过程，直到得出系统的"精确解"，即用户满意为止。经过这样一个反复补充和修改过程，应用系统"最初版本"就逐步演变为系统"最终版本"。简言之，原型法就是不断地运行系统"原型"来进行启发、揭示、判断、修改和完善的系统开发方法。

2．原型法的开发过程

原型法的开发过程是：针对用户的初步需求，先开发一个原型让用户使用，然后根据用户使用情况的意见反馈，对原型系统不断修改，使它逐步接近并最终达到开发目标。用原型法开发系统可以分为四个步骤。

（1）用户需求描述。这一阶段不像结构化方法那样要详细定义和描述用户需求，而是要在很短的时间内分析用户的主要功能要求和实现这些要求的数据规范、报告格式、人机交互界面要求等，并用适当的方法描述出来。

（2）建立初始原型。借助快速开发工具，在很短的时间内开发出一个系统初始原型。只要求这个原型满足第一阶段提出的基本需求，是一个可实际运行的系统。

（3）使用原型系统。用户在开发人员的协助下，运行原型系统，评价系统的优点和不足，进一步明确用户需求，提出修改原型系统的具体意见。

（4）修改和完善原型。根据用户的意见，尽快修改原型系统，并再次交给用户使用。

原型法开发系统工作流程如图5-11所示，最后两步是反复进行的，直至提交出用户满意的系统。

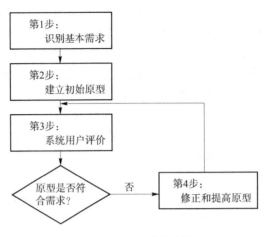

图 5-11 原型法的步骤

3. 原型法的优点

(1) 鼓励系统用户积极地参与。首先，也是最重要的，原型法鼓励系统用户积极地参与开发过程，它允许系统用户考察并使用目标系统的工作模型。

(2) 有助于解决系统用户之间的差异。在原型法开发过程中，有许多系统用户都参与定义需求和评审原型的过程。

(3) 能给系统用户一个对最终系统的直观感受。尤其对用户界面，原型法提供了最终系统将怎样运行的直观感受。当用户了解了最终系统将怎样运行，他们将更容易看到成功的希望。

(4) 帮助确定技术上的可行性。概念检验原型很适合确定系统的技术可行性。

(5) 有助于推广目标系统的思想。原型有助于破除阻碍推广系统的因素。许多人不想使用新系统是由于老系统看上去仍然运行良好，而且他们害怕新系统不能完全地满足自己的期望和工作。如果提供了一个原型能够证明新系统是成功的，那么他们就会接受或者购买它。

4. 原型法的缺点

(1) 导致人们认为最终系统将很快产生。当一个原型完成后，许多人都认为最终系统将很快产生。但这是不现实的。因为原型一般只是局部系统的实现。

(2) 没有给出系统运行环境的说明。原型法很少考虑可靠的操作条件，因为大部分原型是针对某个模块的，一旦大面积推广，可能会缺少可靠的操作条件。因此，在建立原型时，除了考虑界面和过程外，还要考虑运行环境。

(3) 导致项目小组忽略完整的测试和系统文档。很多人认为在使用原型法进行系统开发时，可以放弃测试和建立文档，因为毕竟他们对原型已经进行了测试。但这种想法是错误的。

5.2.3 面向对象方法

1. 面向对象方法概述

"对象（Object）"一词，早在 19 世纪就有现象学大师胡塞尔提出并定义。对象是世界中的物体在人脑中的映象，是人的意识之所以为意识的反映，是作为一种概念而存在的先念的东西，它还包括了人的意愿。举例说明吧。当人们认识到一种新的物体，它叫树，于是在人们的意识当中就形成了树的概念。这个概念会一直存在于人们的思维当中，并不会因为这棵树被砍掉而消失。这个概念就是现实世界当中的物体在我们意识当中的映象。人们对它还可以有自己的意愿，虽然并不需要付诸实现——只要在人们的脑海中想着把这棵树砍掉做成桌子、凳子等——就把它叫做意向。于是，对象就是客观世界中物体在人脑中的映象及人的意向。只要这个对象存在人们的思维意识当中，就可以借此判断同类的东西。譬如，当人们看到另外一棵树时，并不会因为所见的第一棵树不在了失去了供参照的模板而不认识这棵树了。当人们接触某些新事物时，人们的意识就会为这些事物确立一个对象。当然这个过程是怎么形成的，那就不是所能讨论的问题了。上面所说的对象研究的是一般意义上的问题，因而它可以外推到一切事物。人们经常所说的"对象"，一般指的是解决信息领域内所遇到问题的方法。特别是应用软件技术来决问题的方法。如人们经常碰到的面向对象的编程（Object-Oriented Programming）、面向对象的分析（Object-Oriented Analysis）、面向对象的设计（Object-Oriented Design）等。应用前面所介绍的关于对象的概念，可以对这些问题做进一步的分析。在面对较复杂的系统，可以将它作为一个对象来进行分析。一个系统（解决某个问题的全套解决方案）作为一个对象，可以由多个部分组成。同样，这个对象也可以由多个对象组成。对于同类的事物，可以由一个对象来表示。这样做的益处是显而易见的，它灵活而高效，可以大大减轻设计人员的工作量，简化实际的模型。举一个例子，在关系型数据库的设计当中，可以把一个元组当作对象，给它定义一组操作方法。这些方法将适用于所有元组，从而人们不必在更大的范围内去细致地考虑不同的元组（如判断一个元素是否合法）：因为它们有一组公共的面向本身的方法，它们"自己"可以"解决"自己的问题。更上一层的对象可以是一个表、视图等。表对象在元组对象的基础上又有它们自己的方法，如增加、删除等。从这个层面上讲，它也只需要做"自己"的事情，因为有元组对象的支持，它无须去考虑像元素是否合法这类的事情。甚至，有时为了满足人们还可以将元素或表群当作对象并定义它们自己的方法。这样，更能显示面向对象的优势。

上面所讨论的可以说是面向对象的分析方法。在具体的设计过程当中，还应该采用适当的方式。因为面向对象的思想固然很先进，如果做得不好的话，同样不能达到预期的效果。这主要表现在处理对象与对象的关系上没有做好，对象与对象的层次不分明。如上面所举得关系型数据库的例子，如果在元组层面上的对象过多得考虑一个表对象的因素，或一个表层面上对象过多地考虑一个元组对象的因素，甚至去考虑元素层面上的因素，这些都不是好的面向对象的设计方法。这一点，在语言实现方面，Java 比 C++更有优势，因为它不允许多重继承，从而使对象之间的关系更明确。谁也不会否认 C++的功能更强大，但是它也要由次付出巨大代价——当现在代码库发展到一定程度、一定规模时，各对象之间的层次关系将变得异常复杂，给后继使用者得学习、理解带来很大的困难，应用上很难把握。另外，虽然 C++具备面向对象的处理能力，但它还是保留了很多面向过程的东西。用 C++完全可以不用面向对象的思想来进行程序设计，当然人们不会这样去做——除了那些只是把 C++看成是 C 扩充的初学者，这就为以后的发展埋下了隐患。在这一方面，Java 的限制更多一点。就这一点还远远不够。搞开发的是人，开发方法是由人决定的。要应用面向对象的方法开发出优秀的软件，必须要求开发人员具有良好的面向对象的思想。好的工程师可以利用适当的工具开发出优秀的软件——而不在乎他所使用的语言工具——Java、C++、ObjectPascal、Ada 等。

面向对象方法（Object-Oriented Method）是一种把面向对象的思想应用于软件开发过

程中，指导开发活动的系统方法，简称 OO（Object Oriented）方法，是建立在"对象"概念基础上的方法学。对象是由数据和容许的操作组成的封装体，与客观实体有直接对应关系，一个对象类定义了具有相似性质的一组对象。而每继承性是对具有层次关系的类的属性和操作进行共享的一种方式。所谓面向对象就是基于对象概念，以对象为中心，以类和继承为构造机制，来认识、理解、刻画客观世界和设计、构建相应的软件系统。

2. 面向对象方法的具体实施步骤

（1）面向对象分析：从问题陈述入手，分析和构造所关心的显示世界问题域的模型，并用相应的符号系统表示。模型必须是简洁、明确地抽象目标系统必须做的事，而不是如何做。分析步骤为：

①确定问题域，包括定义论域，选择论域，根据需要细化和增加的域；

②区分类和对象，包括定义对象、定义类、命名；

③区分整体对象以及组成部分，确定类的关系以及结构；

④定义属性，包括确定属性、安排属性；

⑤定义服务，包括确定对象状态、确定所需服务、确定消息联结；

⑥确定附加的系统约束。

（2）面向对象设计：面向对象的设计与传统的以功能分解为主的设计有所不同。具体设计步骤为：

①应用面向对象分析，对用其他方法得到的系统分析的结果进行改进和完善；

②设计交互过程和用户接口；

③设计任务管理，根据前一步骤确定是否需要多重任务，确定并发性，确定以何种方式驱动任务，设计子系统以及任务之间的协调与通信方式，确定优先级；

④设计全局资源，确定边界条件，确定任务或子系统的软、硬件分配；

⑤对象设计。

（3）面向对象实现：使用面向对象语言实现面向对象的设计相对比较容易。如果用非面向对象语言实现面向对象的设计时，特别需要注意和规定保留程序的面向对象结构。

传统的面向功能的方法学中，强调的是确定和分解系统功能，这种做法虽然是目标的最直接的实现方式，但是由于功能是软件系统中最不稳定、最容易变化的方面，因而使系统难以维护和扩展。面向对象设计首先强调来自域的对象，然后围绕对象设置属性和操作。用面向对象设计，其结构源于客观世界稳定的对象结构。因而与传统软件设计方法相比，明显提高了软件的生产率，可靠性、易重用性、易维护性等方面的效果。

面向对象方法目前得到了普遍的关注，被认为是针对软件危机的最佳对策，很多组织都希望把面向对象技术作为解决生产率问题的有效方法，但是实际运用的情况却不甚理想。产生这种现象的原因有很多，但很大一方面是因为人们对面向对象的方法理解有误，在使用面向对象方法之前未将它的优势和局限性与实际使用环境和商业目标进行匹配分析，对可能产生的风险认识不够，从而导致好的方法并未产生合适的作用。

面向对象方法存在潜在的优势，它带来的好处覆盖整个软件生命周期，例如提高可复用性和可扩展性，但是同时它也存在一定的局限性，例如：

①要求前期在培训、教育和工具上有较大的投资；

②效益需要较长的周期才能体现；

③多态和聚集的使用增加了系统的复杂度，非常不利于系统缺陷的检查；

④面向对象迭代的本质要求更多的测试工作等。

5.2.4 计算机辅助软件工程

早期，人们进行系统开发的主要手段是手工工作方式，系统开发的速度和质量主要取决系统分析人员、程序设计人员等的个人经验和水平。这种工作方式的弊端是系统开发周期长、工作效率低、质量得不到保证、数据一致性差、文档不规范、系统维护工作量大等。20世纪80年代迅速发展起来的软件开发技术领域——计算机辅助软件工程（Computer Aided Software Engineering，CASE）使得制约信息系统开发的瓶颈被打破，为实现系统开发自动化提供了途径。

计算机辅助软件工程原来是指用来支持管理系统开发的、由各种计算机辅助软件和工具组成的大型综合性软件开发环境，随着各种工具和软件技术的产生、发展、完善和不断集成，逐步由单纯的辅助开发环境转化为一种相对独立的方法论。

1. 计算机辅助软件工程的基本思想

CASE 方法解决系统开发问题的基本思想是：结合系统开发的各种具体方法，在完成对目标系统规划和详细调查后，如果系统开发过程的每一步都相对独立且彼此形成对应关系，则整个系统开发就可以应用专门的软件开发工具和集成开发环境（CASE 工具、CASE 系统、CASE 工具箱、CASE 工作台等）来实现。

系统开发过程中的对应关系与所采用的具体系统开发方法有关，大致包括：结构化方法中的业务流程分析，数据流程分析，功能模块设计，程序实现，业务功能一览表，数据分析、指标体系，数据/过程分析，数据分布和数据库设计，数据库系统等；面向对象开发方法中的问题抽象，属性、结构和方法定义，对象分类，确定范式，程序实现等。

在实际开发过程中，上述对应关系不一定完全一一对应，利用 CASE 方法开发的结果之间可能无法实现平滑的衔接，仍然需要开发人员根据实际进行修改、补充。因此，CASE 方法具有以下特点：

（1）实际开发一个系统时，必须根据所采用的开发方法，结合 CASE 工具和环境进行；

（2）作为一种辅助性的开发方法，CASE 可以为系统开发过程中的具体工作，如各类图表、程序及文档的生成，提供快速自动化的工具和途径；

（3）CASE 环境的使用改变了系统开发中思维方式、工作流程和实现途径，与其他系统开发方法存在很大差别，因而称为一种方法论。

2. 计算机辅助软件工程开发环境

CASE 作为一个通用的软件支持环境，它应能支持所有软件开发过程的全部技术工作及其管理工作。CASE 的集成软件工具能够为系统开发过程提供全面的支持，其作用包括：生成图形表示的系统需求和设计规格说明；检查、分析相交叉引用的系统信息；存储、管理并报告系统信息和项目管理信息；建立系统的原型并模拟系统的工作原理；生成系统的代码及有关的文档；实施标准化和规格化；对程序进行测试、验证和分析；连接外部词典和数据库。

为了提供全面的软件开发支持，一个完整的 CASE 环境应具有的功能包括：图形功能、查询功能、中心信息库、高度集成化的工具包、对软件开发生命周期的全面覆盖、支持建立系统的原型、代码的自动生成等。这些工具可分为以下三种类型。

(1) 系统需求分析工具

此工具是在系统分析阶段用来严格定义需求规格的工具，能将逻辑模型清晰地表达出来。该阶段的工具有原型构造工具、数据流程图绘制与分析工具、数据字典生成工具等。

(2) 系统设计工具

设计工具是用来进行系统设计的，如系统结构图设计工具、数据库设计工具。图形界面设计工具等。

(3) 软件生产工具

该类工具主要用于最后的软件设计和编程工作。

这些工具集成在统一的 CASE 环境中，就可以通过一个公共接口，实现工具之间数据的传递，连接系统开发和维护过程中的各个步骤，最后在统一的软、硬件平台上实现系统的全部开发工作。

3. CASE 方法的特点

(1) 解决了从客观对象到软件系统的映射问题，支持系统开发全过程。
(2) 提高了软件质量和软件重用性。
(3) 系统开发具有较高的自动化水平，缩短了系统开发周期。
(4) 简化了软件开发的管理和维护。
(5) 自动生成开发过程中标准化、规范化的统一格式文档，减少了随意性，提高了文档的质量。
(6) 自动化的工具使开发者从繁杂的分析设计图表和程序编写工作中解脱出来。

5.3 系统开发策略

管理信息系统的开发方式主要有最终用户开发和资源外包两种，这两种方式各有各的优点和缺点，需要根据组织的技术力量、资金情况、外部环境等各种因素进行综合考虑和选择。无论哪一种开发方式都需要使用单位的主管和业务人员参见，并在 MIS 的整个开发流程中培养、锻炼、壮大使用单位的 MIS 开发、设计人员和系统维护团队。

5.3.1 最终用户开发

最终用户开发（End User Development，EUD）指最终用户开发重要的应用软件所使用的技术和方法的集合。最终用户是指使用系统的个体，他们虽然对各自的领域很熟悉，但却不是 IT 或者计算机专业人士，然而他们具有基础的 IT 技能，他们非常清楚地知道从系统中想要得到什么并且能够参与到原型法中来。最终用户开发的前提是有合适的应用软件，组织能得到相应的培训以及组织能为用户自行开发活动提供技术支持和环境。

最终用户开发得以实现主要得益于第四代程序设计语言、报表生成器、应用程序生成器等，利用这些生成器用户可以开发自己的决策支持系统和信息系统。现在的可视化程序语言、生成器等都是最终用户开发很好的工具。要想保证开发的成功，首先最终用户应建立一个开发计划，并且确定需要得到什么样的外部支持。这一点非常重要。

1. 适合最终用户开发的系统

适合最终用户开发的系统包括：

(1) 系统规模比较小、并且系统在信息技术方面不复杂；
(2) 用户的经验对系统开发非常重要；
(3) 适合用原型法开发的信息系统；
(4) 可以用第四代程序设计语言或者面向对象的技术来开发的系统；
(5) 系统是归个人使用或者有限的几个人使用；
(6) 系统对安全性、数据完整性的要求不高；
(7) 系统是用来支持管理人员的管理活动而不是面向业务处理活动。

2. 最终用户开发的优缺点

EUD有很多优点：首先，它往往效率比较高，可以更快地开发出系统。由于世界范围内的信息技术人员短缺持续存在，所以组织中的信息系统部门总是处于工作饱和状态，由专门的系统开发人员来开发往往要等上好久。其次，由于最终用户自行开发，他们自己清楚地知道需求是什么，这也保证了新系统的成功，同时也因不需要解释给信息分析人员听，也解决了用户和信息技术人员之间的沟通问题。再次，由于是为自己开发，用户的参与兴趣更浓，为自己的系统感到骄傲，会产生一种拥有所有权的感觉。

当然，它也存在许多缺点，组织应针对这些缺点采取相应的对策。

(1) 组织资源的浪费

由于最终用户自行开发的系统规模小，组织往往对这些系统缺乏控制，而且这些系统既使用了组织的资金，又占用了用户的工作时间，同时由于开发者缺乏经验，这些系统失败的可能性较大，浪费了组织的资金和人力。组织应对这些开发项目进行一些事前的管理和计划，从组织范围的角度观察这些系统的重要程度，对这些系统对组织的价值进行有效的评估将有助于减少组织这方面的损失。

(2) 不恰当地选择软件和硬件

最终用户自行开发的系统往往会因为缺乏经验可能选择购买不恰当的软件和硬件。如果组织的各个信息系统可以连接在一起工作，组织可以批量购买软件和硬件，那么组织就可以节约用在信息系统方面的成本，同时由于相同的软硬件平台维护起来也比较方便，也可以为组织节约维护方面的开支。如果不同的用户选择不同数据库管理系统，组织对这些系统的维护就会变得非常困难。如果用户选择不同硬件或者操作系统，那么要想把这些不同硬件、操作系统连接在同一个网络中必须要付出许多努力。所以需要为用户制订购买软硬件的组织范围内的标准。如果用户需要的软硬件不符合该标准，必须要说明理由。

(3) 数据的完整性和安全性存在威胁

由于用户缺乏足够的信息技术的专业知识，所以在开发中很少考虑数据的完整性和安全性，所以数据的完整性和安全性存在着威胁。

组织需要制订专门的政策，规定用户下载组织数据库中的哪些部分，用户上传数据库的哪些内容。如果用户抽取组织的数据，那么需要为它们提供相对应的更新所抽取数据的应用程序，还要为它们提供规定比较严格的备份程序。在抽取数据时，要严格遵守组织关于数据的安全性和隐私权的规定。

(4) 系统分析中往往存在错误

用户在系统分析过程中往往比程序设计更容易出问题：比如没有充分定义问题导致了系统没有解决需要解决的问题；对某个问题使用了不合适的分析方法；过于追求完美而导致分析时间过长；选择了错误的开发工具等。

(5) 开发出低质量的系统

最终用户开发的系统往往结构会比较差,数据缺乏验证和核查,而且这些系统往往缺乏文档支持,从而导致短命系统的出现。

(6) 出现私有系统

最终用户开发系统时可能会因所有权而导致的荣誉感,带来另一方面的问题,即私有系统的大量出现。用户可能会认为这个系统属于他自己的部门而不愿意其他部门使用,或者拒绝将数据放在组织范围内进行共享。

为用户提供培训、技术支持(使用户随时可以得到信息技术人员提供的咨询)以及适当的管理控制是最终用户自行开发成功的关键。

5.3.2 资源外包

人类社会已进入信息技术时代,信息技术正日益成为人们工作和生活中的一个重要部分。随着社会发展对信息技术的依赖性日益增长,该领域的外包越发成为世界经理人关注的热点。从最初传统的信息技术资源外包(IT Outsourcing)到时下方兴未艾的应用服务外包(Application Service Provider,ASP)再到现在正在兴起的软件即服务(Software as a Service,SaaS),资源外包在企业构建核心竞争力、加速信息化建设的进程中发挥着不可忽视的作用。

在系统开发过程中,开发者的另一个策略就是资源外包。资源外包是指将特定的工作按规定的期限、规定的成本和规定的服务水平委托给第三方完成。现在,越来越多的企业选择资源外包,这样组织可以充分利用其他企业的智力资源为自己服务。由于负责开发的公司拥有更多的经验,他们往往会提供更好的服务。

资源外包有三种方式,如图 5-12 所示。第一种是许多企业选择购买现成的商品化应用软件包。现在的云计算和软件即服务(Software as a Service,SaaS)是这种外包的常用形式,订购公司使用了服务中提供的软件、硬件资源作为系统的技术平台。第二种是有些企业可能发现现成的应用软件包只能满足他们的某些要求。在这种情况下,这些企业将要求软件制造商进行某些修改。第三种是还有些企业将采用资源外包的方式定制开发一个完整的新系统,对这些企业来说,根本就不存在现成的应用软件包。无论是哪种情况,资源外包都是当今大多数企业战略计划中一个必不可少的组成部分。

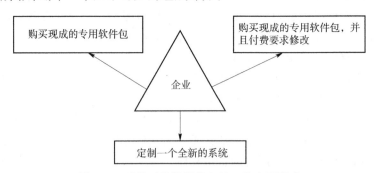

图 5-12 系统开发资源外包的三种主要形式

1. 资源外包的过程

资源外包的过程与生命周期法基本类似,只不过企业将大部分的设计、实施和支持阶段交给另一个企业。

(1) 选定要外包的系统

根据企业制订的信息系统规划,项目小组对要开发的系统进行初步的可行性分析,评价将开发的新系统在时间、成本和技术上的可行性。如果时间、成本和技术上的可行性存在问题,那么这个系统就可以考虑用外包进行开发。因为资源外包将系统开发交给专业的系统开发公司,会因为该公司的专业性而节约时间和成本。

(2) 定义企业的逻辑需求

不管是资源外包还是组织内部开发,企业都要经过生命周期法的分析阶段——定义逻辑需求。系统的逻辑需求是制订方案征询书(Request For Proposal,RFP)的基础。

(3) 制订方案征询书

资源外包需要告诉其他企业自己需要的是什么,这也就是系统的逻辑需求。组织将其逻辑需求以 RFP 的形式表达出来。在资源外包中,RFP 是企业对要开发系统的逻辑需求进行说明的正式文档,是邀请其他企业为这个系统投标的招标书。

(4) 评价方案征询书的回复,并选择开发商

按照 RFP 中所标明的评价方法对方案征询书的回复进行评价和排序,并确定选择哪一家供应商。一旦选好了供应商,接着就是两个企业签订合同的过程。在合同中明确规定开发系统的要求、开发的成本、开发的时间框架、验收的标准以及违反合同、解除合同的标准等。

(5) 测试并验收解决方案

对所有系统来说,对解决方案进行测试和验收都是至关重要的。一旦供应商安装了新系统,就要对其进行全面测试。这可能需要新系统和老系统同时运行几个月。当一个组织对一个方案表示认可时,就意味着该系统完成了组织所期望的任务,同时这也表明,供应商已履行了合同的职责。

(6) 监督和重新评估

资源外包的系统和生命周期法开发的系统一样,需要不断监督和重新评估。在资源外包中,最终用户还要重新评估与供应商的关系。供应商能否提供及时的服务与维护?系统能否真正完成所描述的功能?最关键的问题是系统是否满足企业的需求、系统更新的成本有多大。如果对系统更新必须和原来的供应商进行联系和协商,企业就对供应商产生了极大的依赖,而且更改的代价往往是非常昂贵的。

2. 资源外包的优缺点

资源外包是的企业能够从事以下工作。

(1) 把力量集中到独特的核心能力上。通过把支持非关键业务职能的系统开发工作进行资源外包,组织能够将力量集中在支持主要的、独特的核心能力的系统开发上。

(2) 利用另一个企业的智力资源。资源外包允许组织通过购买形式从另一个企业获得智力资本。

(3) 更好地预测未来成本。当企业进行资源外包时,其成本也相应地清晰可控。

(4) 获得前沿技术。尽管企业可能缺乏信息技术专长,但通过资源外包,仍可获得前沿技术。

(5) 降低成本。对大部分企业来说,资源外包可节省 15%~30% 的成本费用。降低成本确实是组织实施资源外包的重要原因之一。

（6）改进绩效责任。资源外包将工作按规定的服务水平委托给另一个企业。因此，企业就可以利用合同有效地进行绩效管理。

但资源外包同样也可能为企业带来一些问题，表现在以下几个方面。

（1）降低了对未来技术变革的了解程度。资源外包是一种利用另一组织智力的途径。它也意味着企业内部不再拥有这种专长。如果资源外包是因为今天企业不具有必要的技术专长，也许明天将会以同样的理由必须采用资源外包。

（2）降低了控制力。资源外包意味着放弃控制，无论是什么原因导致选择资源外包，它都表明在某种程度上企业正在放弃对该职能的控制。

（3）增加了战略信息的易受攻击性。资源外包开发系统，必然会告诉另外的企业使用哪些信息以及如何使用这些信息。这意味着企业正在泄漏战略信息和秘密。

（4）增加了对其他企业的依赖性。企业一旦开始资源外包，就意味着开始依靠其他的企业来完成许多本组织内的业务职能。

【本章小结】

任何事物都有产生、发展、成熟、消亡的过程，信息系统也不例外。信息系统在使用过程中随着内外部环境的变化及信息需求的改变，需要对它进行不断地维护、修改和完善。当系统不再适应用户需求时，就要被淘汰，就要由新系统代替老系统，这种周期循环称为信息系统的生命周期。系统开发生命周期包括计划、分析、设计、开发、测试、实施和维护7个工作阶段。每个阶段都有自己独特的工作内容。

系统开发方法常见的有结构化生命周期法、原型法、面向对象法和计算机辅助软件工程四种方法。

生命周期法是最传统的一种方法，用在复杂的大中型项目的开发。该方法是用系统的思想和系统工程的方法，按用户至上的原则，结构化、模块化的自上而下地对系统进行分析与设计。该方法首先用结构化分析（Structured Analysis，SA）对软件进行需求分析，然后用结构化设计方法（Structured Development，SD）进行总体设计，最后是结构化编程（Structured Programming，SP）。

原型法是在20世纪80年代中期为了快速开发系统而推出的一种开发模式，旨在改进传统的结构化生命周期法的不足，缩短开发周期，减少开发风险。原型法的理念是：在获取一组基本需求之后，快速地构造出一个能够反映用户需求的初始系统原型，让用户看到未来系统概貌，以便判断哪些功能是符合要求的，哪些方面还需要改进，不断地对这些需求进一步补充、细化和修改，依次类推，反复进行，直到用户满意为止并由此开发出完整的系统。

面向对象技术是一种按照人们对现实世界习惯的认识论和思维方式来研究和模拟客观世界的方法学。它将现实世界中的任何事物都视为"对象"，将客观世界看成是由许多不同种类的对象构成的，每一个对象都有自己的内部状态和运动规律，不同对象之间的相互联系和相互作用就构成了完整的客观世界。面向对象方法（Object Oriented，简称OO方法）克服了传统的功能分解方法只能单纯反映管理功能的结构状态、数据流程模型只侧重反映事物的信息特征和流程、信息模拟只能被动地迎合实际问题需要等缺点，构成以系统对象为研究中心，为信息管理系统的分析与设计提供了一种全新的方法。

CASE方法解决系统开发问题的基本思想是：结合系统开发的各种具体方法，在完成对目标系统规划和详细调查后，如果系统开发过程的每一步都相对独立且彼此形成对应关系，则整个系统开发就可以应用专门的软件开发工具和集成开发环境（CASE 工具、CASE 系统、CASE 工具箱、CASE 工作台等）来实现。

用户可以根据待开发的系统的实际情况确定自己的系统开发策略，包括最终用户开发和资源外包。资源外包又分为三种：第一种是许多企业选择购买现成的商品化应用软件包。第二种是有些企业可能发现现成的应用软件包只能满足他们的某些要求。在这种情况下，这些企业将要求软件制造商进行某些修改。第三种是还有些企业将采用资源外包的方式定制开发一个完整的新系统。

【本章思考题】

1. 简述系统开发生命周期的五步骤及每个步骤的工作内容。
2. 简述几种系统开发方法的异同。
3. 简述几种系统开发方法的优缺点。
4. 试设计将几种方法结合起来的事例。
5. 简述系统开发的几种策略及各自的适用范围。
6. 资源外包过程包括哪几个阶段？

【中英文对照表】

System Development Life Cycle（SDLC）	系统开发生命周期
Joint Application Development（JAD）	联合应用开发会议
Client/Server（C/S）	客户机/服务器
Browser/Server（B/S）	浏览器/服务器
Graphical User Interface（GUI）	图形用户界面
User Acceptance Testing（UAT）	用户接受测试
Structured Analysis（SA）	结构化分析
Structured Development（SD）	结构化设计方法
Structured Programming（SP）	结构化编程
Prototyping	原型法
Object-Oriented Method（OOM）	面向对象方法
Computer Aided Software Engineering（CASE）	计算机辅助软件工程
End User Development（EUD）	最终用户开发
IT Outsourcing	信息技术资源外包
Application Service Provider（ASP）	应用服务外包
Request For Proposal（RFP）	方案征询书

第6章 管理信息系统实施与管理

【本章学习目的】

本章主要针对管理信息系统项目实施过程中的相关问题进行介绍,本章学习目的如下:

(1) 信息系统的实施过程涉及规划、选型、测试及转换等工作,要求掌握规划的类型与方法、选型阶段、测试的过程与方法、转换方式等内容;

(2) 了解管理信息系统项目、项目管理的概念与范围,掌握在资源、进度、成本的管理过程中的常用方法;

(3) 管理信息系统的评价可以为系统的改进和扩展提供依据,要求掌握常用的评价指标与方法;

(4) 管理信息系统正式运行后,系统维护成为日常管理工作的主要部分,要求掌握系统维护的类型和内容。

【本章引导案例】

管理信息系统在顺丰速运的应用

目前,大数据时代的来临,我国经济的快速增长,电子商务的迅猛发展,在这样的大环境下,物流快递行业迎来了巨大的机遇,物流快递公司如雨后春笋一样的出现,竞争的加剧使得物流快递行业面临着激烈的挑战。顺丰速运作为目前中国速递行业中投递速度最快的快递公司之一,顺丰登陆A股,2300多亿元的市值不仅超越万科,更是相当于"三通一达"(申通、圆通、中通、韵达)的市值总和。同样是干快递,差距怎么就那么大?这不禁引发我们的思考。物流快递行业,作为一个依赖于信息化程度较高的行业,其应用管理信息系统程度较深,这值得我们探究顺丰公司在应用管理信息系统应用方面的现状。

近年来,顺丰快递公司积极地研发和引进先进的信息技术和设备设施,先后与IBM、ORACLE等国际知名企业合作,共同研发并且建立了35个具备了行业先进水平的信息系统,逐步提升了作业自动化水平,实现了对快件流转的全程的信息监控、跟踪以及资源的调度。全新技术的实现在促进快递网络优化的同时,确保顺丰服务质量的稳定。管理信息系统的合理应用将会给公司带来更大的利益。其具有代表性的信息系统有:(1) ASURA阿修罗营运系统,这一系统涵盖了营运过程中涉及的各个环节,比如客户服务、收派服务、仓储运输服务、报关报检等各个节点的操作。（2）电子地图系统，具有可视化、卫星三维定位、更加直观、高效的特性，通过该系统不仅能够清楚地看到每个网店的人员、车辆的工作情况以及网店的业务量，还能根据实时报表，对营运数据进行监控，并能根据需要适时调度资源，进行配置模式的制订和营运结构的优化。（3）风险管理系统，研发团队通过将RMS系统与ASURA运营信息系统对接，并且通过ASURA系统将预警规则及时更新并传递至各个中转场的每一位扫描员的手持终端内，ASURA系统将全程监控这一过程，在这一过程中，RMS系统也会做出智能判断，自动提取出违禁、违法快件的信息特征，检测结果会反馈到总部企业管理解决方案（sap）系统。顺丰物流管理信息系统在操作层的应用现状如下。

（1）接收快递。在接收快递的过程中，顺丰快递的工作人员应用地理信息系统。地理信息系统的设计和发明可以帮助线路设计人员设计出最为合理的线路，让顺丰快递的快递员在最短的时间内途经所有的送货地点，在地理信息系统上有极为详细的实际地点，管理人员可以给快递员安排一条最有效率即最省时间和体力的路线，从而方便快递的接收。而一个中转站接收快递则是在快递员接收完快递后分类，然后装上运输工具把快件运到中转站。顺丰快递公司通过应用条形码和扫描仪、以数控技术为基础的笔记本电脑技术、无线通信网络技术这三项以物流信息技术为基础的服务提高了顺丰快递公司和其他快递物流公司的竞争能力，利用网上信息，把车辆、航班进行详细的安排从而使快递更安全、更快捷，让顺丰快递更好为顾客服务。

（2）分拣快递。顺丰快递在整个中转过程涉及不同的部门不同的人员，一个完整的流程是很多人合作生产才完成的，中间人员之间的信息交流尤为重要。因此，在本模块中顺丰快递公司授权控制，特定的人员通过进入特定的流程环节来完善数据和资料。各种快件上涉及的单号和代码由系统自动生成不可更改。随着流程的进展自动扫码系统要自动生产一些记录。通过扫条形码，人眼判别，然后对形象进行处理看是否需要打包，然后在皮带机上不同地域的负责人员挑拣本地域的快件装入笼子内。最后把一个省的快件装进一个卡车内运出中转站。

（3）送出快递。顺丰快递的客户服务系统主要有两个：①自动运送软件系统，如Powership、FedExShip和Fedexinternetship。利用这些系统可以让顾客对自己的货物的运行路线进行跟踪，从而对自己货物的运输线路有一个大概的了解，从而可以让顾客安排自己的时间在空闲的时候去取领自己的货物。如果是急需的物品，客户可以通过网上了解信息从而可以给自己的货物提前预订货位，如果是空运可以提前在航空公司预定货舱机位。②就是在各个城市各个社区建立自己的取快递的固定点，这样可以通过在网上的跟踪合理地给客户发送短信，方便客户去领取快递。

从总体上说，我国现代物流尚在高速发展中，物流市场的低水平竞争异常激烈。物流企业欲在竞争激烈的物流市场上占据主动地位，获得稳定的发展，就必须增强服务意识，提高服务质量，采用科学的管理方法和手段，这是时代发展的需求。随着管理信息系统的逐渐完善，国内的这些物流快递公司对管理信息系统的应用也越来越重视。

> 讨论：顺丰快递的管理信息系统应用的商业价值在哪些方面？
> 案例来源：李蕊希. 企业管理信息系统建设研究——以顺丰控股（集团）股份有限公司为例［J］. 农村经济与科技，2019，30（02）：154-155.

6.1 管理信息系统的实施

软件的开发方向正在向专业化方向发展，一批专门从事信息系统开发的公司已经开发出一批使用方便、功能强大的专项业务信息系统软件。购买信息系统的成套软件或开发平台的策略越来越受到企业的青睐，这也成为信息系统建设的主要策略。

6.1.1 信息资源规划

管理信息系统工程的实质，就是利用现代管理科学和信息技术建立现代信息网络系统，使企业管理活动各个环节通过信息的快捷流通和有效服务，实现资金流、物流和工作流的整合，达到企业资源的优化配置，不断提高企业管理的效率和水平，进而提高企业经济效益和核心竞争能力的过程。而企业现代信息网络的建设，必须以全面、正规的信息资源规划为基础工程和先导工程。

1. 信息资源规划的意义

信息资源规划（Information Resource Planning，IRP）是指针对企业的信息采集、处理、传输、使用的全面规划，促进实现集成化的用户开发，它的重要作用在于解决三类问题。

（1）系统集成问题

有些企业已经建立了内部网（Intranet），或者接入因特网（Internet）并建立了网站，信息化建设已有相当的基础，但是多年来分散开发、引进的信息系统，形成了许多信息孤岛，如何进行信息资源整合与实现系统集成，是 IRP 要解决的第一个问题。

（2）系统重建问题

新建企业需要建立新的信息网络，或者老企业中原有信息系统陈旧落后需要重建，在整套引进新的管理信息系统软件时，企业能否成功，这是 IRP 要解决的第二个问题。

（3）系统选型问题

企业信息化到了中高级阶段，企业领导和 CIO（首席信息官）需要对企业信息系统功能进行总体把握，知道 SCM、ERP、CRM 等应用软件的选型并保证成功实施。特别是当业务发展变化以及管理人员计算机水平提高以后，他们会对现有系统不满意，但对新的系统需求又讲不清楚，这时就面临如何进行应用软件开发或选型的问题。

这三类问题，都需要通过信息资源规划，在全面树立业务流程，建立企业信息系统功能模型以后，根据各子系统具体情况进行优化、整合、选购、定制或重新开发。

2. 信息资源规划的类型

企业各种应用软件系统无论开发或引进，都必须在做好 IRP 的基础上，从实际情况出发分别处理，不能简单照搬"先进软件"。常见的信息资源规划类型有以下五类。

(1) 整合应用项目

对于已经成熟应用的系统，既要继续使用，又要解决信息孤岛问题，需要建立少量的数据转换接口，与新的数据环境交换数据，即通过数据集成实现新老应用系统的整合。

(2) 改造应用项目

对于已经成熟应用的系统，如果建立数据转换接口与新的数据环境交换数据，接口工作量庞大且极其复杂，就应该按新的统一数据模型和数据标准改造老的数据结构，相应修改应用程序。这实际上是不通过接口实现数据集成。

(3) 定制应用项目

要求开发商按统一规划建立的功能模型、数据模型、数据标准，为企业开发新系统。

(4) 购入应用项目

选购能与统一规划建立的模型、标准都对上号的应用软件，完全相符是比较困难的，通常需要与供应商协商解决部分定制、改制问题。

(5) 新开发应用项目

完全按统一规划的结果组织自行开发、联合开发或委托开发。

3. 信息资源规划的方法

信息资源规划作为工程技术，包括需求分析、系统建模、支持工具等内容。进行规划的过程就是企业梳理业务流程、搞清信息需求、建立信息标准和模型，用这些来衡量现有的各种系统，符合的就继承并加以整合，不符合的就进行改造优化、选购或重新开发。

(1) 重视总体数据规划

企业内部各职能区域间的信息交换，最快捷的机制是访问共享数据库，企业外部的查询请求也是通过检索数据库，以动态页面形式返回，所以要真正实现企业内外信息的流动和共享，最重要的问题就是通过总体数据规划建立结构稳定、信息丰富、更新及时的共享数据库。

(2) 建立两种模型和一套标准

两种模型是指系统的功能模型、数据模型，他们是用户需求的综合反映和规范化表达；一套标准是指信息资源管理基础标准，这是进行信息资源开发利用的最基本的标准，最终体现在数据模型中。

(3) 加强两类人员的密切合作

信息资源规划需要业务人员和分析人员的密切合作，业务人员对业务流和数据流问题有发言权。业务人员需要分析人员的帮助，以便准确、清楚地表达需求；分析人员需要向业务人员学习，以便了解业务运作机理和管理经验。

总体数据规划和模型、标准的建立实施必须以数据管理标准的建立和实施为基础，否则总体数据规划的成果无法在集成化的系统开发中落实。在进行总体数据规划的过程中进行数据管理标准化工作，从而使总体数据规划更为扎实，其成果更能在集成化的信息系统建设中发挥指导性作用。因此也可以说，将信息资源管理基础标准的建立贯穿于总体数据规划的过程，就是信息资源规划的过程。信息资源规划的实施过程如图6-1所示。

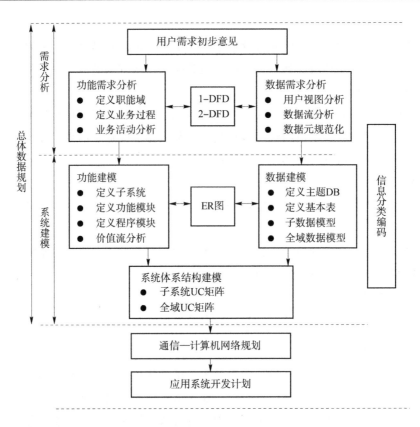

图 6-1 信息资源规划实施框图

6.1.2 系统选型

系统选型指用户在拟上新信息系统前，基于客观的需求分析和系统规划，结合信息化投入预算和对市面上主要系统产品和供应商进行调查、比较、分析、评估，最后选择其中最适合自身需求和特点的产品。包括五个阶段的工作：准备工作、明确需求、建立评价体系、详细调查和决策，如图 6-2 所示。

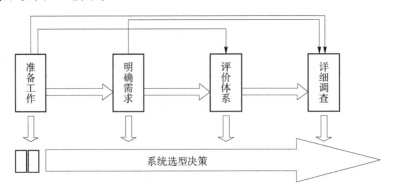

图 6-2 系统选型过程

1. 准备工作阶段

系统选型的准备工作阶段有三部分。

(1) 成立项目领导小组。系统选型的第一步工作是成立项目领导小组，项目领导小组成员应包括企业各个重要部门的领导和相关管理人员。项目领导小组负责制订系统的实施计划、各部门的协调工作。

(2) 充分的 ERP 知识培训。项目领导小组成立后，应负责制订、实施和监督系统相关的知识培训，主要包括原理、应用的计算机技术、系统实施的方法、如何正确地提出需求等内容。

(3) 基础管理工作。系统实施将使企业的传统管理方式受到很大的冲击，然而，先进管理的观念不是能在短期内转变的，如果企业的基础管理远不能达到系统实施的基本条件，ERP 系统实施失败的概率就会大大提高。

2. 明确需求阶段

明确的需求才能保证系统选型有据可循，需求的三个步骤如下。

(1) 评估管理现状。在企业的领导和管理人员掌握了应用的正确思想后，应详细准确地评估企业目前的管理现状，一是基础管理的规范化程度，企业有没有建立较为合理的组织结构，制订的规章制度的可行性如何，业务流程是否合理；二是产品数据、设计图纸、工艺文件等基础数据的完善程度及准确性如何；三是人员配备及素质，目前的计算机硬件等资源情况。

(2) 提出需求。明确的需求是系统选型的关键环节，要想选择合适的系统，必须清楚地认识到自身的需求。内部的需求分析，首先要弄清楚各个部门目前管理的现状，存在些什么问题，希望改进的方向及目标；其次从总体上考虑业务流程的合理性如何，软件的功能需求，大致的人员及计算机硬件的配置需求等。

(3) 资源预算。在需求了解的基础上，制订项目的财务和资源预算方案，为系统的选型确定预算的限度和范围。

3. 制订系统选型的评价体系阶段

在明确需求的基础上，可以从系统功能、企业的经营特点、需求、资源计划等方面综合确定系统的评价体系。系统的评价指标体系包括以下几个方面。

(1) 系统软件的功能指标，主要包括系统的管理思想的先进性、功能完备程度、系统的集成性、可操作性、可维护性、安全性、开放性、二次开发等分指标。

(2) 系统服务商评价指标，主要包括资金与技术实力、信誉、系统价格、项目管理水平、提供的培训、顾客服务、版本的升级服务等分指标。

(3) 系统软件与企业资源的匹配性指标，主要包括企业的生产经营特点、管理的规范程度、人员素质及配备、硬件资源、资金预算与系统价格等分指标。

4. 详细调查阶段

仔细分析软件公司提供的系统的功能和技术，企业对软件系统的功能最好能进行现场演示和实际操作。调查软件厂商的信誉、资金实力、人员素质、是否有长期经营战略计划等，最好能亲自去拜访和了解一下重点考虑的软件公司。调查软件公司的项目实施水平，企业可以根据软件公司提供的成功案例，去已经实施的与本企业生产经营特点相似的企业进行实地考察，充分了解其项目实施的情况。考虑软件厂商是否能提供足够的培训、软件文档的齐全程度、相关技术支持、软件的版本升级服务等，很多中小企业往往会忽略这一点，其实软件的服务是非常重要的。综合考虑软件的性能、价格以及存在的相关风险。

5. 系统选型的科学决策

系统的选型是众多变量因素影响的复杂决策问题,必须采取科学有效的决策方法来进行。主要的科学的决策方法有两种:层次分析法和人工神经网络模型。

(1) 层次分析法(Analytical Hierarchy Process,AHP)。层次分析法是由美国学者 T. L. Satty在20世纪70年代首先提出的用于处理复杂的社会、政治、经济、技术等决策问题,对项目方案进行优劣排序和筛选的多目标决策分析方法,是解决系统选型决策的有效方法。(后6.4节详细说明)

(2) 人工神经网络模型(Artificial Neural Networks,ANNs)。人工神经网络是人工智能的一个分支,近些年显示出强大的生命力,它是在现代神经科学基础上通过对大脑的某些特性的模拟,建立由大量神经元互相连接而成的神经网络模型,使计算机模拟了部分人脑的对复杂信息的处理能力和很强的学习能力。人工神经网络应用于系统选型的基本方法是:首先建立系统选型的评价指标体系,将基础指标中的属性值作为神经网络的输入向量,将评价目标的评价指数值作为输出变量,然后用足够数量的样本来训练神经网络模型,使神经网络模型得到学习而加强自组织适应的能力。

6.1.3 管理信息系统测试

系统测试不仅是检测系统的整体行为表现,也是对系统开发设计的再确认,是对集成后的产品和解决方案进行测试。系统测试的目标是验证系统是否满足需求规格说明书的要求。

1. 系统测试的目的

G. Myers对测试目标做出了如下归纳:测试是为发现程序中的错误而执行程序的过程;好的测试方案是很可能发现迄今为止尚未发现错误的测试方案;成功的测试是发现至今尚未发现的错误的测试。

系统测试的目的是以找出错误为目的,不是要证明程序无错,而是要精心选取那些易于发现错误的测试数据,以十分挑剔的态度寻找程序的错误。实践证明,由于人类思维的严密性是有疏漏的,加上开发中的主观的、心理的、经验等方面的因素影响,大型软件程序开发后,是不可能没有错误的,因此系统测试的目的就是发现程序的错误。

2. 系统测试的步骤

由于系统测试的目的是验证最终软件系统是否满足产品需求并且遵循系统设计,所以在完成产品需求和系统设计文档之后,系统测试小组就可以提前开始制订测试计划和设计测试用例,不必等到集成测试阶段结束,这样可以提高系统测试的效率。系统测试的流程如图6-3所示。

(1) 编写系统测试计划

在计划测试工作中,小组成员应该就如下问题达成一致:产品质量目标是什么,测试任务/作用是什么,测试人员在哪里、如何联系,里程碑的定义;团队之间的责任;哪些功能需要测试,哪些不需要,测试阶段的划分,测试阶段的进入/退出标准;确定测试结束标准(退出机制);测试度量;风险如何规避。

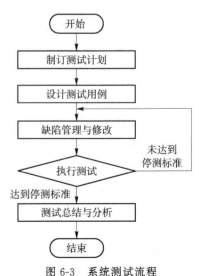

图6-3 系统测试流程

(2) 设计系统测试用例测试设计步骤

理解软件和测试目标；设计测试用例；运行测试用例并处理测试结果；评估测试用例和测试策略。

(3) 执行系统测试

执行系统测试就是运行测试用例并处理测试结果的过程。执行系统测试的任务有：运行测试用例并记录结果；评估测试结果并记录缺陷；处理缺陷直至缺陷关闭。缺陷种类有：修改、延迟处理、不修改、不是错误。执行过程是：选择测试用例库中的测试用例运行；选择新设计的测试用例运行；录制或者记录中间步骤和结果；对测试结果分析，并尽量重现和优化错误步骤；详细填写缺陷报告并提供尽可能多的信息，尽可能提供错误分析和修改建议；认真审核错误处理结果并及时关闭缺陷报告。

(4) 写缺陷报告

缺陷报告要素包括：编号；测试软件、版本号；测试环境；测试人、测试日期；标题；重现概率；重现步骤；附件；缺陷分析；修改建议（优先级别、严重程度、错误分类）；测试经理、提交日期。

3. 系统测试的过程

一般按照"自底向上"的原则分模块测试、子系统测试、系统总测试 3 个阶段进行系统测试工作。

(1) 模块测试

目的是保证每个模块本身能正常运行，在该步测试所发现的问题大都是程序设计或详细设计中的错误。

对于模块测试，一般分为人工走通和上机测试两步进行。人工走通就是打印出源程序，然后参照详细设计阶段资料的要求把程序在纸上"走一遍"。程序的错误可分为语法错误和逻辑错误两种情况，一般来说，只要认真检查就可以发现绝大部分的语法错误和部分逻辑错误。当人工走通以后，就可以上机测试了。上机测试即用计算机进行交互测试。

(2) 子系统测试

子系统测试又称为分调，是在模块测试的基础上进行的。它把经过测试的模块放在一起形成一个子系统来测试。主要是测试各模块之间的协调和通信，即重点测试子系统内各模块的接口。

将若干个模块连接成一个可运行的子系统通常有两种方法。

(1) 非渐增式测试。即先分别测试每个模块，再把所有模块按设计要求连在一起进行测试。

(2) 渐增式测试。即把下一个要测试的模块同已测试好的那些模块结合起来进行测试，测试完成后再把下一个应该测试的模块结合起来进行测试。

(3) 系统总体测试。即将经过测试的若干个子系统组装在一起来测试，用以发现系统设计和程序设计中的错误，验证系统的功能是否达到设计说明书的要求。

系统总体测试的关键是"真实"和全面，需要将现行系统手工作业方式得出正确结果的数据作为新系统的输入数据进行"真实"运行。应该注意以下几点：

①测试用例应该是由有实际意义的数据组成的，可以请用户参与测试用例的设计；

②对于用户特别感兴趣的功能，可以增加一些测试；

③应该设计并执行一些与用户使用步骤有关的测试。

4. 系统测试的基本方法

系统测试方法一般分为静态测试和动态测试两种方法进行。

（1）静态测试

静态测试是在程序上机运行前，通过阅读程序和人工运行程序的方法，发现程序中的语法错误和逻辑错误。对于上述所说的人工走通就是静态测试方法。

（2）动态测试

动态测试就是模块上机运行测试。在人工运行程序走通以后，就可上机调试。设计测试用例是开始测试程序的第一步，也是有效地完成测试工作的关键。

按照在设计测试用例时是否涉及程序的内部结构，可以分为白盒测试和黑盒测试两种方法。

白盒测试时，测试者对被测试程序的内部结构是清楚的。他从程序的逻辑结构入手，按照一定的原则来设计测试用例，设定测试数据。由于被测程序的结构对测试者是透明的，因此有些书本又称这类测试为玻璃盒测试或结构测试。

黑盒测试的情况正好相反。此时，测试者把被测程序看成一个黑盒，完全用不着关心程序的内部结构。设计测试用例时，仅以程序的外部功能为根据。一方面检查程序能否完成一切应做的事情，另一方面要检查它能否拒绝一切不应该做的事情。由于黑盒测试着重于检查程序的功能，所以也称为功能测试。

制订策略讲究的是目标的合理性和计划的可行性，目标庞大、没有重点、计划不完整或操作性差，都是实施中的常见问题。

5. 数据的准备

数据准备工作是整个系统实施过程中头绪最多、工作量最大、耗时最长、涉及面最广、最容易犯错误且错误代价极大的一项工作，数据准备阶段所花的时间占整个系统实施时间的50%～85%。数据准备是系统实施过程中的一个重要阶段，应尽可能提早进行数据准备并认真对待。以企业信息系统数据为例，企业原有的各种管理信息，一般需要经过收集、整理、转换才能符合软件系统运行要求。系统的运行依赖数据的准确、及时和完备。数据准备包括以下几点。

（1）经营资料准备：包括各种物品资料目录、商品资料目录；现有客户资料准备；现有供应商资料准备；存货资料准备；商品价格资料准备；财务、出纳资料准备。

（2）编码资料准备：包括确定编码规则，然后对下列资料进行编码：对企业所有物料进行编码，确保物料编码的准确性（生产部门）；对所有客户进行编码，整理出客户清单（销售部门）；对所有供应商进行编码，整理出供应商清单（采购部门）；对所有仓库进行编码（仓管部门）；对每个仓库进行货位编码（仓管部门）；整理会计基础资料，期初余额，期初收付款（财务部门）；整理员工资料，部门资料（行政部门）；操作员权限划分（企业管理人员）。

数据准备的注意事项：数据收集的前期准备工作要完备，数据格式标准化和规范化，要有统一组织、严密分工，并且统一准备数据的平台。

6. 人员培训

人员培训是成功实施系统的重要因素。因为实施信息系统不只是单纯地使用与掌握一套计算机软件系统，而是实施一个以计算机为工具的人机交互的管理系统。

在整个项目的组织机构中，实施领导组、实施小组和软件公司项目组在整个项目的进展过程中，分别担负不同的责任和扮演不同的角色。基于各个小组的职责不同，生产企业信息系统实施人员构成情况如下。

（1）实施领导组构成：实施领导组组长由总经理担任，副组长由副总经理与信息主管共同担任，组员是由各部门的部门经理或副经理组成。

（2）实施小组构成：实施小组组长是信息主管，副组长是各业务部门的主管，由业务部门具有丰富工作经验、协调能力并熟悉本部门业务的管理人员以及计算机开发、维护人员组成实施小组成员。

参与系统开发与维护的技术人员应由以下几类人员组成：系统分析及管理人员；应用系统维护人员；软件开发人员；网络和硬件及数据库专职管理人员；计算机操作和数据录入人员；除此之外，各部门都应配备相应的操作人员。

通过培训使下列人员达到如下目标。

①技术人员：了解系统原理，理解系统中产品结构的组成和作用；会运用计算机熟练地输入、查询、修改产品的组成等。

②生产管理人员：懂得系统运行原理，会操作菜单查询工单状态，熟悉工作规范，对工单从领料、加工到汇报整个过程清楚，对缺料、施工期的情况了解原因，并能进行处理。

③数据维护人员：理解自己维护的基础数据在系统中的来源和用途，能熟练操作菜单进行数据维护。

④系统管理人员：深刻理解系统运行原理和各模块间的关系，能够为各业务部门提供咨询与培训，并能对系统进行日常维护。

⑤操作员：对系统的基本概念和原理有一定了解；会正确使用菜单上的功能进行数据输入；熟悉数据输入的具体注意事项和规定；熟练地操作计算机。

⑥其他管理人员：根据自己的业务和权限，熟练操作菜单。

7．系统转换

系统转换是指系统开发完成后新老系统之间的转换。系统转换主要有3种方式。

（1）直接转换法

直接转换法就是在确定新系统运行准确无误时，立刻启用新系统，终止老系统运行，这种方法对人员、设备费用很节省，如图6-4所示。考虑到系统测试中试验样本的不彻底性，这种方法一般只有在老的系统已完全无法满足需要或用于处理不太复杂、数据不是很重要的场合。

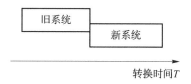

图6-4 直接转换法

（2）并行转换法

这种方法是新老系统并行运行一段时间，经过一段时间的考验以后，新系统正式替代老系统。在此期间，对照两个系统，利用老系统对新系统进行检验，对新系统在各个方法进行考查和评价。由于是新旧两个系统同时运行,消除了不能正常工作的一些因素,特别是在银行、财务和一些企业的核心系统中,这是一种常用的转换方法。其主要特点是安全可靠,但费用和工作量都很大。这是因为在一段时间内必须有两套人员同时工作,或者一套人员要做两份工作。

一般并行转换法分为两步进行,第一步以原系统作业为正式作业,新系统作为校验用;第二步,就是在经过一段时间运行,在验证新系统处理准确可靠后,以新系统处理作为正式作业,原系统的结果作为校验用,直到最后原系统停止运行。并行处理的时间视业务内容而定,短则2~3个月,长则半年至一年,转换工作不应急于求成,如图6-5所示。

图 6-5 并行转换法

(3) 分段转换法

分段转换又称为逐步转换。这种方式实际是上述两种方式的结合,新系统一部分一部分地替代老系统。那些尚未转换的部分,可以在一个模拟的环境中继续试运行,如图6-6所示。这种方法的优点是既保证了可靠性,又不至于费用太大。缺点是已转换的新系统和正在运行的老系统之间存在信息交换困难。另外这种分段方式对系统的设计和实现都有更高的要求,例如数据的传递等,否则无法实现分段转换。

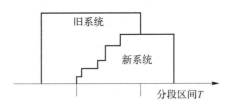

图 6-6 分段转换法

无论采用哪种转换方法,在系统的转换过程中,应注意以下问题,这些问题解决得好,将给系统的顺利转换创造条件。

(1) 新系统的投运需要大量的基础数据,这些数据的整理与录入工作量特别庞大,应及早准备、尽快完成。

(2) 系统切换不仅是机器的转换、程序的转换,更难的是人工的转换,应提前做好人员的培训工作。

(3) 系统运行时会出现一些局部性的问题,这是正常现象。系统工作人员对此应有足够的准备,并做好记录。系统只出现局部性问题,说明系统是成功的,反之,如果出现致命的问题,则说明系统设计质量不好,整个系统甚至要重新设计。

归纳三种新旧系统转换方式可见:直接转换方式简单但风险大,万一新系统运行不起来,就会给工作造成混乱,适合于在系统小且不重要或时间要求不高的情况下使用;并行切换方式无论在工作安全上,还是在心理状态上均是较好的,这种方式的缺点就是费用开销高,所以适合于系统安全性要求特别高的管理信息系统中;分段切换方式是为克服并行切换方式缺点的一种混合方式,因而属于一种很灵活的方式,可以通过控制各个分段区间的大小来适应各种不同要求的管理信息系统。

6.2 管理信息系统的项目管理

管理信息系统的开发工作是智力密集型的项目,难以量化,要求开发人员既懂管理又懂技术,但是实际情况通常是管理专家不懂技术,开发人员又对管理知识不了解,因而信息系统的项目管理更是难以进行。因此有效的项目管理是项目获得成功的重要条件,信息系统的项目管理具体包括开发项目的范围、可能遇到的风险、需要的人力资源、要实现的任务、工作量的估计以及进度的安排等设计。项目管理贯穿于信息系统开发的全过程,从系统构想到实现,以及系统的持续运行,直至信息系统终止运行为止。

6.2.1 项目及项目管理

1. 项目的概念

项目是在一定的组织机构内,在限定的资源条件下,在计划的时间里,按满足一定性能、质量与数量的要求去完成的一次性任务。简单地说,建一幢楼房、为企业设计一套财务管理系统、策划一场文艺演出都可以称为一个项目。项目是一项有待完成的任务,是一个过程,而非过程终结后所形成的成果,具有特定的环境与要求。任何项目的实施都会受到一定的条件约束,这些条件来自多个方面,如环境的约束、资源的约束和理念的约束等。项目实施的结果必须满足预定的性能、质量、数量和技术指标等各项要求。为了达到预期目标,项目包含五个要素:项目的界定范围、项目的组织机构、项目的质量、项目的费用、项目的时间进度。

2. 项目管理

项目管理是为实现项目目标,有效地组织和利用各种资源,严格地控制项目进度,以满足用户及有关方面需求的管理工作的总称。具体而言,项目管理就是将知识、技能、工具和技术应用于项目活动,以满足项目的需求。

将管理信息系统实施确立为项目以后,整个实施过程应该成为一个项目管理过程,基本特点是:

(1) 项目管理是一项复杂的工作,一般由多个部分组成,工作跨越多个组织,需要运用多种学科的知识来解决问题,执行过程中有许多未知因素,每个因素又经常带有不确定性;

(2) 项目管理是一项具有创造性的工作,总是带有探索性质,会有较高的失败率;

(3) 项目管理需要集权领导和成立专门的项目组织,项目越大越复杂,涉及的学科技术种类越多,项目进行过程多半贯穿于各组织部门,要求这些部门做出快速且相互关联依存的反应。传统的职能组织不能尽快与横向协调的需求相配合,因此需要建立围绕专一任务进行决策的机制和相应的专门组织、各种不同专业、来自不同部门的专业人员构成。

项目管理的基本内容有以下几点。

(1) 项目目标管理。主要任务是明确项目目标和项目范围,也就是要明确为什么实施该项目，项目必须达到什么样的结果，如何实施该项目，项目工作的具体内容是什么，以及如何定义项目完成、项目目标和项目范围的确定。

（2）项目进度计划管理。是确定项目如何进行的路标，也是一种制订决策的工具。一个完善的项目进度计划必须清楚地说明整个项目将完成什么、每项具体工作如何去做、由谁来做、在何时做、将在什么地方做、各自需要一些什么资源等。

（3）项目执行。包括项目资源管理、项目跟踪控制、项目风险管理等内容，是执行项目进度计划的具体措施。

（4）项目终止。当一个项目实现的目标已经实现，或是已经明显看到该项目的目标不再需要或不可能实现时，该项目即达到了它的终点。

6.2.2 确定项目范围与制订项目计划

1. 确定项目范围

项目计划的第一个任务是确定系统范围，项目经理在开始阶段与客户进行项目需求讨论时，双方应该一起明确需求，就项目解决的具体问题及对应措施达成一致意见，满意的说明书是这个阶段的结果。大多数情况下，协议不会在第一轮就达成，而会反复很多次，直到双方都满意。

说明书不是静态文件，而是动态文件，是整个项目监控过程的一部分。在整个项目生命周期中，情况不断变化，客户的需要同样也在不断变化，说明书也将随之修改。在每次主要项目状态评审时，要重新评审说明书，看说明书是否仍然适用，如果不适用就要修正说明书，并相应修正项目计划。

2. 制订项目计划

信息系统的开发应作为一个工程项目管理，其主要内容是运用系统工程方法制订开发工作计划，并对计划的落实进行组织、监督与控制，以保证项目按时按质完成。

编制项目计划首先要确定的内容是：开发阶段、子项目与工作步骤的划分；子项目之间的依赖关系与系统的开发顺序；各开发阶段、子项目与工作步骤的工作量。在此基础上，根据项目的总进度要求，用某种或多种工程项目计划方法（如甘特图、网络计划图等）制订出具体工作内容与要求，落实到具体的人，限定完成时间的行动方案，即项目工作计划。

开发的每个阶段都要有明确的成果，开发阶段的细化就是工作步骤，每个步骤都要完成一项具体的工作。按系统的构成划分子项目，分析子项目之间的依赖性，确定开发顺序。信息系统开发阶段、子项目及工作步骤工作量的核定一般只能依据经验估计。

项目经理制订的项目计划包括以下一些内容：

（1）组建与管理项目团队，与项目团队一起进行项目初步研究，识别商业问题、要求、范围和收益；

（2）划分项目阶段，确定关键的项目成果与接收标准；

（3）制订项目计划，根据系统的构成和子系统的先后顺序进行工作分解，并与项目团队及客户沟通；

（4）确定需要的资源，包括客户的参与；

（5）估算时间和阶段；

(6) 与开发组一起确定适当的技术方法。

6.2.3 资源估算

软件项目计划的第二个任务是对完成该项目所需的资源进行估算，对每种资源都应说明四个特性：资源的描述、资源的有效性说明、资源在何时开始需要、使用资源的持续时间。项目开发中所需资源主要有两类：人和工具（硬件和软件）。

1. 人力资源

在各种开发资源中，人力资源是最重要的资源。首先要考虑的就是人员的技术水平、专业、数量以及在开发过程各阶段中对各种人员的需求。

在需求分析阶段，主要参与者是管理人员和项目经理，初级技术人员参与较少；在具体设计、编码、测试时，参与开发工作的管理人员逐渐减少，大量工作由初级技术人员去做；在开发后期，需要对系统进行检验、评价、验收，管理人员和高级技术人员将投入大量精力。

2. 硬件资源

项目开发过程中一般考虑三种硬件资源。

宿主机：项目开发时使用的计算机及外围设备。

目标机：运行项目时所需的计算机及外围设备。

其他硬件设备：专用软件开发时所需的特殊硬件资源。

6.2.4 工期估算与进度安排

1. 工期估算

工期估算与开发人员的技术水平和开发经验等因素有关，具体估算方法有以下几种。

（1）利用与其他活动的相似性估算

某些活动可能与其他项目中完成的活动相似。可以利用这些活动及其工期，来估算目前项目活动的工期。在有些情况下，也许需要从其他活动外推到现在需要估计的活动。如历史数据估算法，即根据其他项目手册中记录的工期数据，估算本项目的工期。

（2）专家建议

如果项目要采用突破性的技术或首次使用的技术，在本组织中就很可能缺乏与这些技术相关的经验及专业人员。在这种情况下，就需要外部权威专家来估算工期。

（3）Delphi 技术

这是种团队技术，在缺乏专家的情况下能做出非常好的估计。它通过提取和总结集体智慧来进行估计，在团队成员听取完项目简报和活动特征之后，每个成员对工期做出猜测，然后将结果列出，让列出最大工期和最小工期的成员说出原因，然后进行第二轮和第三轮的猜测。

（4）三点技术

这种方法要求对活动做三种估计：乐观的、悲观的、最可能的，最后确定活动最终完成的工期。

（5）扩展 Delphi 技术

将上两种方法相结合，就得到扩展 Delphi 技术。它包括一个小组，但每个成员不是只做一种估计，而是要做出三种估计，然后汇总结果删除极端数据，对三种估计分别求平均值。

2. 进度安排

对信息系统开发项目的进度安排有两种方式：一是系统最终交付日期已确定，系统开发部门必须在规定期限内完成；二是系统最终交付日期只确定了大致的时限，最后交付日期由系统开发部门确定。实际工作中常采用前一种方式，即项目必须在规定的期限内，合理地分配人力和安排进度，保证项目完成。常见的进度安排方法有甘特图和 PERT 图。

(1) 甘特图

这是较早采用的一种方法，在简单、短期的项目中得到了有效的应用。首先用长方形横条来表示项目的各项活动，长度代表活动的工期。项目经理依据活动完成的顺序沿水平方向在时间跨度上布置横条，有时几项活动可以同时进行。活动进行的次序主要受资源可利用性的约束，如表 6-1 所示。

表 6-1 甘特图

项目代码	工作项目	进度安排 2018 年 / 2019 年								主要承担小组
		9	10	11	12	1	2	3	4	
1	系统规划	☐								分析设计组
2	系统分析		☐							分析设计组
3	系统设计			☐						分析设计组
4	硬件安装调试				☐					硬件组
5	设计调试子系统				☐					软件组
6	人员培训					☐				分析设计组
7	系统转换						☐			所有小组
8	系统评价								☐	所有小组

甘特图隐藏了很多次序信息，只反映了项目经理想完成工作的时机，不能分辨出活动的先后。项目经理不能根据甘特图判断资源是否被有效利用。

(2) PERT 图

PERT 图使用一些节点和线路代表项目活动的相互关系，节点代表事件，线路代表活动，线路上的数字代表活动所需时间，节点上面的方框里有两个数字，分别表示最早和最晚结束时间。

PERT 图画好后就要确定关键路线，这是一条由起点到终点的线路，所需时间最短，所以如果这条线路上的活动不能及时完成，整个项目就要延期，由于这个原因管理人员应该特别注意加强关键流程的管理。图 6-7 表示系统实施过程的 PERT 图。

PERT 图揭示出各项任务的相互依赖，并能帮助回答三个普遍的管理问题。

(1) 在一个活动开始之前，必须完成哪些先行活动？

(2) 当一个活动正在进行中，还有哪些活动可以同时去做？

(3) 在一个活动完成之前，哪些活动不能开始？

(4) 在绘制 PERT 图之前，先要确定每个活动的任务、开始时间、持续时间，再确定各活动的次序，即活动之间的先后关系。

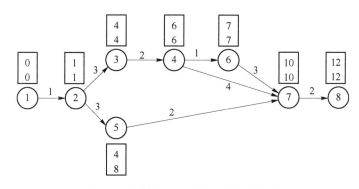

图 6-7 系统开发的 PERT 任务网络图

事件代号：

1－硬件系统的实现；2－软件系统的实现；3－人员培训；4－基础数据整理；
5－试运行；6－系统切换；7－系统评价与审计；8－正式运行

在分析项目进度时，需要知道下列问题。
（1）事件最早开始时间。
（2）在不影响项目进度的前提下，事件最迟什么时候开始。

6.2.5 项目开发成本估算

信息系统的成本由四项构成：硬件成本、软件成本、维护和维修成本、使用成本。
（1）硬件成本指购置计算机系统的一次性购置费用或租赁费用；
（2）软件成本是外购软件和自行开发软件所需投入的费用；
（3）维护和维修成本不根据每月的实际发生额来核算，因为这样会有很大波动；
（4）使用成本包括操作、运行、管理人员的费用，每项具体应用耗费的机时（使用计算机或其他机器、仪器的时间），其他辅助材料（如打印纸、光盘等）。使用成本是与用户最为密切、最直接的成本，用户会明确看到自己对系统进行不同数量访问时的耗费，也会发现由于自己输入数据的差错或重复而导致成本发生的直接影响。

在信息系统成本分析中，又可按成本形态分为固定成本、可变成本和半可变成本，如表 6-2 所示。统计研究表名，硬件成本所占比例正逐步下降，而人力、服务成本所占比例正呈上升趋势。

表 6-2 成本形态

成本	短期内形态
1. 数据输入	
设备	固定
人员	半可变
服务	可变
2. 计算机操作	
硬件	固定
人员	半可变
服务	可变
3. 系统分析与程序设计	可变
4. 行政管理	固定

6.2.6 风险管理

环境变化会给项目带来很多不确定的因素，风险管理就是事先估计可能会发生的事件的可能性并采取措施，进行有效的控制。项目经理通过选择应对方案，降低风险和减少可能发生的损失。风险管理一般涉及以下一些问题。

(1) 有哪些风险可能发生？
(2) 风险带来损失的可能性有多大？
(3) 风险带来的损失有多大？
(4) 有什么替代方案，会产生别的风险吗？
(5) 如何减少或消除损失？

StandishGroup 就项目失败的原因调查了一千多位 IT 经理，显示的 10 条最主要的原因如下：需求不完整；缺少用户参与；缺少资源；期望不能实现；缺少执行支持；需求和规范不断变化；缺少计划；对项目的需求不复存在；缺少 IT 管理；技术缺乏。

为了增加项目成功的可能性，项目团队必须有一套程序处理风险，包括以下七个步骤：

(1) 识别风险区域及风险因素；
(2) 评估这些风险因素及其发生的可能性、潜在的危害；
(3) 分配合适的资源，减少风险因素；
(4) 识别并分析减少风险因素的替代方案；
(5) 为每种风险因素选择最佳替代方案；
(6) 为选出的替代方案制订实施计划；
(7) 获取反馈以确定采取的风险规避行动是否成功。

6.2.7 质量管理

信息系统的质量包括两个方面：系统的建设质量（即开发的产品质量、服务质量）和系统的运行质量（即系统运行过程中提供的服务能否充分发挥特征、特性）。

1. 质量保证体系

按照 ISO 9004 的规定，信息系统的质量管理体系由组织机构、职责、质量管理活动程序（过程）这三部分组成。

(1) 组织结构

组织结构是质量体系的组织保证，组织结构要合理，纵向做到统一指挥和分级管理，横向做到部门分工协作，联系渠道畅通，并有较大的应变能力。

(2) 职责

职责即组织中各部门、每个人的任务和责任要落实，这样才能保证管理有效。

(3) 质量管理活动程序（过程）

质量管理活动程序主要包括目的、范围、职责、实施步骤、文件和记录。

2. 质量保证模式

ISO 9002 质量保证模式的标准包括以下内容。

(1) 组织模式

企业指定一名信息系统的管理代表，权力如下：

①确保按 ISO 9002 标准建立并运行信息系统；
②向有关领导报告系统的质量保证体系的运行情况以改进体系；
③就质量保证体系的有关问题与外部机构联系。
(2) 各质量要素的权限分配
①管理评审——对质量保证体系运行进行监督和评价；
②合同评审——当系统委托外单位开发时签订的合同的评审；
③文件和资料的控制由专人负责；
④质量控制记录的手机、编目、保管、借用等由专人负责；
⑤内部质量审核——由与审核对象无关的人员执行；
⑥培训——由专人负责培训、考核、记录培训情况；
⑦服务。
(3) 评审
由企业领导组织有关部门定期、独立地评审，确保质量体系持续有效。

6.3 管理信息系统的维护

系统交付使用投入运行后，维护工作正式开始，系统维护的主要任务就是对系统的运行过程进行控制，对运行状态进行记录，并对系统进行必要的修改、调整、完善、扩充。

6.3.1 系统维护的类型

一般有四种维护类型。

1. 正确性维护

正确性维护是改正系统在开发阶段已经发生的而测试阶段尚未发现的错误。一般来说这类故障是由于遇到了以前从未有过的数据输入组合，或者是软件和硬件有了不正确的界面而引起的。在软件交付后发生的故障，有些不太重要，有些则很重要，甚至影响企业的正常营运，必须进行修改，而且要复查和控制。

2. 适应性维护

这是为了适应外界环节变化而进行的修改。一方面是适应企业外部环境变化的维护，例如政府政策法令的变化、竞争对于的变化等；另一方面是计算机技术的迅速发展，如采用新设备、新技术可以扩大系统功能改善系统性能时进行的维护，例如操作系统版本变更、数据环境变动时都要进行这类维护。

3. 完善性维护

这是为了扩充功能、改善性能而进行的修改，即对已有的软件系统增加以下在需求规范书中没有规定的功能与性能特征，还包括对处理效率和编写程序的改进。例如将几个小程序合并成一个单一的程序，从而提高处理效率；有时因系统内存不够，希望把一个占用整个机器容量的大程序分成几个只占小容量内存而且运行时间相同的小程序段，优化软件设计。总之完善性维护是在应用软件系统使用期间，为了不断改进和加强系统的功能与性能，以满足用户日益增长的需求进行的维护工作。

4. 预防性维护

这是基于维护人员不应被动等待用户提出要求再进行维护的思想,应该选择寿命较长、目前可以运行但不久就需要调整的系统进行维护,目的是为了减少以后的维护工作量、时间和费用。

6.3.2 系统维护的内容

1. 程序维护

因为业务处理的变化使系统业务出现故障时,需要修改部分程序,之后还要验证,填写修正表,主要原因包括:

(1) 为适应外部业务环境变化的维护;
(2) 管理人员要求变化的维护;
(3) 信息中心工作人员要求的维护。

2. 数据文件的维护

因为业务处理的变化,需要建立新文件,或者对现有数据文件进行修改,主要有以下三类。

(1) 数据文件的安全性、完整性控制

保护数据库,防止非法使用造成的数据破坏、泄漏、更改,在系统中安全措施是逐级逐层设置的。

(2) 数据库正确性保护、转储与恢复

包括定期备份数据库,做好应用数据库记录以便查找错误来源,每次修改都备份修改前后的内容以便查阅,系统故障时用备份文件恢复数据库等工作。

(3) 数据库的重组织与重构造

数据库运行一段时间后会使物理存储变差,降低存储空间利用率和访问效率,所以需要对数据库进行重新组织。有时实际业务情况发生变化,原设计不能很好地满足业务需求,也需要改变数据库的逻辑结构,这种维护只能做部分修改,如果环境变化太大就不能满足要求,只有重新设计数据库,才能适应系统需求。

3. 代码维护

随着系统变化,需要修改旧的代码或制订新的代码体系。代码维护的困难在于新代码的贯彻,除了代码管理部门外,其余部门管理人员都要负责贯彻使用新代码。

4. 设备维护

包括日常保养和发生故障的修复工作,这是一项长期的技术性工作,关系到信息系统的运行效率和使用寿命。

6.4 管理信息系统的评价

管理信息系统在运行过程中除了不断进行大量的管理和维护工作外,还要由系统分析人员、开发人员、管理人员共同参与,定期对系统的运行状况进行评价,为系统的改进和扩展

第 6 章　管理信息系统实施与管理

提供依据。

这种评价的主要目的是评价系统对于企业的运行是否仍处于有效的适用状态：

如果评价结果是系统基本适用但需要改进，则要做好维护工作；

如果评价结果是系统已经不能满足管理需求，不能适应组织发展，则说明系统的生命周期已经结束，必须进行升级或新的开发。

系统评价一般从四个方面进行考虑：系统是否达到预定目标、目标是否需要修改、系统的适应性安全性、系统的社会经济效益。

6.4.1　评价指标

管理信息系统投入运行后，它的工作质量、经济效益、资源利用程度、对组织的影响等方面都是领导关心的问题，在做系统评价时，首先要建立评价指标体系。

1. 系统质量的评价

信息系统的质量是指在特定的工作环境下，系统在一定范围内提供信息的好坏。评价信息系统的质量通常使用以下指标。

（1）用户对系统及业务需求的满意程度。指系统是否满足了用户和管理业务对系统的需求，用户对操作过程和运行结果是否满意。

（2）系统的开发过程是否规范。指系统开发各个阶段的工作过程以及文档资料是否规范等。

（3）系统所提供信息的质量和实用程度。包括系统采用的推理、分析及结论的有效性、准确性、被管理人员引用的比例；系统功能的先进性、有效性、完备性；系统运行结果的有效性、可行性、完整性，以及提供信息的准确程度、精确程度、响应速度。

（4）对信息资源利用率的提高程度。考查系统是否最大限度地利用了现有的信息资源并充分发挥了它们在管理决策中的作用，包括对控制库存、减少储备资金方面的贡献，对提高资金利用率、加速资金周转、分析和控制资金流动状态方面的贡献。

（5）对管理模式、管理方法的改变和提高。包括对生产经营的影响程度，对提高组织对市场适应能力和竞争力方面的贡献，对管理决策提供的信息支持程度，对组织管理科学化、规范化方面的作用，对组织工作效率、工作质量和劳动生产力的提高程度。

（6）系统自身的投入产出比率。系统的性能、成本-效益综合比，用于综合衡量系统质量，集中反映信息系统质量的好坏。

2. 系统运行的评价

系统运行一般从以下几个方面进行评价。

（1）系统开发预定目标的完成情况

包括系统实现目标与开发目标的对比，各级管理人员对系统的满意程度，系统功能和成本是否符合期望，开发过程和文档是否规范、齐全，系统的可维护性、可扩充性、可移植性如何，各种资源利用情况如何。

（2）系统的实用性

包括系统运行是否稳定可靠，安全保密措施是否有效，用户是否满意，系统的容错能力和恢复能力如何，运行结果是否支持管理活动。

（3）系统运行的效率

包括硬件利用率如何，数据处理与传输是否匹配，各工作站负荷是否均衡。

6.4.2 评价方法

1. 多因素加权平均法

这是一种比较简单易用的综合评价方法，利用系统评价理论中关联矩阵法的思想，把各项评价指标排列成表格，请专家对每个指标按重要性给出权重，范围为0~1，各权重之和为1，再请专家针对被评价的系统给各指标打分，分值范围为0~10，如表6-3所示。

表6-3 多因素加权平均评价法

系统	指标				加权平均分
	指标1	指标2	……	指标n	
权重	W_1	W_2	……	W_n	
系统1（评分X_1）	X_{11}	X_{12}	……	X_{1n}	
系统2（评分X_2）	X_{21}	X_{22}	……	X_{2n}	
⋮			……		
系统m（评分X_m）	X_{m1}	X_{m2}	……	X_{mn}	

可用的评价指标例如：重要性、实用性、准确性、及时性、友好性等，根据具体情况设置。

（1）确定专家权重

专家权重代表专家的权威性，由评价者根据专家知识面和经验丰富程度决定。

（2）确定指标权重

所有专家针对某指标权重进行打分，结合专家本人的权重，求得每个指标的权重值。

（3）确定指标评分值

所有专家对某个系统的各项指标进行打分，结合专家权重计算得到。

（4）确定某个系统的得分

根据某系统各项指标的评分值，结合各项指标权重计算得到。

显然专家数越多，评价越接近实际；综合评分越高，说明系统越好。可以规定：综合评分达到9分以上的为极好的系统，8~9分为良好系统，4~6分为一般系统，2~4分为差系统，0~2分为极差系统，所有系统得分进行排序，就得到系统好坏的相对顺序。

2. 层次分析法

1973年美国运筹学家T. L. Saaty针对现代管理中存在的很多复杂、模糊不清的相关关系如何转化为定量分析的问题，提出了一种层次权重决策分析方法（Analytical Hierarchy Process，AHP）。

这种方法针对系统特征，是应用网络系统理论和多目标综合评价方法发展起来的，是一种多准则决策方法，用于解决难以用其他定量方法进行决策的复杂系统问题。它将定量与定性相结合，充分重视决策者和专家的经验和判断。将决策者的主观判断用数量的形式表达和处理，能大大提高决策的有效性、可靠性和可行性。因此AHP方法非常适合信息系统的评价，尤其多个系统的比较。

使用AHP方法进行评价，大体分为四个步骤进行。

第6章 管理信息系统实施与管理

(1) 建立层次结构模型

在深入分析面临的问题之后,把问题中包含的因素划分为不同层次,如目标层、准则层、指标层、方案层、措施层,用框图形式说明层次的递阶结构与因素的从属关系。某个层次包括因素较多时,可将该层次进一步划分为若干子层次。

根据系统的内在联系,找出上层元素和下层元素间的因果关系,将有关系的元素之间用直线连接。如果某元素与下一层的所有元素都有联系,称为全层次关系,否则称为不完全层次关系。

(2) 构造判断矩阵

为了将上下层相关元素的相关程度转化为定量的相对值,就需要构造判断矩阵,矩阵元素值反映人们对因素相对重要程度的认识,采用数字1~9及其倒数形式来表示,如表6-4所示。如果是B与A相比,判断值就用倒数表示。这个数值一般采用专家调查法获取。

表6-4 判断矩阵元素值的含义

元素值	含义
1	表示两个因素相比,具有相同重要性
3	表示两个因素相比,前者比后者稍重要
5	表示两个因素相比,前者比后者明显重要
7	表示两个因素相比,前者比后者强烈重要
9	表示两个因素相比,前者比后者极端重要
2468	表示上述相邻判断的中间值
倒数	若因素 i 与因素 j 的重要性之比为 a_{ij},那么因素 j 与因素 i 重要性之比为 $a_{ji}=\dfrac{1}{a_{ij}}$。

(3) 层次单排序及其一致性检验

通过判断矩阵 A 的特征根求解($AW=\lambda_{\max}W$)得到解 W,经归一化后即为同一层次相应因素相对重要性的排序权值,这一过程称为层次单排序。

为进行层次单排序的一致性检验,需要计算一致性指标为 CI=($\lambda_{\max}-n$)/($n-1$)

对于1~9阶判断矩阵,平均随机一致性指标 RI 的值如下:

n	123456789
RI	000.580.901.121.241.321.411.45

当随机一致性比率 CR=CI/RI<0.10 时,认为层次单排序的结果有满意的一致性,否则需要调整判断矩阵的元素取值。

(4) 层次总排序及其一致性检验

计算同一层次所有因素对于最高层(总目标)相对重要性的排序,称为层次总排序。这一过程是从最高层次到最低层次逐层进行的。

设上一层次(层)包含 $A_1,\cdots,A_m$ 共 m 个因素,它们的层次总排序权重分别为 $a_1,\cdots,a_m$。又设其后的下一层次(层)包含 n 个因素 $B_1,\cdots,B_n$,它们关于 A_j 的层次单排序权重分别为 $b_{1j},\cdots,b_{nj}$(当 B_i 与 A_j 无关联时 $b_{ij}=0$)。现求B层中各因素关于总目标的权重,即求B层各因素的层次总排序权重 $b_1,\cdots,b_n$,计算按下面所示方式进行,即 $b_i=\sum\limits_{j=1}^{m}b_{ij}a_j, i=1,\cdots,n$。

对层次总排序也需作一致性检验,检验仍像层次总排序那样由高层到低层逐层进行。这是因为虽然各层次均已经过层次单排序的一致性检验,各成对比较判断矩阵都已具有较为满意的一致性。但当综合考察时,各层次的非一致性仍有可能积累起来,引起最终分析结果较严重的非一致性。

设 B 层中与 A_j 相关的因素的成对比较判断矩阵在单排序中经一致性检验,求得单排序一致性指标为 CI(j),($j=1,\cdots,m$),相应的平均随机一致性指标为 RI(j)(CI(j)、RI(j) 已在层次单排序时求得),则 B 层总排序随机一致性比例为

$$CR = \frac{\sum_{j=1}^{m} CI(j)a_j}{\sum_{j=1}^{m} RI(j)a_j}$$

当 CR<0.10 时,认为层次总排序结果具有较满意的一致性并接受该分析结果。

3. 数据包络分析法

数据包络分析方法的 CCR 模型可以看成是处理具有多个输入(越小越好)和多个输出(越大越好)的多目标决策问题的方法。它是根据一个关于输入-输出的观察值来估计有效的生产前沿面。在经济学和计量经济学中,统计有效生产前沿面通常使用统计回归及其他一些统计方法。具体来说是使用数学规划模型比较决策单元之间的相对效率,对决策单元做出评价。

在企业管理信息系统的评价中,可以根据投资项目的输入数据和投资后管理信息系统的输出数据来评价。输入数据是指投资项目在投资过程中需要耗费的某些量,例如投入项目资金总额、投入的专业人数及素质情况等。输出数据是指建设项目经过一定的输入后,所产生的表明该管理信息系统活动成效的某些信息量,根据输入数据和输出数据来评价信息系统规模效益的优劣,即所谓评价信息系统间的相对有效性。

4. 经济效果评价方法

建立企业管理信息系统的目的在于提供完整、准确的信息,提高管理工作效率和经营决策水平,减少管理中的失误,使生产经营活动达到最佳经济效益。评价经济效果可以从直接经济效果和间接经济效果两方面分析。

(1) 直接经济效果

直接经济效果是可以计量的,它取决于应用计算机管理后,由于合理利用现有设备能力、原材料、能量,使产品产量或提供的服务的增长,由于劳动率提高,物资储备减少,产品或服务质量提高,非生产费用降低,使生产或服务的成本降低。直接经济效果主要通过四项经济指标来表示。

①年收益增长额 P。
$$P = [(A_2 - A_1)/A_1] \cdot P_1 + [(C_1 - C_2)/1000] \cdot A_2$$
$A_1 A_2$——应用计算机前后年产品销售总额(千元);
P_1——应用计算机前产品销售的收益总额(千元);
$C_1 C_2$——应用计算机前后每千元产品的成本费(元)。

②投资效果系数 E。
$$E = P/K \geqslant E_n$$
K——计算机管理信息系统的投资总额(千元);

E_n——国家规定的定额系数。

如果 E 大于或等于 E_n，就认为计算机应用是有益的。

③投资总额 K。

$$K = K_d + K_k + \Delta O_c$$

K_d——系统开发和转换费用（千元）；

K_k——设备购置、安装和厂房建设费用（千元）；

ΔO_c——系统实施后流动资金的变化。

④投资回收期 T。

$$T = K/P$$

（2）间接经济效果

间接经济效果反映在企业管理水平的提高上，主要表现在管理体制合理化、管理效果最优化、基础数据完整统一，管理人员摆脱繁杂的事务性工作，真正把主要精力放在信息的分析和决策等创造型的工作，提高企业管理的现代化水平。

总之衡量企业管理信息系统投资回报的核心就是"物有所值"，投资回报更多地反映在节约企业运作成本、缩短资金偿还周期、职工收入提高和生产力提高等方面。

除了上述评价方法意外，还可以采用关联矩阵法、模糊综合评价法、主成分分析评价方法、基于 BP 人工神经网络的评价等方法。这些方法都有它们各自的特点和适用范围，目前对评价方法的研究主要集中在对信息系统经济效益的评价与预测、对信息系统本身质量的评价和对信息系统进行多指标评价等方面。

系统评价工作结束后应该及时完成一份完整的系统评价报告，以此作为系统进一步改进和完善的依据，其中包括三方面的内容：

（1）系统的目标、结构、功能是否合理，是否满足实际工作的需要；

（2）系统的各项指标及综合评价结果；

（3）系统改进方向。

【本章小结】

企业现代信息系统的建设，必须以全面、正规的信息资源规划为基础工程和先导工程，它的重要作用在于解决系统集成问题、系统重建问题、系统选型问题，信息资源规划根据具体情况分为五种类型，进行规划的过程就是企业梳理业务流程、搞清信息需求、建立信息标准和模型。为了确保系统实施质量需要进行系统测试工作、基础数据的准备工作、相关人员的培训工作及系统转换工作。实施过程中要注意解决客户需求、资源需求等方面的变化问题。

有效的项目管理是项目获得成功的重要条件，信息系统的项目管理具体包括开发项目的范围、可能遇到的风险、需要的人力资源、要实现的任务、工作量的估计以及进度的安排等设计。项目管理贯穿于信息系统开发的全过程，从系统构想到实现，以及系统的持续运行，直至信息系统终止运行为止。项目管理过程中有一些常用的规范的管理工具和技术，为管理人员提供重要的辅助作用。

管理信息系统在运行过程中除了不断进行大量的管理和维护工作外，还要由系统分析人员、开发人员、管理人员共同参与，定期对系统的运行状况进行评价，为系统的改进和扩展提供依据。系统评价一般从四个方面进行考虑：系统是否达到预定目标、目标是否需要修改、系统的适应性安全性、系统的社会经济效益。

【本章思考题】

1. 信息资源规划分为几种类型?
2. 信息资源规划包括哪些主要内容?
3. 系统选型有几种策略?
4. 系统测试的过程包括哪些阶段?
5. 系统测试的方法有哪些?
6. 系统转换的方式有哪几种?
7. 信息系统实施过程中常见问题有哪几类?
8. 项目管理中的工期估算有哪几种方法?
9. 甘特图和PERT图的原理是什么?
10. 信息系统的评价指标有哪些,评价方法有哪些?

【中英文对照表】

Information Resource Planning (IRP)	信息资源规划
Analytical Hierarchy Process (AHP)	层次权重决策分析方法

第 7 章　管理信息系统中新技术的应用

【本章学习目的】

本章主要针对管理信息系统建设中的新技术应用进行介绍，本章学习目的如下：

（1）了解信息技术前沿的发展现状及未来趋势，理解新技术应用中的硬件技术、软件技术及移动系统包含哪些内容；

（2）了解物联网、大数据、云计算的概念和特征及其应用领域，其对信息管理系统未来发展产生的影响；

（3）通过新技术应用的学习，识别现实生活中的移动系统，包括移动硬件、移动软件及移动数据。

【本章引导案例】

阿里巴巴无人酒店

大数据、人工智能、云计算等技术正在越来越多地融入人们的生活，落地成为一个又一个酷炫的应用。今天，无人酒店、智能镜子等技术和应用，已经不仅仅是冰冷的技术和概念，而是能够给人们带来便利生活和新奇体验的"趣"应用。

不久前，阿里推出的全球首家无人酒店的消息引发了业界的关注，虽然目前这仍然是一个试点，没有大规模推广，但还是让网友们惊叹，大呼"未来已来"。

酒店如何做到无人？显然是充分利用了大数据、人工智能等技术。相比传统的酒店，无人酒店实现了从办理入住到客房服务以及退房等流程的全部无人化。据悉，用户在手机等终端上下单之后，就可以按照入住时间直接去往酒店，在办理入住时机器人通过人脸识别，将用户的信息录入到系统中，匹配后即可完成登记，随后用户就可以在机器人服务员的带领下乘电梯进入房间。而在房间里，空调、窗帘、灯光、电视等一系列设备都可以通过口令传达给天猫精灵进行控制。

（1）进入大堂。一旦进入大堂，互动景观大屏映入眼帘，没有前台！

（2）办理入住：负责接待你的，是一个身高不到 1 米的可爱的小机器人"天猫精灵福袋"，机器人迎宾、指引，可在手机上凭电子身份证 check-in 或在大堂刷脸自助办理入住。它会通过人脸识别技术，检测出你是即将入住的客人。接下来的接待引导工作，将由这个小家伙完成。

（3）电梯、房间、餐厅、健身房统统刷脸开门：基于覆盖酒店内全场景的客人身份识别，无感梯控、无触门控将自动进行人脸识别，智能点亮客人入住楼层，自动开启房间门；借助无感体控定位系统，客人离开房间的瞬间，电梯也将自动响应等候。客人到达电梯门口，电梯通过无感体控系统，识别客人身份，判断乘坐电梯的意图后，自动开启，并调到了即将入住的楼层。客人到达房间门口后，客房门口识别设备识别出客人身份，并判断客人是要进入房间的意图后，房门自动开启。

（4）酒店房间怎么样？传统酒店进门必须插卡才能取电，但在阿里未来酒店，统统消失了。进门无须插卡，灯光会自动进入欢迎模式，电视机自动开启。房间内的空调、灯光、窗帘等设备全部不用手工操作，客人只要对着天猫精灵下达指令，一切躺着进行都可以。进入房间，客人专属的客房管家天猫精灵智能音箱已经被唤醒，可直接对室内温度、灯光、窗帘、电视等进行语音控制。

（5）机器人送餐：在酒店房间，如果饿了，只需给天猫精灵下一道指令，机器人会将客人所点的餐品直接送到酒店房间门口。

（6）一切刷脸，客人不需要再结账或签单：想去餐厅、健身房转转？没问题。一切刷脸就行，整个酒店的智能身份系统启动，电梯、餐厅、健身房，全部刷脸自动开启。当客人走进餐厅那一刻，人脸识别系统，就识别出它们的身份和房间号，所点的餐品将自动被记录在消费清单。客人不需要再结账或签单，用完餐就可以潇洒离去。

（7）一键退房：与传统酒店退房流程需要等待查房不同，在未来酒店，客人收拾好行李，只需要打开酒店App，点击退房。系统就会弹出客人在店期间的所有消费，"您在店期间消费，房费×××元，餐费×××元，合计××××元，请您确认。"客人点击确认，愉快离店。同时，酒店定位系统启动，和房间最近的客房阿姨收到系统派发的工单。将在结束手头的工作后，前往打扫这间退房。

据了解，这家酒店是阿里经济体内多个团队协同打造的成果：飞猪设计了全链路的体验流程；达摩院负责酒店创新研究计划，阿里云提供稳定安全的大数据底层服务，人工智能实验室（A.I Labs）启用了最新设计的智慧机器人；智能场景事业部完成酒店整套数字化运营平台和AI智能服务中枢以及智能场景系统的研发；天猫国际推出7个国家主题房，天猫等平台则为酒店家具床品提供了供应链。

阿里未来酒店CEO王群表示："通过酒店管理平台系统能力的提升，未来酒店的人效比是传统同档次、同等规模酒店的1.5倍。"通过这一整套酒店系统的数字化、智能化解决方案，阿里巴巴正在为酒店装上智慧大脑。这也正是阿里巴巴一直强调赋能行业的又一次新尝试。

讨论：企业应如何迎接新技术的挑战？

来源于：http://www.cbdio.com/BigData/2018-12/20/content_5960220.htm 和中国基金报

7.1 硬件技术

大多数人认为计算机硬件就是笔记本电脑、台式电脑、服务器，甚至包括平板电脑。这说明，随着技术的进步，我们对计算机硬件的观点会有所改变。现如今，计算机硬件已经融入了其他的设备中，比如手表、存储器、电视、汽车，甚至牙刷里。

第7章 管理信息系统中新技术的应用

本节将探讨四种有潜力瓦解现有组织的新硬件的发展,包括物联网、3D打印、人工智能和虚拟现实设备。

7.1.1 物联网

1. 物联网的定义

物联网(The Internet of Things,IOT)是新一代信息技术的重要组成部分,也被称为泛互联,意指物物相连,万物万联。由此,"物联网就是物物相连的互联网"。这有两层意思:第一,物联网的核心和基础仍然是互联网,是在互联网基础上的延伸和扩展的网络;第二,其用户端延伸和扩展到了任何物品与物品之间,进行信息交换和通信。因此,物联网的定义是通过射频识别、红外感应器、全球定位系统、激光扫描器等信息传感设备,按约定的协议,把任何物品与互联网相连接,进行信息交换和通信,以实现对物品的智能化识别、定位、跟踪、监控和管理的一种网络。

2. 物联网特征

(1)整体感知——可以利用射频识别、二维码、智能传感器等感知设备感知获取物体的各类信息。

(2)可靠传输——通过对互联网、无线网络的融合,将物体的信息实时、准确地传送,以便信息交流、分享。

(3)智能处理——使用各种智能技术,对感知和传送到的数据、信息进行分析处理,实现监测与控制的智能化。

3. 物联网的体系结构

(1)数据感知层

作为物联网系统的基础结构,数据感知层由读写器、摄像头、GPS、RFID等设备构成,从而由此实现对于相关数据的采集。一般而言,感知层主要由两部分组成,分别是:数据采集、数据短距离传输。该层次的构建能够在最大程度上为数据的后台处理做好基础。

(2)数据传输网络层

数据传输的网络层往往是立足互联网技术进行构建的,该层在运行的过程中往往能够肩负数据传输的功能。一般而言,网络层的构建能够实现数据资料的远距离传输。但事实上,由于我国互联网技术的不完善,导致物联网的发展受到一定程度的阻碍。基于此,为了促进物联网的全面发展,因此,要实现物联网的全面发展,必须对现有的互联网技术进行整合和更新。

(3)应用层

作为物联网构建、发展的目的,应用层的构建往往能够将感知层与网络层采集传输的数据进行全面的分析及处理。并以此为基础做出正确的控制,以便实现实际上的管理和应用。一般而言,应用层的出现往往能够实现人机互动。目前,应用层在运行的过程中主要分为两个层次,分别是:应用程序层、终端设备层。上述两个层次之间的协调合作,能够促进物联网跨领域、跨行业的应用。

4. 物联网的关键技术

(1)射频识别技术

射频识别技术(Radio Frequency Identification,RFID),是一种简单的无线系统,由一

个询问器（或阅读器）和很多应答器（或标签）组成。标签由耦合元件及芯片组成，每个标签具有扩展词条唯一的电子编码，附着在物体上标识目标对象，它通过天线将射频信息传递给阅读器，阅读器就是读取信息的设备。RFID 技术让物品能够"开口说话"。这就赋予了物联网一个特性即可跟踪性，即人们可以随时掌握物品的准确位置及其周边环境。

（2）无线传感网络技术

MEMS 是微机电系统（Micro-Electro-Mechanical Systems）的英文缩写。它是由微传感器、微执行器、信号处理和控制电路、通信接口和电源等部件组成的一体化的微型器件系统。其目标是把信息的获取、处理和执行集成在一起，组成具有多功能的微型系统，集成于大尺寸系统中，从而大幅度地提高系统的自动化、智能化和可靠性水平。它是比较通用的传感器。因为 MEMS 赋予了普通物体新的生命，它们有了属于自己的数据传输通路、有了存储功能、操作系统和专门的应用程序，从而形成一个庞大的传感网。

（3）M2M 系统框架

M2M 是 Machine-to-Machine/Man 的简称，是一种以机器终端智能交互为核心的、网络化的应用与服务。它将使对象实现智能化的控制。M2M 技术涉及 5 个重要的技术部分：机器、M2M 硬件、通信网络、中间件、应用。基于云计算平台和智能网络，可以依据传感器网络获取的数据进行决策，改变对象的行为进行控制和反馈。如家中老人戴上嵌入智能传感器的手表，在外地的子女可以随时通过手机查询父母的血压、心跳是否稳定；智能化的住宅在主人上班时，传感器自动关闭水电气和门窗，定时向主人的手机发送消息，汇报安全情况。

（4）云计算

云计算旨在通过网络把多个成本相对较低的计算实体整合成一个具有强大计算能力的完美系统，并借助先进的商业模式让终端用户可以得到这些强大计算能力的服务。云计算的一个核心理念就是通过不断提高"云"的处理能力，不断减少用户终端的处理负担，最终使其简化成一个单纯的输入输出设备，并能按需享受"云"强大的计算处理能力。物联网感知层获取大量数据信息，在经过网络层传输以后，放到一个标准平台上，再利用高性能的云计算对其进行处理，赋予这些数据智能，才能最终转换成对终端用户有用的信息。

（5）信息安全技术

随着物联网的地位日益凸显，我国在"十二五"规划中就明确指出了发展物联网的战略目标，并确定物联网的安全体系架构，确保物联网在发展过程中，信息安全技术的发展和维护。在信息安全方面，物联网与互联网的信息安全协议类似，包括恶意入侵检测、通道信息加密、故障和恶意节点的识别等。在信息安全保证方面，物联网为了保证信息的安全，采取了通信扩频、传感器节点接入认证、信号鉴权、传输数据水印加密等技术，信息安全技术的落实主要目的还是增强数据采集和传输的安全性和稳定性。

5. 物联网的应用

（1）智能交通

物联网技术在道路交通方面的应用比较成熟。随着社会车辆越来越普及，交通拥堵甚至瘫痪已成为城市的一大问题。对道路交通状况实时监控并将信息及时传递给驾驶人，让驾驶人及时做出出行调整，有效缓解了交通压力；高速路口设置道路自动收费系统（简称 ETC），免去进出口取卡、还卡的时间，提升车辆的通行效率；公交车上安装定位系统，能及时了解公交车行驶路线及到站时间，乘客可以根据搭乘路线确定出行，免去不必要的时间浪费。

（2）智能家居

智能家居就是物联网在家庭中的基础应用，随着宽带业务的普及，智能家居产品涉及方方面面。家中无人，可利用手机等产品客户端远程操作智能空调，调节室温，甚者还可以学习用户的使用习惯，从而实现全自动的温控操作，使用户在炎炎夏季回家就能享受到冰爽带来的惬意；通过客户端实现智能灯泡的开关、调控灯泡的亮度和颜色等；插座内置 Wi-fi，可实现遥控插座定时通断电流，甚至可以监测设备用电情况，生成用电图表让用户对用电情况一目了然，安排资源使用及开支预算等。

（3）公共安全

近年来全球气候异常情况频发，灾害的突发性和危害性进一步加大，网可以实时监测环境的不安全性，情况提前预防、实时预警、及时采取应对措施，降低灾害对人类生命财产的威胁。美国布法罗大学早在 2013 年就提出研究深海互联网项目，经过特殊处理的感应装置置于深海处，实时分析水下相关情况，海洋污染的防治、海底资源的探测、甚至对海啸也可以提供更加可靠的预警。该项目在当地湖水中进行试验，取得了成功，为进一步扩大使用范围提供了基础。利用物联网技术可以智能感知大气、土壤、森林、水资源等方面各指标数据，为改善人类生活环境发挥巨大作用。

7.1.2 3D 打印

1. 3D 打印技术的概念

3D 打印技术，学术上又称"添加制造"（Additive Manufacturing）技术，也称增材制造或增量制造。根据美国材料与试验协会（ASTM）2009 年成立的 3D 打印技术委员会（F42 委员会）公布的定义，3D 打印是一种与传统的材料加工方法截然相反，基于三维 CAD 模型数据，通过增加材料逐层制造的方式。其采用直接制造与相应数学模型完全一致的三维物理实体模型的制造方法。

2. 3D 打印的特点

（1）数字制造：将产品结构数字化，驱动机器设备加工制造成器件；数字化文件还可借助网络进行传递，实现异地分散化制造的生产模式。

（2）降维制造（分层制造）：即把三维结构的物体先分解成二维层状结构，逐层累加形成三维物品。因此，原理上 3D 打印技术可以制造出任何复杂的结构，而且制造过程更柔性化。

（3）堆积制造："从下而上"的堆积方式对于实现非匀致材料、功能梯度的器件更有优势。

（4）直接制造：任何高性能难成型的部件均可通过"打印"方式一次性直接制造出来，不需要通过组装拼接等复杂过程来实现。

（5）快速制造：3D 打印制造工艺流程短、全自动、可实现现场制造，因此，制造更快速、更高效。

3. 3D 打印过程

（1）三维建模

通过 goSCAN 之类的专业 3D 扫描仪或是 Kinect 之类的 DIY 扫描设备获取对象的三维数据，并且以数字化方式生成三维模型。也可以使用 Blender、SketchUp、AutoCAD 等三维建模软件从零开始建立三维数字化模型，或是直接使用其他人已做好的 3D 模型。

(2) 切片处理

打印机通过读取文件中的横截面信息,用液体状、粉状或片状的材料将这些截面逐层地打印出来,再将各层截面以各种方式粘合起来从而制造出一个实体。这种技术的特点在于其几乎可以造出任何形状的物品。传统的制造技术如注塑法可以以较低的成本大量制造聚合物产品,而 3D 打印技术则可以以更快、更有弹性以及更低成本的办法生产数量相对较少的产品。一个桌面尺寸的 3D 打印机就可以满足设计者或概念开发小组制造模型的需要。

(3) 完成打印

由打印机将打印耗材逐层喷涂或熔结到三维空间中,根据工作原理的不同,有多种实现方式。比较流行的做法是先喷一层胶水,然后在上面撒一层粉末,如此反复;或是通过高能激光融化合金材料,一层一层地熔结成模型。整个过程根据模型大小、复杂程度、打印材质和工艺耗时几分钟到数天不等。

(4) 后期处理

3D 打印机的分辨率对大多数应用来说已经足够(在弯曲的表面可能会比较粗糙,像图像上的锯齿一样),要获得更高分辨率的物品可以通过如下方法:先用当前的 3D 打印机打出稍大一点的物体,再稍微经过表面打磨即可得到表面光滑的"高分辨率"物品。

4. 应用领域

(1) 国际空间

2018 年 12 月 3 日,名为 Organaut 的突破性 3D 打印装置,执行"58 号远征"(Expedition 58)任务的"联盟 MS-11"飞船送往国际空间站。打印机由 Invitro 的子公司"3D 生物打印解决方案"(3D Bioprinting Solutions)公司建造。Invitro 随后收到了从国际空间站传回的一组照片,通过这些照片可以看到老鼠甲状腺是如何被打印出来的。

(2) 航天科技

2016 年 4 月 19 日,中科院重庆绿色智能技术研究院 3D 打印技术研究中心对外宣布,经过该院和中科院空间应用中心两年多的努力,并在法国波尔多完成抛物线失重飞行试验,国内首台空间在轨 3D 打印机宣告研制成功。这台 3D 打印机可打印最大零部件尺寸达 200×130 mm,它可以帮助宇航员在失重环境下自制所需的零件,大幅提高空间站实验的灵活性,减少空间站备品备件的种类与数量和运营成本,降低空间站对地面补给的依赖性。

(3) 医学领域

由于自身数字化的优势,3D 打印技术可以满足医疗器材对于个性化的需求,现在 3D 打印技术在义齿、义眼、假肢、支架、骨科植入物等方面都有应用。以义齿为例,目前我国大众绝大部分人都有着不同程度和级别的牙齿问题,安装义齿和拔除废弃牙齿等一些操作虽然看似简单,但一个高水准的牙医每次在做这些事情时也不能说毫无压力,何况我国目前的高水平牙医数量并不多。使用 3D 打印技术制作手术导板,牙医在操作时利用手术导板,可以很轻松地将义齿植入和将废齿拔除,而不像以前一样全凭自身的经验和手法。3D 打印技术还可以应用到制造义齿上,3D 打印技术可以制造出更适合每一名患者的义齿。

7.1.3 人工智能

尼尔逊教授对人工智能(Artificial Intelligence,AI)下了这样一个定义:"人工智能是关于知识的学科——怎样表示知识以及怎样获得知识并使用知识的科学。"而另一位美国麻省理工学院的温斯顿教授认为:"人工智能就是研究如何使计算机去做过去只有人才能做的智能工作。"这些说法反映了人工智能学科的基本思想和基本内容。即人工智能是研究人类智能活动的规律,构造具有一定智能的人工系统,研究如何让计算机去完成以往需要人的智力才能胜任的工作,也就是研究如何应用计算机的软硬件来模拟人类某些智能行为的基本理论、方法和技术。

人工智能是一门边缘学科,属于自然科学和社会科学的交叉,涉及哲学和认知科学、数学、神经生理学、心理学、计算机科学、信息论、控制论和不定性论。人工智能就其本质而言,是对人的思维的信息过程的模拟。对于人的思维模拟可以从两条道路进行,一是结构模拟,仿照人脑的结构机制,制造出"类人脑"的机器;二是功能模拟,暂时撇开人脑的内部结构,而从其功能过程进行模拟。现代电子计算机的产生便是对人脑思维功能的模拟,是对人脑思维的信息过程的模拟。弱人工智能如今不断地迅猛发展,尤其是2008年经济危机后,美日欧希望借机器人等技术实现再工业化,工业机器人以比以往任何时候都更加快速地发展,更加带动了弱人工智能和相关领域产业的不断突破,很多必须用人来做的工作如今已经能用机器人实现。而强人工智能则暂时处于瓶颈。

目前研究人工智能主要有两条途径。一条途径是心理学家、生理学家们提出的,他们认为大脑是智能活动的物质基础,要揭示人类智能的奥秘,就必须弄清大脑的结构,即从大脑的神经元模型着手研究,搞清大脑信息处理过程的机理这样人工智能的实现就可迎刃而解。但由于人脑有上百亿神经元(10^{10}级别),而且目前要进行人脑的物理模拟实验还很困难。因为大脑的活动是物理的、化学的、生物的、心理学的活动,大脑的各层结构十分复杂,脑细胞之间的联系,除了宏观的电、磁力等方面的联系外,还有分子的交换以至基本粒子的交换,到底哪些是实质性的呢?如果对这些没有清楚的了解,如何去模拟大脑的活动?但这一学派企图创立"信息处理的智能理论"作为实现人工智能的长远研究目标,是很可取并值得重视的。研究人工智能的另一条途径是计算机科学家们提出的从模拟人脑功能的角度来实现人工智能(把人脑看成一个黑盒,可以不知道里面有什么东西,但可以模拟其功能外部表现,也就是通过计算机程序的运行,在效果上达到和人们智能活动过程相似的结果,因而这派学者只是局限于解决"建造智能机器或系统为工程目标的有关原理和技术"作为实现人工智能的近期目标。这个观点比较实际,目前引起了较多人的注意。)

人工智能应用的范围很广,包括医药、诊断、金融贸易、机器人控制、法律、科学发现和玩具。上千种人工智能的应用深入于每种工业的基础。人工智能在各行各业的应用如何解决行业痛点?安防:利用计算机视觉技术和大数据分析犯罪嫌疑人生活轨迹及可能出现的场所。金融:利用语音识别、语义理解等技术打造智能客服。医疗:智能影像可以快速进行癌症早期筛查,帮助患者更早发现病患。交通:无人驾驶通过传感器、计算机视觉等技术解放人的双手和感知。零售:利用计算机视觉、语音/语义识别,机器人等技术提升消费体验。工业制造:机器人代替工人在危险场所完成工作,在流水线上高效完成重复的工作。

7.1.4 虚拟现实设备

虚拟现实,顾名思义,就是虚拟和现实相互结合。从理论上来讲,虚拟现实技术(Virtual Reality, VR)是一种可以创建和体验虚拟世界的计算机仿真系统,它利用计算机生成一种模拟环境,使用户沉浸到该环境中。虚拟现实技术就是利用现实生活中的数据,通过计算机技术产生的电子信号,将其与各种输出设备结合使其转化为能够让人们感受到的现象,这些现象可以是现实中真真切切的物体,也可以是人们肉眼所看不到的物质,通过三维模型表现出来。因为这些现象不是人们直接所能看到的,而是通过计算机技术来模拟现实中的世界,故称为虚拟现实。

虚拟现实设备指的是与虚拟现实技术领域相关的硬件产品,是虚拟现实解决方案中用到的硬件设备。现阶段虚拟现实中常用到的硬件设备,大致可以分为四类。它们分别是:①建模设备(如3D扫描仪);②三维视觉显示设备(如3D展示系统、大型投影系统(如CAVE)、头显(头戴式立体显示器等));③声音设备(如三维的声音系统以及非传统意义的立体声);④交互设备(包括位置追踪仪、数据手套、3D输入设备(三维鼠标)、动作捕捉设备、眼动仪、力反馈设备以及其他交互设备)。

(1) 建模设备

3D扫描仪,也称为三维立体扫描仪,3D扫描仪是融合光、机、电和计算机技术于一体的高新科技产品,主要用于获取物体外表面的三维坐标及物体的三维数字化模型。该设备不但可用于产品的逆向工程、快速原型制造、三维检测(机器视觉测量)等领域,而且随着三维扫描技术的不断深入发展,诸如三维影视动画、数字化展览馆、服装量身定制、计算机虚拟现实仿真与可视化等越来越多的行业也开始应用三维扫描仪这一便捷的手段来创建实物的数字化模型。通过三维扫描仪非接触扫描实物模型,得到实物表面精确的三维点云(Point Cloud)数据,最终生成实物的数字模型,不仅速度快,而且精度高,几乎可以完美的复制现实世界中的任何物体,以数字化的形式逼真地重现现实世界。

(2) 显示设备

虚拟现实就是通过技术手段创造出一种逼真的虚拟的现实效果。虚拟现实技术发展的历史其实不短,但是真正将这项技术发挥出来并让人们体验到非常逼真的现实效果。显示设备一般包括虚拟现实头显、双目全方位显示器、CRT终端-液晶光闸眼镜、大屏幕投影-液晶光闸眼镜、CAVE洞穴式虚拟现实显示系统、智能眼镜等,以CRT终端-液晶光闸眼镜为例,CRT终端-液晶光闸眼镜立体视觉系统的工作原理是:有计算机分别产生左右眼的两幅图像,经过合成处理之后,采用分时交替的方式显示在CRT终端上。用户则佩戴一副与计算机相连的液晶光闸眼镜,眼镜片在驱动信号的作用下,将以与图像显示同步的速率交替开和闭,即当计算机显示左眼图像时,右眼透镜将被屏蔽,显示右眼图像时,左眼透镜被屏蔽。根据双目视察与深度距离正比的关系,人的视觉生理系统可以自动地将这两幅视察图像合成一个立体图像。

(3) 声音设备

三维声音:三维声音不是立体声的概念,而是由计算机生成的、能由人工设定声源在空间中的三维位置的一种合成声音。这种声音技术不仅考虑到人的头部、躯干对声音反射所产生的影响,还对人的头部进行实时跟踪,是虚拟声音能随着人的头部运动相应的变化,从而能够得到逼真的三维听觉效果。

语音识别:VR的语音识别是系统让计算机具备人类的听觉功能,是人-机以语言这种人类最自然的方式进行信息交换。必须根据人类的发生机理和听觉机制,给计算机配上"发声器官"和"听觉神经"。当参与者对微音器说话时计算机将所说的话转换为命令流,就像从键盘输入命令一样,在VR系统中,最有力的也是最难的是语音识别。VR系统中的语音识别装置,主要用于合并其他参与者的感觉道(听觉道、视觉道)。语音识别系统在大量数据输入时,可以进行处理和调节,像人类在工作负担很重的时候将暂时关闭听觉道一样。不过在这种情况下,将影响语音识别技术的正常使用。

(4) 交互设备

交互设备包括数据手套、力矩球、操纵杆、触觉反馈装置、力觉反馈装置、运动捕捉系统、机械式运动捕捉、声学运动捕捉、电磁式运动捕捉、光学式运动捕捉、数据衣等。

数据手套是虚拟仿真中最常用的交互工具。数据手套设有弯曲传感器,弯曲传感器由柔性电路板、力敏元件、弹性封装材料组成,通过导线连接至信号处理电路;在柔性电路板上设有至少两根导线,以力敏材料包覆于柔性电路板大部,再在力敏材料上包覆一层弹性封装材料,柔性电路板留一端在外,以导线与外电路连接。把人手姿态准确实时地传递给虚拟环境,而且能够把与虚拟物体的接触信息反馈给操作者。使操作者以更加直接,更加自然,更加有效的方式与虚拟世界进行交互,大大增强了互动性和沉浸感。并为操作者提供了一种通用、直接的人机交互方式,特别适用于需要多自由度手模型对虚拟物体进行复杂操作的虚拟现实系统。数据手套本身不提供与空间位置相关的信息,必须与位置跟踪设备连用。

7.2 软件技术

7.2.1 主要的操作系统

1. 嵌入式

嵌入式系统使用非常广泛的系统(如 VxWorks、eCos、Symbian OS 及 Palm OS)以及某些功能缩减版本的 Linux 或者其他操作系统。在某些情况下,OS 指的是一个内置了固定应用软件的巨大泛用程序。在许多最简单的嵌入式系统中,所谓的 OS 就是指其上唯一的应用程序。

2. 类 UNIX 系统

所谓的类 UNIX 家族指的是一族种类繁多的 OS,此族包含了 System V、BSD 与 Linux。由于 UNIX 是 The Open Group 的注册商标,特指遵守此公司定义的行为的操作系统。而类 UNIX 通常指的是比原先的 UNIX 包含更多特征的 OS。类 UNIX 系统可在非常多的处理器架构下运行,在服务器系统上有很高的使用率,例如大专院校或工程应用的工作站。

3. 微软 Windows

Microsoft Windows 系列操作系统是在微软公司给 IBM 公司设计的 MS-DOS 的基础上设计的图形操作系统。现在的 Windows 系统,如 Windows 2000、Windows XP 皆是创建于现代的 Windows NT 内核。NT 内核是由 OS/2 和 OpenVMS 等系统上借用来的。Windows 可以在 32 位和 64 位的 Intel 和 AMD 的处理器上运行,但是早期的版本也可以在 DEC Alpha、MIPS 与 Power PC 架构上运行。

Windows XP 在 2001 年 10 月 25 日发布,2004 年 8 月 24 日发布服务包 2 (Service Pack 2),2008 年 4 月 21 日发布最新的服务包 3 (Service Pack 3)。

Windows 7,是由微软公司(Microsoft)开发的操作系统,内核版本号为 Windows NT

6.1。Windows 7 可供家庭及商业工作环境；笔记本电脑、多媒体中心等使用。

Windows 10 是由美国微软公司开发的应用于计算机和平板电脑的操作系统，于 2015 年 7 月 29 日发布正式版。

7.2.2 大数据

数据已渗透到当今每一个行业和业务职能领域，成为重要的生产因素。对于"大数据"（BigData），研究机构 Gartner 认为，大数据是需要新处理模式才能具有更强的决策力、洞察发现力和流程优化能力的海量、高增长率和多样化的信息资产。大数据科学家 JohnRauser 提出一个简单的定义：大数据就是任何超过了一台计算机处理能力的庞大数据量。虽然认识有差异，但目前人们的共识是：大数据是指无法用现有的软件工具提取、存储、搜索、共享、分析和处理的海量的、复杂的数据集合。"大"是指数据规模，大数据一般指在 10 TB（1 TB=1024 GB）规模以上的数据量。业界通常用 4 个 V（即 Volume、Variety、Value、Velocity）来概括大数据的特征。

（1）数据体量巨大（Volume）。从 TB 级别，跃升到 PB 级别。截止到目前，人类生产的所有印刷材料的数据量是 200 PB（1 PB=210 TB）。现今，典型个人计算机硬盘的容量为 TB 量级，而一些大企业的数据量已经接近 EB 量级。

（2）数据类型繁多（Variety）。数据常被分为结构化数据和非结构化数据，相对于以往便于存储的以数字为主的结构化数据，非结构化数据越来越多，包括网络日志、音频、视频、图片、地理位置信息等，如此多类型的数据对数据的保存、分析和处理能力提出了更高要求。

（3）价值密度低（Value）。价值密度的高低与数据总量的大小成反比。以视频为例，在连续不间断的监控中，一个一小时的视频，有用数据可能仅有一秒。随着物联网的广泛应用，信息感知无处不在，信息海量，但价值密度较低，如何通过强大的机器算法更迅速地完成数据的价值"提纯"，是大数据时代亟待解决的难题。

（4）处理速度快（Velocity）。这是大数据区别传统数据挖掘的最显著特征。已有的技术架构和路线，已经无法高效处理如此海量的数据。随着信息技术在企业各项业务中的广泛渗透，企业所拥有的数据无论是在容量上还是在多样性上，都是在传统条件下无法相比的。这些大数据全面考验着现代企业的数据处理和分析能力；同时，也为企业带来了获取更丰富、更深入和更准确地洞察市场行为的宝贵机会。对企业而言，大数据时代的企业需要基于海量数据进行探索和分析，以发现有意义的商务行为模式和规则。如何从大数据中发掘出有价值的知识是一个现实的挑战。

对企业而言，大数据的作用主要体现在以下两个方面。

（1）大数据利用将成为企业提高核心竞争力的关键因素。目前，各行各业的决策正在从"业务驱动"转变"数据驱动"。举例来说，通过对大数据的分析，可以使零售商实时掌握市场动态并迅速做出应对方案；可以为商家制订更加精准有效的营销策略提供决策支持；可以帮助企业为消费者提供更加及时和个性化的服务。

（2）大数据对企业决策产生了重要的影响。首先，对于企业高层管理者而言，传统的决策因为数据稀缺，重要的决策过多地依赖企业领导者的经验，而大数据时代背景下，数据缺失以及数据量的不足再也不是困扰"数据决策"的障碍。其次，对企业而言，决策主体从"精英式"过渡到"大众化"。传统的营销决策的核心都是精英式的企业管理层，而非员工和社会公众。这些决策的依据均是相对静止的、确定的结构化数据。随着大数据时代的来临，企业决策主体也从"精英式"转向"大众化"。针对大数据的特征挖掘其价值并做出决策，成为企业在大数据环境下进行决策的重要依据。

7.2.3 云计算

从20世纪60年代到现在，企业信息化的应用经历了MRP、MRPⅡ和ERP三个显著演变阶段。从发展的角度来说，信息技术的每次变革都给企业带来革命性的变化。但从目前来看，由于ERP系统、商务智能系统以及决策支持系统构建成本高，同时也需要各种内外部资源的配合，总体上在企业中的应用还比较低，尤其是在中小规模企业中应用更低。据统计，建立并能成功使用的企业只有1/3左右，而云计算（Cloud Computing）的出现极有可能大大改变这一现状。

云计算是网格计算（Grid Computing）、分布式计算（Distributed Computing）、并行计算（Parallel Computing）、效用计算（Utility Computing）、网络存储（Network Storage Technologies）、虚拟化（Virtualization）、负载均衡（Load Balance）等传统计算机技术和互联网技术发展融合的产物。它旨在通过互联网技术把众多成本相对较低的计算实体整合成一个具有强大计算能力的系统中，并借助SaaS、PaaS、IaaS等先进的商业模式进行普及应用。

云计算的概念由Google在2008年提出，短时间内其核心理念在全球范围内迅速传播并发展起来。2010年在国内开始流行，各大IT互联网商业巨头将目光聚焦在云计算。到目前，云计算依然是产业界、学术界、政府等各界均十分关注的焦点。不同行业和领域看待云计算的视角也有所不同。截止到目前，关于云计算并没有一个统一认可的概念。通常，可以从狭义和广义两个角度来认识云计算。从狭义角度来说，云计算是指IT基础设施的交付和使用模式，通过网络以按需、易扩展的方式获得所需的资源（硬件、平台、软件）。提供资源的网络被称为"云"。"云"中的资源在用户看来是可以无限扩展的，并且可以随时获取，按需使用，随时扩展，按使用付费。这种特性经常被称为像水电一样使用IT基础设施。从广义角度来说，云计算是指服务的交付和使用模式，通过网络以按需、易扩展的方式获得所需的服务。这种服务可以是IT和软件、互联网相关的，也可以是任意的其他服务。

软件即服务（Software as a Service，SaaS）、平台即服务（Platform as a Service，PaaS）、基础设施即服务（Infrastructure as a Service，IaaS）是云计算模式中三种基本的服务模式，用户可以通过这些服务模式来获得云计算的服务。

SaaS是将应用软件作为服务提供给客户。通过SaaS这种模式，用户只需要接入互联网，并通过浏览器或者客户端，就能直接使用在云端上运行的各种应用，而不需要考虑类似安装、环配置等琐事，并且还可以免去初期高昂的软硬件投入。在SaaS模式中，厂商将应用软件统一部署在自己的服务器上，客户可以根据自身实际需求，通过互联网向厂商定购所需的应用软件服务，根据订购的时间和功能向厂商支付费用，从而不再需要购买各种企业应用软件，也不需要进行各种后续的维护工作。SaaS面对的主要是普通用户。对于许多中小型企业来说，SaaS提供了一个接入先进技术的最佳途径，它通过利用第三方厂商解决了企业购买、构建、维护基础设施和应用程序的需要。

PaaS是把服务器平台或者开发环境作为一种服务提供的商业模式。其主要客户是程序开发人员。通过PaaS这种模式，用户无须下载和安装服务器环境以及软件开发工具包，只需要通过该服务将自己的应用程序打包部署以及运行在云中。通过该模式，用户无须考虑服务器、操作系统、网络和存储等资源的管理，这些烦琐的工作都由 PaaS 供应商负责处理。

IaaS 是一种将计算机基础设施作为服务的一种商业模式。系统管理员是这种服务的一类用户。通过该模式，用户可以使用云端的所有计算机基础设施，包括 CPU、内存、存储、网络和其他基本的计算资源，用户能够部署和运行任意软件，包括操作系统和应用程序。在该模式中，服务商往往是为用户提供一个虚拟化的基础设施，用户可以将自己的操作系统、各种各样的中间件产品以及应用程序部署到一个虚拟机中，像使用一个独立主机一样使用虚拟机，用户几乎感觉不到和使用本地主机的差别。

云计算的系统结构如图 7-1 所示。

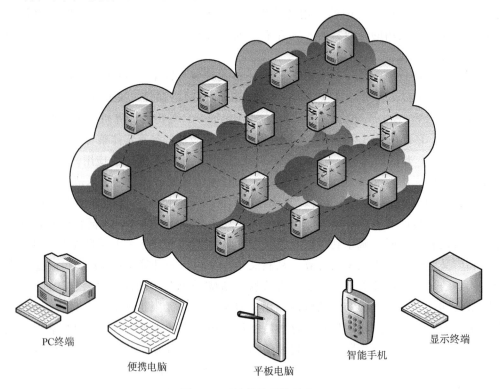

图 7-1　云计算的系统结构

随着云计算的发展和普及，云计算在商业中的应用也会日益渗透。在云计算技术的帮助下，企业和个人不再需要购买和配置复杂的各种系统和环境，只需要根据需要向云计算提供商购买需要的服务即可。云计算的应用范围不仅适用于大型企业，对于众多的中小型企业，云计算直接提供了一个供各种先进信息技术快速落地的服务平台，从而使得成本和资源再也不是困扰各种管理信息系统实施的主要阻碍。

云计算为企业信息化带来了广阔的应用前景，尤其是对于中小企业，既想要利用先进信息技术带来的优势，同时又无法承担和维护成立单独信息化运营部门的负担，毫无疑问，云计算提供了一个非常理想的平台。尽管如此，目前，在企业信息化中，依然有部分问题在困扰着云计算的实施和推广。其中云计算标准、安全和隐私问题是最为突出的两个问题。

云计算标准：标准化是云计算所面临的众多问题中的关键所在。目前，各国政府机构和研究组织正在积极着手研究相关问题。2014 年，由中国等国家推动立项并重点参与的两项云计算国际标准——ISO/IEC17788：2014《信息技术云计算概述和词汇》和 ISO/

IEC17789：2014《信息技术云计算参考架构》正式发布，这标志着云计算国际标准化工作进入了一个新阶段。这两项云计算国际标准，规范了云计算的基本概念和常用词汇，并从使用者角度和功能角度对阐述云计算参考架构，不仅为云服务提供者和开发者搭建了一个基本的功能参考模型，也为云服务的评估和审计人员提供相关指南，实现了对云计算的统一认识。但截至目前，尚未有关于云计算服务的相关标准，无论是个人用户还是企业用户，更多地从使用的角度来看待云计算和云服务，对于不同的云服务提供商来说，要想持续稳定地开展这样商业服务，也需要一套成熟的标准和规则体系。

安全和隐私保护问题：云计算发展面临许多关键性问题，而安全问题首当其冲。当前，随着云计算的不断普及，安全和隐私保护问题已经成为制约其发展的最主要障碍。Gartner 2009 年的一份调查显示，70％以上受访企业认为近期不采用云计算的首要原因在于其存在数据安全性与隐私性的忧虑。目前，云计算安全问题已受到越来越多的关注。著名的信息安全国际会议 RSA2010 也将云计算安全列为焦点问题。在商业领域，信息安全和隐私保护更是一个无法回避的问题。一个企业显然不愿意把公司的各项运营数据放到一个没有足够安全保障的第三方云平台上。无论是个人还是对于企业，安全和隐私保护问题对云计算的普及应用都是个巨大的挑战。

7.2.4 开源软件

1. 开源软件的定义

开放源码软件（Open-Source）是一个新名词，它被定义为描述其源码可以被公众使用的软件，并且此软件的使用、修改和分发也不受许可证的限制。开放源码软件通常是有 copyright（版权）的，它的许可证可能包含这样一些限制：蓄意地保护它的开放源码状态，著者身份的公告，或者开发的控制。

2. 开源软件主要的种类

（1）Shareware（共享软件），允许他人自由复制并收取合理注册费用。使用者可在软件规定的试用期限内免费试用，再决定注册购买与否。大部分共享版软件都有功能和时间的限制，试用期通常分为 7 天、21 天、30 天不等。而有的共享软件还限制用户只能安装一次，若删除后重新安装将会失效。像 Winzip、ACDSee 等软件就是共享软件。

（2）Demos/Crippleware（免费或低费用试用的软件），是商业软件的一部分，它没有自由可用的源码，没有支持，通常缺乏关键特征。

（3）Bundled Software（捆绑软件），它由商业软件携带并且不用增加额外的费用，但是它一般具有很有限的使用许可，没有自由可用的源码。例如：Microsoft Internet Explore。

（4）Consortium-Ware：源码由公司内部人员共享，但是对公众没有自由可用的源码。

（5）开源软件的举例

Corncart：由 OSIC 信息技术有限公司最新开发的开源电子软件，集合之前所有电子开源软件的所有优点。目前尚处于二次开发阶段。

Linux：它从一个芬兰的大学生的研究项目成长为近六年来最流行的非 Microsoft 操作系统。最初它仅仅是为 PC 设计的，可现在它支持 Palm Pilots（小型掌中平台），大型的 64 位 Digital Alphas 芯片的超级计算机以及在这两者之间的几乎任何计算机平台。

X-window 系统：使用最广的非 Microsoft 窗口系统，具有先进的跨平台远程执行特性，性能优良，灵活度高；由 MIT 和 X Consortium 在类 BSD 许可协议下开发；其他的增强功能由 The XFree86 Project 公司开发。

3. 开源软件的主要特点

（1）质量：一些研究已经显示了开源软件与其他的可比商业软件具有可靠性上的极大优势。更加有效的开发模式，更多的独立同行对代码和设计的双重审查，以及大部分作者对自己作品的极大荣誉感，都对其优良的质量有所贡献。一些公司甚至给予发现 bug 者以物质奖励。

（2）透明：私有软件隐藏着许多 bug。源码对于查错和理解产品工作原理来说是很重要的。在大的软件公司，只有极少数人能接触到源码，而这些能接触源码的人通常用户都无法直接接触。能接触源码对于修补安全漏洞来说，也是非常重要的。

（3）剪裁：开放源码给用户极大的自由，使他们能够按照自己的业务需求定制软件。大型组织能从即使很小的定制行为中削减大量开支和人力成本。用户的挑错和改进反过来对标准开放源码软件包也是个贡献。

（4）支持：大部分开源软件主要是支持 UNIX 和 Linux 系统的，有时也支持 Windows NT。另一些平台，例如大型机，对于移植开放源码软件是个巨大挑战。移植软件从 UNIX 到 Windows NT 上要付出很大代价。然而。开放源码的优点几乎可以使平台转换显得更划算。

4. 开源软件的应用平台

（1）Web 服务器：Web 服务器也称为 WWW（World Wide Web）服务器，主要功能是提供网上信息浏览服务。WWW 是 Internet 的多媒体信息查询工具，是 Internet 上近年才发展起来的服务，也是发展最快和目前用得最广泛的服务。开源的 Web 服务器软件包括 apache、kangle、nginx 等。

（2）应用服务器：应用服务器是指通过各种协议把商业逻辑暴露给客户端的程序。它提供了访问商业逻辑的途径以供客户端应用程序使用。应用服务器使用此商业逻辑就像调用对象的一个方法一样。简单地说能实现动态网页技术的服务器称为应用服务器。开源的应用服务器软件包括 Enhydra（Java）、JBoss（Java）、Open3（XML）等。

（3）消息服务器：消息服务器作为网络的节点，专门用来存储、转发网络上的数据、信息（例如聊天信息）。开源的消息服务器软件包括 ArsDigita（Tcl & Java）、Exolab Group（J2EE，整合 OpenEJB，OpenJMS，OpenORA，Tyrex）、Zend（PHP）等。

（4）企业程序：企业应用程序是一个泛指的概念，细分下来可分为企业资源计划（ERP）、客户关联管理、项目管理、内容管理、人力资源管理、自动化采购软件、信息仓库（CIW）、生产计划、库存管理、群组软体、B2B 和图书馆资源整合系统（ILS）。

（5）无线网络：无线网络既包括允许用户建立远距离无线连接的全球语音和数据网络，也包括为近距离无线连接进行优化的红外线技术及射频技术，与有线网络的用途十分类似，最大的不同在于传输媒介的不同，利用无线电技术取代网线，可以和有线网络互为备份。

（6）数据库：数据库（Database）是按照数据结构来组织、存储和管理数据的仓库，它产生于距今 50 多年前，随着信息技术和市场的发展，特别是 20 世纪 90 年代以后，数据管理不再仅仅是存储和管理数据，而转变成用户所需要的各种数据管理的方式。开源的数据库软件有 BerkelayDB、MySQL、SQLite 等。

（7）桌面环境：桌面环境可能仅仅是一个简单的窗口管理器，也可能是一个像 KDE 或者

GNOME 这样的完整桌面应用程序套件。开源的桌面环境类软件包括 GNOME、GNUstep、KDE 等。

7.3 移动系统

7.3.1 移动硬件

硬件（Hardware）是计算机硬件的简称，是指计算机系统中由电子、机械和光电元件等组成的各种物理装置的总称。这些物理装置按系统结构的要求构成一个有机整体为计算机软件运行提供物质基础。硬件的功能是输入并存储程序和数据，以及执行程序把数据加工成可以利用的形式。

移动管理信息系统中的移动硬件可理解为移动终端，广义地讲包括手机、笔记本、平板电脑、POS 机甚至包括车载电脑。但是大部分情况下是指具有多种应用功能的智能手机以及平板电脑。随着网络和技术朝着越来越宽带化的方向发展，移动通信产业将走向真正的移动信息时代。另一方面，随着集成电路技术的飞速发展，移动终端的处理能力已经拥有了强大的处理能力，移动终端正在从简单的通话工具变为一个综合信息处理平台。这也给移动终端增加了更加宽广的发展空间。

移动终端可分为有线可移动终端、无线可移动终端以及移动智能终端。其中，有线可移动终端就是 U 盘、移动硬盘等需要用数据线来和计算机连接的设备；无线可移动终端指利用无线传输协议来提供无线连接的模块，最常见的是手机。移动智能终端拥有接入互联网的能力，通常搭载各种操作系统，可根据用户需求定制化各种功能。生活中常见的智能终端包括移动智能终端、车载智能终端、智能电视和可穿戴设备等。

其中可穿戴计算机（Wearable Computer）是伴随着计算机向超微化发展产生的一种移动信息系统。之所以称为可穿戴计算机，是希望它可以像衣服一样穿在身上，或是像饰品一样佩戴在身上，这样可以腾出双手去做其他事情。并且可穿戴计算机应能保证可以随使用者的移动正常工作。总的来说，可穿戴计算机主要具有以下特点。

（1）移动性：允许使用者在移动中正常工作。

（2）解放双手：可穿戴计算机采用遵照执行操作或语音操作等方式，尽量减少双手的占用率。

（3）持续工作性：能够长时间处于工作状态，使用者随时可用。

（4）无线通信能力：可穿戴计算机一般都不是孤立地进行了工作的，而是应当能够实现网络互联的。

（5）同使用者浑然一体：可穿戴计算机不应仅仅是使用者的附属品，而是要同使用者成为一体。

一个基本的可穿戴计算机系统主要包括微型计算机、显示器、微型摄像头、定位器、耳机、话筒、无线通信、手写输入板和电池等。无线技术、生物识别技术及虚拟现实技术的发展与可穿戴计算机的发展是不可分割的。为了满足移动计算的需要，可穿戴计算机通常采用单眼、双眼头戴式显示器或前臂式显示器，这样可在行走过程中一边注视虚拟世界，一边关注真实世界。为尽量减少使用者双手的占用率，可以采用语音控制、眼球跟踪控制、姿势控制包括静态和动态的姿势信号等输入方法。目前先进的摄影装置不仅可以摄影、摄像，还可以进行面部识别、表情识别、手势信号输入及手指跟踪。传感手套、步行靴等同样可用于对于人体形态的识别。GPS 定位装置主要用于军事、导航、探险等特殊用途的可穿戴计算机。

7.3.2 移动软件

软件是一系列按照特定顺序组织的计算机数据和指令的集合。一般来讲软件被划分为系统软件、应用软件和介于这两者之间的中间件。软件并不只是包括可以在计算机（这里的计算机是指广义的计算机）上运行的计算机程序，与这些计算机程序相关的文档一般也被认为是软件的一部分。简单地说软件就是程序加文档的集合体。另也泛指社会结构中的管理系统、思想意识形态、思想政治觉悟、法律法规等。

目前，网络技术、通信技术的迅猛发展和融合，使人们不再满足于个人计算机的连线上网，越来越多的人希望能真正实现移动互联，如随时随地的收发电子邮件、查看新闻及股市信息等。集成了"商务活动""英特网"和"无线网络技术"三部分内容，使得移动办公软件成为信息时代新的宠儿。

移动办公软件，是一套以手机等便携终端为载体实现的移动信息化系统。它可以连接客户原有的各种 IT 系统，包括 OA、邮件、ERP 以及个性业务系统，也提供了一些无线环境下的新特性功能。它的设计目标是帮助用户摆脱时间和空间的限制，随时随地随意处理工作，提高效率、增强协作。通过页面虚拟化技术，直接从原办公系统抓取数据，在不需要原系统提供任何接口，也不需要原系统做任何改动的前提下，即可快速延伸到手机上来使用，大大缩短了企业实现移动办公的实施周期、降低了实施难度，使处于移动状态的工作人员可以随时随地通过手机上网方式继续保持与内部办公系统的无缝衔接，随时查阅公告、审批公文、收发邮件等。

移动办公软件因此具有以下特点和优势。

(1) 无缝对接技术

不需要原办公系统提供任何接口，也不需要原系统开放数据库，即可实现手机移动办公。

(2) 网络全覆盖

完全支持 GPRS、GSM、EDGE、CDMA、WCDMA、TD-SCDMA、WIFI 等多种无线网络环境。

(3) 多附件支持

能在线查看普通文本、超文本、Word、Excel、PPT、PDF、JGP、TIF、Zip 等数十种附件格式。

(4) 多终端覆盖

支持 Widows Phone、iPhone、Andriod 等各类手机操作系统，涵盖了市场上所有的主流智能手机。

(5) 部署快速

可视化的安装部署平台，2～3 周即可实现一台计算机办公系统向手机办公的延伸。

(6) 安全可靠

高强度的混合加密算法和 SSL 隧道技术，用户账号、手机号码和手机设备号的三重校验机制，安全可靠。

思杰系统公司对全球 18 个国家和近两千位公司高管做过一项关于未来办公场所的调研。调查的结果表示，到了 2020 年年底，全球公司的工作人员将拥有平均超过 5 台的移动设备，并利用其随时随地的进行工作处理，完成工作任务，同时，随着企业员工办公地点的解放，全世界将有超过 16% 的办公场地锐减。中国的企业员工人均所有的设备数量也将由现在的 2.1 台增加到 3 台，办公场地更是会锐减两成以上。

7.3.3 移动数据

伴随互联网＋的快速发展，手机、平板电脑、智能手环（表）等移动智能终端设备的类型日新月异。移动智能终端设备的成本持续降低，而被赋予的应用功能越来越强大，网购、社交、拍照、看视频、生活出行等已司空见惯。随着使用时间的增加，大量的个人数据信息留存在人们的移动智能终端中。这些数据不仅涉及每个人的隐私，而且还涵盖着人们的银行账户、个人消费行为等信息。

移动智能终端设备通过连接无线网络可以从中获得各种服务。这些服务都是由一系列的服务器提供的，并且大量的服务器组成了数据中心，大量的数据中心构成了数据中心网络。当移动智能终端连接到服务器，数据的传输量会非常大，但是无线网络的带宽、数据中心之间的带宽是有限的，数据传输的过程中网络延迟很大，影响了数据传输的性能。因此，数据获取技术应运而生，数据获取技术涉及两个方面：服务器端和移动客户端。客户端用可以用数据预取和数据缓存技术。数据缓存技术是缓存那些将来可能要再次被访问到的数据，这些数据已经在缓存中，数据缓存技术是被动的缓存；数据预取技术根据当前用户的行为预测用户在将来将要请求的数据，把用户将要访问或者一些相关的数据预先缓存到用户的存储空间，减少了对服务器的请求，从而减少了网络延迟和网络带宽的消耗，数据预取技术是主动缓存。服务器端，运用复制技术，根据客户端的请求，考虑在数据中心的哪些服务器上放置数据副本，使数据更加接近用户，提高数据的可用性，从而减少网络延迟和网络带宽的消耗。如可穿戴计算机系统在移动中上网、移动中访问数据库，这类移动式的数据库管理技术将区别于固定的数据库管理。移动数据库需满足以下四个目标：可用性与可伸缩性；可移动性——移动中访问或移动中更新；可串行性——支持可串行的并发事务执行；收敛性——系统总能收敛到一致状态。

Apple Watch 的美妙之处在于，它与 iOS 系统深度融合，并自动将所有数据存储到手机的 Health 应用程序中。Health 是一个只有用户才能访问的私人数据库，其他想要查看数据的应用程序需要征得用户的同意。然而，很明显，这个应用程序是一个存储应用程序，它并不提供分析、解释和建议。而通常情况下，苹果公司会依赖第三方应用程序来为用户做到这一点。

Fitbit 没有将自己的数据嵌入到操作系统，因为它是第三方设备和应用程序。这意味着它必须将数据同步到用户的设备上的 Fitbit 应用程序，然后 Fitbit 应用程序将数据发送给 Fitbit 服务器进行分析。Fitbit 在这款应用上有一个可定制的仪表盘，对数据有很多解释，不过这些解释并不构成对用户的建议，同时，它具备了广泛的 API 和 SDK 可用来创建与 Fitbit 连接的应用程序。Fitbit 应用程序存储来自用户的设备的所有数据，并提供有用的工具来与之交互，比如简单的挑战和通知。

Garmin 在便携式 GPS 设备和探险装备的早期有着悠久而辉煌的历史，Garmin 确实将大部分数据同步到苹果公司的 Healthkit 数据存储中，使其他应用程序更容易共享和访问。Garmin 包含了大量的数据和功能，包括 VO2Max 甚至 SpO2 测量值。

7.3.4 移动商务

移动商务是利用移动设备和移动通信技术，随时随地存储、传输和交流商业信息，进行商业活动的创新业务模式。目前常见的移动设备有手机、掌上电脑、个人数字助理（PDA）、便携式计算机等。企业移动电子商务不仅是技术的创新，也是企业管理模式的创新。移动通信设备与企业后台连接，通过无线通信技术进行网上商务活动，使移动通信网与因特网有机结合，突破了因特网的局限，能更加高效、直接地进行信息互动，节省人力成本，使企业能及时把握市场动态和动向。移动电子商务充分运用其移动性，消除了时间和地域的限制，为电子商务活动提供便捷，使随时随地进行信息传输和商业交易成为可能。

"移动性""即时性""私人性""方便性"构成了移动电子商务独一无二的特点。这四大特点使得移动电子商务相对传统商务模式具备了如下优势。

（1）移动商务开拓更大自由尺度的商务环境：任何人在任何时间、任何地点都可以进行商务活动，大大突破了传统电子商务时间和空间的局限，对商务环境的要求进一步降低。

（2）移动商务人群覆盖面更广：移动商务的用户基数远远大于互联网，更广泛的消费者基础将电子商务的疆界成倍扩张。

（3）移动商务更高效、更准确：商务信息直达用户提高了商务的准确性和针对性，使得任何商务活动都可以及时得到响应。它在给予消费者更多使用便利的同时，为企业创造了更多的商业机会。

（4）移动商务以贴近用户的沟通实现更紧密的用户对位关系，使信息沟通的有效性和商业价值得以提升。

移动商务的前景非常诱人，其中一个重要原因就是移动商务具有丰富的应用内容。如即时通信、移动电邮、移动支付、移动搜索、移动股市、移动 CRM、移动营销等。

（1）移动商务信息服务——由通信服务向企业商务活动和业务管理领域发展的一种创新产业。主要应用于移动搜索信息服务、移动门户信息服务、多语种移动信息服务、移动商务信息定制服务和移动图书馆信息服务等。

（2）移动定位服务——指通过无线终端如手机、PDA 等利用 GIS 技术、空间定位技术和网络通信技术，获取目标移动终端用户的准确位置信息（经纬度坐标数据）和方向相关信息，并在手机屏幕上的电子地图上显示出来的一种增值服务。依照移动定位服务的用途，移动定位应用服务可分成安全服务、信息服务、导航服务、追踪服务、休闲娱乐与商业服务等六大类型。使用者可通过手机、PDA 或可携式导航机（PND）等移动装置享受到丰富的位置应用服务。

（3）移动商务支持服务——是直接围绕商务活动的能够提供各种便捷的、及时的、多维的支持性服务的一个过程。它主要的服务对象就是商务活动中的移动工作者。移动工作者是一类特殊的用户，他们具有时间、位置相关性和不确定性，在动态环境中工作，并且要应对各种不可控因素，他们工作的特殊性需要移动商务支持。移动商务对移动工作者的支持主要集中在移动办公、信息和知识的移动或远程接入以及其他的一些特殊的、无法使用固定通信设备的领域中。目前移动工作者支持在医疗、货物跟踪、售后服务等领域的应用已经获得成功。

（4）移动支付——是使用移动终端：手机、掌上电脑、笔记本电脑等现代通信工具，通过移动支付平台、移动商务主体在动态中完成的一种支付行为，或对网上支付行为进行手机确认后，再实现在线支付的一种新型的支付活动。移动支付既包括无线支付行为，也包括无线和有线整合支付行为。移动支付应用的领域非常广阔，目前极具前景的手机增值业务有手机金融（手机钱包）、手机游戏、手机电视等。

（5）移动娱乐——移动娱乐的需求可能是拉动移动商务应用普及最为可能的因素，越来越多的人会选择在移动环境中进行娱乐休闲。移动娱乐内容涵盖很广，包括：图铃下载、视频点播、移动电视、星象占卜、虚拟服务、音乐下载、在线游戏等。i-mode 的统计数据表明，娱乐是移动商务所有应用中最成功、利润最丰厚的业务，其中移动游戏就是非常受欢迎的一种。随着手机的日渐普及，手机游戏已经成为整个视频游戏领域发展速度最快的部分。

【本章小结】

人们在享受到管理信息系统带来的高效率和高效果之后，开始致力于开发更加便利、功能更加齐全的信息系统。管理信息系统的发展离不开各种信息技术，特别是云计算、大数据、无线技术和基于人因学的人机交互技术。无论是软件即服务模式，还是推技术；无论是射频技术，还是 GPS；无论是生物测定技术，还是虚拟现实，都能为管理信息系统带来新的模式。可穿戴计算机和移动商务应用能为人们的工作、生活带来新的飞跃。

硬件技术包括物联网、3D 打印等；软件技术则包含主要的操作系统、大数据、云计算的阐述；移动系统的组成离不开移动硬件、移动软件及移动数据。本章对相关概念进行解释并就目前的应用领域做出有关概述，这些新的技术应用对管理信息系统未来的发展产生了较为深远的影响，对社会经济发展起到一定的促进作用。

【本章思考题】

1. 什么是物联网，它的基本特征、体系结构及体系结构有哪些？目前的应用有哪些？
2. 什么是 3D 打印？它的基本特点是什么？又是如何进行 3D 打印的？目前应用在哪些领域？
3. 什么是人工智能？试举例目前的应用？
4. 什么是虚拟现实？试举例其在信息系统中的应用。
5. 什么是大数据，它有哪些特点？
6. 什么是云计算，它有哪三种最基本的服务模式，哪种服务模式与管理信息系统最为密切？
7. 开源软件是什么？试论述它和免费软件的区别？它有哪些种类和特征？
8. 试举例生活中的移动硬件及移动软件，其对管理信息系统的未来发展有何种影响？
9. 可穿戴计算机系统中的移动数据如何获取？

【中英文对照表】

The Internet of Things（IOT）	物联网
Global Positioning System（GPS）	全球定位系统
Radio Frequency Identification（RFID）	射频识别技术
Micro-Electro-Mechanical Systems（MEMS）	微电机系统
Machine-to-Machine/Man（M2M）	机器对机器系统

additive manufacturing	增材制造（3D 打印）
3D Bioprinting Solutions	3D 生物打印解决方案
Artificial Intelligence（AI）	人工智能
Virtual Reality	虚拟现实
Big Data	大数据
Software as a Service（SaaS）	软件即是服务
Platform as a Service（PaaS）	平台即服务
Infrastructure as a Service（IaaS）	基础设施即服务
Cloud Computing	云计算
open-source	开源软件
Wearable Computer	可穿戴计算机

第 8 章　信息系统安全与伦理道德及相关立法

【本章学习目的】

在学习了信息技术带来的信息安全问题的基础上，引发对伦理道德的思考。
本章学习目的如下：
(1) 了解信息安全的现状及各国政府为了保障信息安全做出了哪些贡献；
(2) 学习哪些事件威胁着信息系统安全，通常人们采取什么措施来保障信息系统安全；
(3) 了解信息安全的发展对伦理道德和国家立法的影响，思考我国信息安全立法的未来发展之路。

【本章引导案例】

Facebook 的数据泄露事件

2018 年 3 月，Facebook 数据泄露丑闻爆发，致使 Facebook 股价大跌、市值蒸发，CEO 扎克伯格也因此深陷窘境。与此同时，欧盟、英国纷纷做出强烈回应，要求对数据泄露事件进行调查。民调显示，只有不到一半的美国人信任 Facebook 遵守美国的隐私法，更有 60% 的德国人担心 Facebook 和其他社交网络对民主产生的负面影响。

Facebook 的数据泄露事件（以下称"事件"）无疑是企业向第三方提供数据方面的一本反面教材。显然，这本反面教材的代价是沉重的，Facebook 不仅市值蒸发数百亿美元，需要接受各国政府的调查与监管，更重要的是背后的用户信任危机，一旦用户对 Facebook 的数据保护能力产生怀疑，这将对其商业模式闭环中的"用户"和"数据"两方面产生消极影响，从而动摇其商业根基。

本次事件的大致背景最早可以追溯至 2007 年。当时 Facebook 为增强用户黏性推出应用编程接口（API），通过这个接口，第三方软件开发者可以开发在 Facebook 网站上运行的应用程序，这被称为 Facebook Platform，而用户可通过这一平台在线使用相关应用程序并进行互动。用户在使用该平台时，Facebook 与平台上的应用会读取个人信息，该部分信息有的是 Facebook 上已有的信息，如用户的个人信息和朋友列表等；有的则是使用相关应用时产生的信息。当时 Facebook 并没有对平台数据的交叉使用与共享进行严格的区分与管理。本次事件的核心人物——剑桥大学心理学教授亚历山大·科甘（Aleksandr Koran）及其背后的数据分析公司剑桥咨询（SCL/Cambridge Analytica），正是利用了当时 Facebook 的平台数据共享的漏洞，致使 Facebook 上 5000 万用户的数据泄露。

科甘与剑桥咨询于 2013 年开发了一款专门针对选民的测试应用 "this is your digital life"，对外宣称是心理学家用于做研究的 App，经用户授权后收集的信息包括用户的年龄、住址、性别、种族、教育背景等个人信息，平时参与的活动以及在社交网络中发表、阅读、点赞的内容，还包括用户的朋友所发布的信息等。一共有约 27 万人下载了这一应用，再加上通过公开途径收集的用户信息，共涉及 5000 万用户的数据。据媒体报道，剑桥咨询在收集到上述数据后，分析出了用户的行为模式、性格特征、价值观取向、成长经历等，以便针对特定用户推送竞选广告。

事件曝光后，Facebook 的副总裁兼副总法律顾问和扎克伯格本人先后发表了对事件的声明，主要强调科甘是按照合法合规的方式经用户授权后取得数据，只是使用中擅自将用户数据提供给第三方，致使数据的泄露。同时说明在 2014 年已对 Facebook Platform 的数据安全系统进行了全面的优化，在 2015 年发现科甘违规后已经采取了相应安全措施，包括管理权限和要求删除等，承诺将采取措施监管第三方的数据使用。扎克伯格更是在博文中表示"我们有责任保护好用户的数据，如果我们连这个都做不到，那么就不足以向用户提供任何服务"。显然，本次事件所反映的数据安全漏洞发人深思。

讨论：安全不仅仅是个技术问题，还是个业务问题。请对此结合案例展开讨论。

案例来源：https://blog.csdn.net/rlnLo2pNEfx9c/article/details/79765655

8.1 信 息 安 全

信息技术像一把双刃剑，在给人们的工作生活带来便捷的同时，也产生了大量不容忽视的信息安全问题。为了解决这些问题，各国政府及组织主要从两个方面开展研究：一是建立信息系统安全测评的标准；二是发展信息安全措施应对来自组织内外的威胁。

8.1.1 信息安全的内涵

国际标准化组织（ISO）对信息安全的定义是：为数据处理系统建立和采取的技术和管理的安全保护，保护计算机硬件、软件数据不因偶然或恶意的原因而遭到破坏、更改和显露。可见，信息安全的问题不仅涉及信息本身的安全，也包含构成信息系统的软、硬件的安全，以及信息系统所处的物理环境的安全。

信息安全的本质是保护信息系统中有形和无形的信息资产拥有者的合法权益不受侵害。关系着一个信息系统是否能正常工作、发挥效益，为一个企业或组织乃至整个国家提供正常的信息服务。保障信息安全就是要保障信息的保密性、完整性、可用性、可控性及不可否认性。

(1) 保密性是指阻止非授权主体阅读信息。
(2) 完整型是防止信息被未经授权的篡改。
(3) 可用性是指授权主体在需要信息时能及时得到服务的能力。
(4) 可控性是指对信息及信息系统实施安全监控管理，防止非法利用信息及信息系统。
(5) 不可否认性则是在网络环境中，信息交互的双方不能否认其在交互过程中发送信息或接收信息的行为。

计算机及网络改变了人们的生活方式、工作方式，乃至整个社会的协作模式，涉及政治、经济、国防、教育等方方面面，深刻影响着人类社会的发展进程。但也产生了大量新的、不容忽视的信息问题：黑客对网络信息系统的大肆攻击破坏；网络上各种信息真伪难辨，数据的真实性、可靠性难以保证；计算机病毒肆虐，网上信息良莠不齐；不法分子利用网络从事危害社会安全的行为……

面对信息安全形势的严峻性，要保障信息系统安全要求各国政府重视对信息系统安全标准的研究。

8.1.2 信息安全标准

信息安全标准是确保信息安全系统及信息安全产品在设计、研发、生产、建设、使用测评中解决其一致性、可靠性、先进性和符合性的技术规范、技术支持。研究信息安全标准是必要的，它对于信息安全计划的制订、信息安全策略的实施以及信息安全产品的开发具有指导作用。经典的信息安全标准包括 TCSEC、ITSEC、CC 标准等。

1. 美国可信计算机系统安全评价标准

自 20 世纪 70 年代，美国国防部就致力于信息安全标准的研究，相继制订了包括 20 多个文件的一组计算机安全标准。由于每个文件使用了不同的封皮颜色，因此统称为"彩虹系列"（Rainbow Series）。其中影响最大的是 1983 年公布的"可信计算机系统安全评价标准"（Trusted Computer System Evaluation Criteria，TCSEC）桔皮书。TCSEC 最初只用于军事领域，后来才发展应用到民用领域。该标准将信息安全分为四个方面：安全政策、可说明性、安全保障和文档；将计算机操作系统的安全级别划分为四档（A、B、C、D）七个级别（A1、B3、B2、B1、C2、C1、D）。

（1）D 级（最小保护级），只为文件和用户提供安全保护，整个计算机是不可信任的，硬件及操作系统极容易被入侵。系统不要求用户进行登录验证，任何人都可以自由使用计算机系统。D 级系统最普遍的形式是本地操作系统，或者一个完全没有保护的网络。

（2）C 级能提供审慎的保护，并为用户的行动和责任提供审计功能。包括 C1 和 C2 两类。

①C1 级（酌情的安全保护），要求硬件有一定的安全保护措施（如硬件安装带锁装置，必须有钥匙才能使用计算机），并且用户在使用计算机系统时必须先进行登录验证。另外，系统管理员可以为一些程序或数据设立访问权限。但是由于 C1 级不能控制系统的用户访问级别，用户可以将系统中的数据任意移走。用户还可以通过控制系统配置，获取比系统管理员所允许的更高权限。

②C2 级（访问控制保护）在 C1 级基础上，引入了受控访问环境，即加入了用户身份认证级别。不同级别的用户有不同的执行命令或访问文件的权限。另外，C2 级系统对发生的事件还加以审计，并写入日志中，如何时开机，何人在何时从何地登录等。通过查看日志，可以清楚地知道用户使用信息系统的情况，发现入侵的痕迹，对于多次连续登录失败可以推测为非法用户意图强行闯入系统。

（3）B 级系统具有强制性保护功能，这就意味着如果用户没有与安全等级相连，系统就不允许用户存取对象。B 类安全等级按由低到高可分为 B1、B2、B3 三类。

①B1 级（被标签的安全性），支持多级安全。"标签"是指网上的一个对象，该对象在安全防护计划成本中时刻被识别和保护。"多级"是指这一安全保护可设置在不同级别（如

网络、应用程序或工作站等）上，系统对网络控制下的每个对象都进行灵敏度标记，准确表示其所联系对象的安全级别，而每个用户都有各自的一个许可级别。任何对用户许可级别和成员分类的更改都受到严格的控制。

②B2级（结构化保护）不仅要满足B1级的要求对系统中所有对象添加标签，还要给设备（如工作站、终端和磁盘驱动器）分配安全级别。保证系统具有较好的抗渗透能力，访问控制对所有的主体和客体都能提供保护。并且为管理员提供一个明确的、文档化的安全策略模式。

③B3级（安全域机制），在符合B2级系统的所有安全需求后，还要求具有很强的监视托管访问能力及抗干扰能力。B3系统必须有一个可读的安全列表，对每个被命名的对象提供无访问权的用户列表说明；无论进行任何操作，都要求先进行用户身份验证，同时还会发送一个取消访问的审计跟踪消息；设计者必须能够区分可信任的通信路径和其他路径；可信任的通信为每个被命名的对象建立安全审计跟踪。

（4）A级（核查保护）的安全级别最高。A级包括了前面提到的各级别的全部特性。系统设计者要保证系统的可验证性，可以从数学角度对秘密通道和可信任分布进行分析。系统管理员必须从开发者那接收到一个安全策略的正式模型，对于所有的安装操作都必须亲力亲为，并且每一步安装操作都必须有正式文档。

从D类到B1类是以非形式化定义的安全策略模型；从B2到A类则是更加严格的形式化定义，甚至引用了形式化的验证方法。

TCSEC是针对建立无漏洞和非侵入系统制订的分级标准。仅仅提供防护安全，对于如何检验防护功能的效果以及检查出了漏洞又如何弥补等问题并没有涉及。并且TCSEC只是对单一计算机，特别是小型计算机和主机结构的大型计算机制订的测评标准。对于互联网络和商用网络则缺乏成功实践支持。目前，TCSEC已逐步停止使用。

2．其他国家的信息安全标准

（1）欧洲信息安全标准

继美国之后，西欧四国（英、法、德、荷）于1990年联合制订信息技术安全保密评估准则（Information Technology Security Evaluation Criteria，ITSEC）。由于TCSEC存在只是关注计算机系统保密性的局限性，ITSEC引入了信息安全的完整性、可用性因素，将可信计算机的概念提高到可信信息技术的高度上来认识。

ITSEC将信息安全定义为从E0到E6七个等级：E0级为不能充分满足安全保证，E1为功能测试，E2为数学化测试，E3为数学化测试和分析，E4为半形式化测试，E5为形式化分析，E6则是形式化验证。同时ITSEC预定义了十种功能，其中f1～f5功能与桔皮书的C1～B3级基本相同，而f6～f10的五个功能分别为系统完整性需求、系统可用性需求、交换期间系统数据保密性需求、交换期间系统数据完整性需求以及信息被交换时网络完整性和保密性需求。

1997年，欧盟发布了ITSEC评估互认可协定，并在1999年修改发布了新的互认可协定。目前，英、法、德三国签署双方承担义务并相互承认，接受这三国的测评结果的有芬兰、荷兰、希腊、挪威、西班牙、瑞典以及瑞士等国。

（2）加拿大信息安全标准

加拿大信息安全评价标准（Canadian Trusted Computer Product Evaluation Criteria，CTCPEC）是专门针对政府需求设计的，将信息安全分成功能需求和保证性需求两部分。其中功能性需求要保证信息的机密性、完整性、可用性和可控性。在每种安全需求上又分成很多小类实现安全性的差别标准。

第8章 信息系统安全与伦理道德及相关立法

(3) 国际通用标准

1996年,美、加、英、法、德、荷六个国家在 TCSEC、ITSEC、CTCPEC 基础上,提出了信息技术安全评价的通用标准(Common Criteria for Information Security Evaluation,CC)。CC综合了国际上已有的评测准则技术标准的精华,提出了信息安全的框架及基本原则。

CC全面地考虑了与信息技术安全性相关的所有因素,以"安全功能要求"和"安全保证要求"的形式提出了这些因素。其中特别突出了"保护轮廓"(Protect Profile,PP)的概念,每个轮廓都包括功能、开发保证和评价三个部分。强调将安全的功能和保障相分离,即把安全要求分为规范产品和系统安全行为的功能要求以及解决如何正确有效地实施这些功能的保证要求。

CC定义了十一个公认的安全功能类,即安全审计类、通信类、加密支持类、用户数据保护类、身份识别与鉴别类、安全管理类、隐私类、安全功能件保护类、资源使用类、安全产品访问类和可信路径或通信类;定义了七个公认的安全保障需求类,分别是配置管理、分发和操作、开发过程、指导文献、生命期的技术支持、测试和脆弱性;并且还定义了七个安全确信度等级 EAL1~EAL7。

与早期的评估标准相比,CC具有三大优势。其一,开放的结构使得CC提出的安全功能要求和安全保证要求在具体的保护轮廓和安全目标中进一步细化和扩展,这样的结构更适合信息技术和信息安全的发展;其二,CC使用通用的表达方式,易于用户、开发者、评估者之间相互沟通与理解;其三,CC结构和表达方式具有完备性和实用性的特点,通过保护轮廓和安全目标的编制体现出来。

但是CC也有其局限性。CC重点关注人为的威胁,并没有考虑其他的威胁。而且对于组织、人员、环境、设备、网络等方面的具体安全措施也没有涉及。

3. 我国的信息安全标准

相较于国外信息安全标准的研究,我国的相关研究工作起步较晚,但是发展迅速。最初主要是采用国际标准的原则,根据我国国情转化了许多国际信息安全的基础技术标准。2001年开始实施的《计算机信息系统安全等级划分准则》是我国自制的关于实施安全等级管理的重要基础性标准。该项准则将信息安全分为五级。

(1) 第一级:用户自主保护级。通过隔离用户与数据,对用户实施访问控制,保护用户和用户组的信息,避免其他用户对数据的非法读写和破坏。

(2) 第二级:安全审计保护级。除了具备自主保护能力外,第二级提高了自主访问控制能力。通过登录规程、审计安全性记录相关事件发生的日期、时间、用户事件类型等信息及隔离资源,使所有用户对自己的行为负责。

(3) 第三级:安全标记保护级。本级的计算机系统提供有关安全策略的模型,通过对访问者及访问对象标记安全级别,控制访问者的访问权限,实现对访问对象的强制保护;不仅要求具备准确的标记信息输出能力,还能够消除测试中发现的任何问题。

(4) 第四级:结构化保护级。本级要求将自主和强制访问控制扩展到所有主体和客体。结构化定义关键保护元素和非关键保护元素,其中关键保护元素直接控制访问者对访问对象的存取。明确定义接口,加强鉴别机制,使系统具有相当的抗渗透能力。

(5) 第五级:访问验证保护级。在具备第四级安全功能的基础上,本级计算机信息系统还要满足访问监控器的需求。通过访问控制仲裁主体对客体的全部访问。因此要求信息系统构造时要排除那些对实施安全策略来说不必要的代码，将系统的复杂度降到最小。应能支持安全管理员的管理，当发生与安全相关的事件时可以发出警报。

目前我国已经颁布了适应各行各业的信息安全标准，涉及网络与信息系统安全、信息内容安全、信息安全系统与产品、保密及密码管理、计算机病毒与危害性程序防治等多个领域。并且随着信息技术的发展，新技术带来信息安全问题的同时又为信息安全标准引入了新的内容。如2007年发布的《信息安全技术——虹膜识别系统技术要求》，对用于身份鉴别的虹膜识别系统的设计、实现及管理过程建立了统一标准。

8.1.3 信息安全技术

信息安全技术是保障信息安全的另一个重要方面。

1. 信息系统面临的威胁

信息安全技术的发展是用于应对各种威胁的。信息安全威胁是指对公司或组织信息资源带来潜在危害的个人、组织、机制或事件。谈到信息安全威胁，可以很自然地想到是由于某种企业或组织外部的个人或组织对内部资源进行攻击的故意行为。实际上，威胁可能来自外部，也可能来自组织内部。图 8-1 显示了处于互联网中的信息系统受到的最常见的威胁，这些威胁可能来自组织内部，也有可能来自组织外部。具体来说，可以分为三类：信息系统实体、组织内部管理及组织外部攻击。

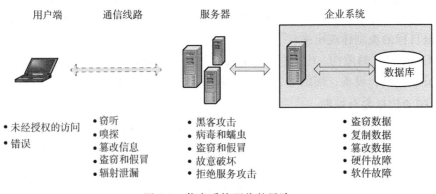

图 8-1 信息系统面临的风险

1) 信息系统实体

一般是由各种自然灾害（如水灾、火灾、雷电）、恶劣的场地环境、电磁干扰和电力故障等事故引发的网络中断、系统瘫痪、数据被毁等。由于自然灾难的破坏，会对系统造成巨大的破坏，某些数据文件甚至可能无法恢复，因此，对于应用信息系统的企业或者政府，必须具有应对灾难的能力和措施。

2) 组织内部管理

目前大多数公开的报告都是关于企业计算机系统受到来自外来攻击的。但是实际上，企业内部行为不轨的员工造成的经济损失比来自外部的破坏大得多。据估计75%的计算机犯罪都是企业内部人员犯下的，虽然这不是受限于计算机误用的问题。

涉及计算机犯罪包括旧有的犯罪形式，比如买主诈骗（向一个根本不存在的买主付款或者向根本没有交货的商品付款），向虚构的员工支付工资，为根本没有发生的费用退款等。现在又出现了新的犯罪形式，比如窃取密码，信用卡号码、个人资料等。非物质资产是企业内部人员犯罪最热衷的目标。生产计算机监控软件的厂商指出,购买和安装这类监控软件的公司多将其用于监控公司的非物质资产,如产品设计草图、各种报表是如何在网上流传的,而不是大量用于监控其员工。

企业内部职业犯罪的检查人员流传着一个"搭便车"理论,即一个企业中有10%的员工是诚实的,有10%的员工肯定会偷东西,剩下80%的员工其行为就取决于环境。大多数的职业犯罪都发生在员工陷入经济危机、员工有机会接触防范不严的资金或员工自认为犯罪行为被发现的可能性不大等情况下。

3) 外部入侵

来自组织外部的攻击多种多样,主要包括以下几种。

(1) 系统穿透:未经授权而不能接入系统的人通过一定手段对认证性(Authenticity 真实性)进行攻击,假冒合法人接入系统,实现对文件进行篡改、窃取机密信息。非法使用资源等。一般采取伪装(Masquerade)或利用系统的薄弱环节(如绕过检测控制)、收集情报(如口令)等方式实现。

(2) 违反授权原则:一个授权进入系统做某件事的合法用户,他在系统中做未经授权的其他事情,威胁系统的安全。

(3) 通信监视:是在通信过程中,依靠软硬件的帮助从信道搭线窃取信息。硬件可通过无线电和电磁泄漏等来截获信息;软件则是利用信息在 Internet 上传输的特点对流过本机的信息流进行截获和分析,即所称的嗅探器(sniffer)。

(4) 拒绝服务(Denial of Service,DoS):是指黑客向网络服务器或 Web 服务器发送大量请求,使服务器来不及响应,从而无法正常工作。分布式拒绝服务(Distributed Denial of Service,DDoS)的危害更大,因为黑客可以通过操纵成千上万台计算机集中进行 DoS 攻击,最终导致服务器瘫痪。

(5) 植入:一般在系统穿透或违反授权攻击成功之后,入侵者为以后的攻击提供方便,在系统中植入恶意软件的一种能力。恶意软件包括计算机病毒、蠕虫、特洛伊木马、间谍软件等。特洛伊木马是一种在完成正常工作的背后隐藏的为入侵者特定目的服务的程序,如一种表面上工作正常的邮件发送工具能将所有发往某地址的信件复制并发送到攻击者指定的信箱。

①计算机病毒(computer virus)是指编制或者在计算机程序中插入的破坏计算功能或者毁坏数据、影响计算机使用、并能自我复制的一组计算机指令或者程序代码。

②蠕虫(worm)与病毒不同,它不需要依赖其他程序而可以独立存在,并能够自我复制和传播。因此蠕虫比计算机病毒传播得更快、更广。蠕虫不仅可以破坏数据和程序,甚至消耗网络资源使网络不能正常运行。

③特洛伊木马(Trojan horse)从严格意义上讲不是病毒,但它经常会把病毒和其他恶意程序带入计算机。实质上,特洛伊木马是一个网络客户机/服务器程序,使被安装的计算机成为被控制端。被控制端相当于一台服务器,可以为入侵者所在的控制端提供服务,如盗窃账号、密码、发动拒绝服务攻击等。

④间谍软件(spyware)通常也表现为恶意软件,会监控计算机用户的上网记录并用于广告用途。

正是由于信息系统面临着如此多的威胁,一旦出现数据破坏、信息泄露的问题,将会给企业带来巨大的损失。因此,实施安全控制,降低威胁事件发生的概率是企业普遍使用的手段。

2. 安全控制技术

企业可以应用多种工具和技术来防止或尽可能减少信息威胁，包括认证工具、防火墙、防毒软件、加密技术等。

1) 备份

要防止信息丢失，最简单的方法就是把全部文件进行备份。备份就是把存储在计算机上的全部信息进行复制的过程。没有什么方法比定期复制重要文件更基本更有效了。由于丢失信息而造成的经济损失中，2/3 以上是源于员工的粗心大意。

2) 防病毒软件

防病毒软件是非常必要的。防病毒软件是扫描、消灭或隔离计算机病毒的软件。新的计算机病毒每天都在出现，而且一代更比一代危害性强。至少应定期检查以下的病毒。

（1）特洛伊木马病毒（隐藏在良性软件中的病毒）和后门程序（打开系统的通路，为以后的攻击做准备）；

（2）病毒变种或蠕虫病毒，它们很难被防病毒软件发现，因为这些病毒会在传播过程中不断变换；

（3）在 ZIP 文件或其他压缩文件中的病毒；

（4）在电子邮件附件中的病毒。

两个最终要点：一是防病毒软件能够杀灭病毒，但是同时不能破坏藏匿病毒的文件。二是新病毒随时出现，必须有规律地更新升级防病毒软件。

3) 防火墙

防火墙是网络互联环境下一种必需的安全设备，用于控制进入和流出网络的数据流的硬件和软件。通常放置在内、外部网络之间，对进出网络的信息和服务进行隔离和分析，保护内部网资源和信息。也可以用于内部网络，把某个部分与其他部分分隔开来，如图 8-2 所示。

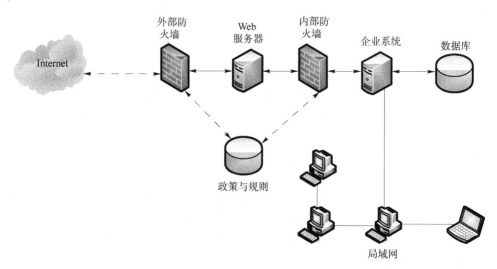

图 8-2　企业防火墙

防火墙过滤技术主要包括静态分组过滤、状态检测、网络地址转换和应用代理过滤等。

分组过滤用于检查在安全的内联网和不安全的外联网之间传输的数据包的特定的头字段，过滤非法数据，可以避免多种类型的攻击。状态检测通过检测数据包是否是正在进行合法对话的发送方与接收方之间的数据来进一步加强安全检测。网络地址转换则是在分组过滤和状态检测的基础上理会进一步的安全防护。通过隐藏企业内部主机的 IP 地址，防止外部的嗅探器程序侵入和攻击企业内部计算机系统。应用代理过滤用于检查应用程序内容的分组数据包。外部数据进入内部计算机前先通过代理服务器进行检查后，才传给内部的目的计算机。无论是由外部向内部发送信息，还是由内部向外部发送信息，都必须经过中间的应用代理服务器。

4）身份确认

防火墙把外部人员拦在外面，但是没有把自己人挡住。换句话说，没有得到授权的员工会尝试进入计算机系统或者某些文件。企业保护计算机系统的做法就是使用确认系统，查清楚来者是谁，然后放行。

自计算机问世以来，密码就被广泛使用。访问控制就是一种普遍使用的认证工具，包括企业用来防止非授权的内部访问与外部访问的所有政策和程序。用户若要访问系统中的信息，必须得到授权和认证。认证是指确认用户真实身份的能力。通常是通过只有用户知道的密码来认证用户身份，但有时用户会忘记密码，或者密码设置得过于简单，系统依然存在安全隐患。生物认证技术，如指纹识别、视网膜识别、面部识别等，能够克服密码认证的缺点，有效确认用户的真实身份。但由于成本较高，也只是刚开始得到应用。

5）加密技术

通过一组秘密的数字代码（即加密密钥）对信息进行加密，使传输的数据以混乱无意义的字符形式进行传输，要阅读加密的信息必须用与加密密钥相匹配的解密密钥进行解密，从而保证信息的完整性及认证问题。

目前，公钥加密的方法被普遍应用。公钥加密，如图 8-3 所示，采用了两把不同的密钥：一把是公钥，一把是私钥。数据经公钥加密后，以混乱无意义的字符形式传送到接收方，只有经过私钥解密才能够阅读。

图 8-3　公钥加密

加密技术可用于解决消息完整性和认证的问题。消息完整性是指保证传输的消息未经复制和修改到达正确目的地的能力。数字签名和数字证书可用于认证过程。数据签名是在传输消息上附加的一串用于验证消息来源和内容的数字代码。

数字证书旧用来建立用户身份和电子资产的数据文件，需要通过一个具有公信力的第三方认证授权机构（certificate authority）验证用户身份。CA 认证授权机构首先收集数字证书用户的个人信息，并储存到 CA 服务器中，生成一份加密的数字证书，其中包括用户身份及公钥。当用户将加密消息发送给接收方时，接收方用 CA 公布在互联网上的公钥解密附加的数字证书，验证发送方的身份。接收方同样可以应用这种方法回复发送方。这种使用公钥密码系统和数据证书认证的方法，被称为公钥基础设施（Public Key Infrastructure，PKI），是目前最主要的安全认证方式。

6）入侵探测和安全审核软件

安全软件包的另两种形式就是入侵探测和安全审核软件。入侵探测软件（IDS）的功能就是在网络系统上寻找不速之客或者形迹可疑的人。例如，某些人可能反复试验不同的密码希望进入某个系统。"蜜罐"软件是一个入侵探测系统，它会经凭空创造很多诱人的但是不存在的目标吸引黑客，结果黑客的操作行为会被记录下来。

安全审核系统检查计算机或网络的潜在隐患。目的就是找出黑客可能攻击的薄弱环节并加以弥补。

8.2　道德、伦理和法律

随着信息技术的发展，利用计算机和网络侵犯个人隐私权以及在商业领域侵犯版权的问题比比皆是。在信息时代，人们应当清楚什么是道德的、合乎伦理的、合法的行为。

8.2.1　信息技术与隐私权

隐私权（privacy）是保证当事人按照个人意愿不受别人干扰，或者独立控制个人财产而不受他人随意查看的权利。随着信息技术的发展个人隐私权的问题从现实社会延伸到时网络空间。网络在给人们的生活带来繁荣便利的同时，也打破了时间、空间的界限，使作为隐私屏障的时间、空间在很大程度上失去了意义，为人们的生活方式和价值带来了巨大的冲击。

1. 隐私权与政府

政府是公民信息的最大数据收集者，政府的各个部门需要大量的私人信息来支持其工作，如社会保障、福利事业、助学贷款和执法等。大多数公民希望执法部门监视违法者，以保障公众的安全，但是，守法公民的信息在不知不觉中被截获监听。

2. 隐私权与员工

工作中的隐私也是一个十分重要的问题。组织为防止员工做出不利于组织的事情或者是因私人原因使用组织的网络资源而影响正常工作，通常在工作场所安装摄像头，检查员工电子邮件，监听员工电话等。更有甚者，使用计算机监视系统，利用特殊的计算机程序跟踪员工的操作，可以检测到员工正在输入什么、什么时候不使用键盘或计算机系统、浏览什么网页，使员工的个人隐私受到极大的威胁。

3. 互联网中的隐私问题

若不采取适当的预防措施，每当用户在互联网上浏览信息时，每当通过互联网在线处理银行业务或网上购物时，用户的个人信息及财务信息可能在因特网上截取。这种监视和追踪网站到访者的行为都发生在系统背后，使用者并不知情。并且用来监视访问者在互联网上行为的工具十分普遍的，cookie 就是网络监控的基本工具之一。Cookie 是一些小文件，当使用者浏览网站时，这些小文件便经由网站传送并存储在使用者的计算机硬盘中。这样 Cookie 就可以监控并记录使用者登录了什么网站，停留了多长时间，浏览了哪些网页，从什么站点链接到什么站点等。当然，从好的方面来说，网站可以通过发展推送技术为用户提供个性化服务。但更坏的情况是私人信息被黑客拦截或窃听。

同样，电子邮件也是毫无安全性可言的。随着因特网的发展，E-mail 已经在国家和国际通信中广泛使用。但是 E-mail 在网络传送过程中，很可能要经过不同的网络。由于并不是所有的网络都使用相同的电子邮件格式，所以要由网关将电子邮件信息的格式转换为下一个网络系统可以识别和理解的格式。每个网关都要读出电子邮件信息中的收件人地址来选择传送路径。因此，一封电子邮件往往要在至少三四台不同的计算机上复制和存放，如图 8-4 所示，而电子邮件中所包含的大量个人隐私存在着安全隐患。

图 8-4　E-mail 在网络中的传送

除此之外，对隐私权的侵害还以新的形式表现出来，如"人肉搜索"。人肉搜索就是利用现代信息科技，变传统的网络信息搜索为人找人、人问人、人碰人、人挤人、人挨人的关系型网络社区活动，变枯燥乏味的查询过程为"一人提问、八方回应，一石激起千层浪，一声呼唤惊醒万颗真心"的人性化搜索体验。是通过人们之间的资料提供与汇集来寻找所需信息。当网上出现为广大人民所痛斥的行为或言论，在极短时间内，网民就可以通过"人肉搜索"找到源头，并将其人的详细信息曝光于互联网上。

8.2.2　信息技术与知识产权

知识产权是指个人或公司所发展的无形资产，包括软件、音乐、视频、图像、文章、书籍及其他书面作品。信息技术使得知识产权的保护变的愈加困难，这是由于计算机化的信息在网络上很容易被复制和传输。例如，用户可以通过互联网下载 MP3 音乐，还可以通过电子邮件的形式传播。这种非法复制和传播数字媒体的行为就是对知识产权的侵犯。盗版软件也是一个极端严重的问题。据估计美国的商业软件中有 1/4 是盗版的，而在世界的某些地方，超过九成的商业软件涉嫌盗版。作为软件业龙头的微软公司每年都收到超过 25 000 件关于盗版的举报。网络知识产权涉及网络版权和域名两方面的内容。

1．网络版权

网络版权是信息技术发展、互联网普及带来的另一个伦理道德问题。在版权领域，传统的版权法主要是规范版权作品在有形空间中的创作、发行和销售问题，即"复制"行为。但是网络的无边界性却将这种复制行为发展到无形的空间进行。

利用信息技术侵犯版权，表现出了高科技的特点。

常见的十种网络版权侵权行为有：

（1）未经作品权利人许可，擅自发表其作品；

（2）未经合作作者许可，将与他人合作创作的作品当作个人单独创作的作品发表；

（3）为谋取个人利益，在他人作品上署名；

（4）歪曲、篡改他人作品；

（5）剽窃他人作品；

（6）未经许可擅自以复制、展览、发行、放映、改编、翻译、注释、汇编、摄制电影和类似摄制电影等方式将作品用于网络传播；

(7) 将他人作品用于网络传播，未按规定支付报酬；
(8) 侵犯版权邻接权的行为；
(9) 规避或破坏保护作品版权的技术措施；
(10) 破坏作品的权利管理信息。

2. 域名

域名是因特网主机的地址，由它可转换为该主机在因特网中的物理位置。在实际应用中，许多企业都是以其名称或主要产品的商标作为域名，代表着企业的商誉和在虚拟社会中的市场商业机会，为企业带来的商业价值是不言而喻的。

受利益的驱使，加上域名管理制度上还有薄弱环节，近几年出现了以专门注册他人公司名称、商标等为域名，并以高价出售这些域名获利的单位和个人。从而产生了关于网络著名的争论。注册域名与注册商标是相似的，采用抢先原则和唯一性原则。一旦被恶意抢注，会给企业带来不可估量的损失。据称美国麦当劳公司就曾被人抢注了域名，最后竟花了800万美元从抢注者手中将域名买回。

域名抢注是域名侵权中危害性最大的一种行为，另外对域名的侵权行为还包括：
(1) 擅自使用他人注册商标、单词、字母注册域名的行为；
(2) 擅自运用他人注册商标的图形、图像并入自己的网页，或将他人商标的图形设计成自己网页的图标的行为；
(3) 在自己的网页上使用他人商标建立连接，足以使消费者产生混淆的行为；
(4) 将他人商标埋置在自己网页的原代码中的行为。

对于隐私权和知识产权等的侵权行为，必须出台相关法律进行规范。

8.2.3 信息安全立法

1966年，美国一家银行的程序员通过修改程序，使他的信用卡可在系统无法觉察的情况下处于透支状态，这样他就可以在账户亏空情况下持续消费。由于当时法律上还没有这方面的规定，所以只能按照输入错误来惩罚他。由此可见，信息安全立法是必要的。欧美国家在信息安全立法方面最为先进且最富经验，对我国信息安全立法具有借鉴作用。

1. 美国信息安全立法

美国的信息安全立法侧重于规定公民或组织对数据获取权利的限制，尤其是信息卡数据和政府数据。隐私权、软件版权及计算机犯罪都是立法的重点。

1966年美国出台了第一部计算机立法《信息自由法案》，主要是保障公民的个人自由，允许公民或组织获取政府所拥有的数据。但是并不是所有的数据信息都可以为个人获取，该法律规定了9种"例外"情形，包括：国家安全保密问题；政府机构的关于人事及活动的内务材料；法律规定的豁免材料，如人口普查档案、公共设施信息等；商业秘密；个人隐私文件；律师等拥有的当逼供特权性材料；执法档案；金融机构材料；地质数据。这些信息都受法律保护可不被公开。

《信息自由法案》是美国最重要的信息法律，也是其他信息安全保护法律的基础。在随后的几十年里，美国又出台了一系列保障信息安全的法律法规。如保护个人隐私权的《个人隐私保护法》《儿童隐私保护法》《电子隐私条例法案》等；保护知识产权方面的《千禧年数字版权法》《反域名抢注消费者保护法》；预防计算机犯罪的《计算机欺诈及滥用法案》《电信诈骗法》《网上电子安全法案》《反电子盗窃法》《经济间谍法案》等；维护信息基础设施的《国家信息基础设施保护法案》等。不仅关注信息安全带来的伦理道德问题，同样注重在打击计算机和网络犯罪方面加强国际合作的必要性，同欧洲委员会近 30 个成员国签署了《计算机犯罪公约》。这也是第一个用于国际社会合作打击网络犯罪的国际性多边公约。

进入 21 世纪后，美国的信息安全立法主要针对网络安全。2009 年，美国颁布了《网络安全法》，该法赋权联邦政府设立专门的网络安全咨询办公室，来管理一切网络相关事务。2010 年，在修订《国土安全法》和其他相关法律的基础上制订了《作为国家资产的网络空间保护法》保护美国网络空间和通信基础设施的安全性。2013 年颁布了《网络安全及美国网络竞争法》和《网络信息共享和保护法》，2014 年颁布《联邦信息安全管理法》和《国家网络安全保护法》《网络安全人员评估法》，2015 年颁布了《网络安全信息共享法案》。美国信息安全立法有几个显著特点。

（1）强调政府信息公开的优先性。如《信息自由法》，政府信息的保护范围是通过"例外"的方式来规定的。

（2）信息安全立法比较完善，层次分明。既有联邦层次立法，还有州级立法；既有立法机构的立法，还有行政机关的法规条例。

（3）美国信息安全倾向于行业自律，针对特定行业信息立法，如金融信息、医疗信息等。

2．欧盟信息安全立法

欧盟自成立以来，就以超级大国的形式制订了一整套关于构建信息安全框架的政策规范。为了推进信息社会的对话合作机制的形成，欧盟于 2007 年 3 月 22 日正式通过了《关于建立欧洲信息安全社会战略的决议》，向全社会推行信息系统和网络安全的理念，保障信息的可用性、完整性和保密性。这是欧盟出台的第一个关于网络与信息安全的指导性法规。2016 年，欧洲议会全体会议通过《欧盟网络与信息系统安全指令》，以加强欧盟各成员国之间在网络与信息安全方面的合作。2017 年，欧盟通过全球数据保护法规（GDPR），并于 2018 年 5 月正式生效。同时欧盟的各成员国在欧盟统一的法律规范指导下，依据各自的实际情况还制订了促进本国信息化发展的法律法规，如爱尔兰的《电子商务法》、德国的《信息与通讯服务法》等。因此，欧盟的信息安全法律规范体系是由统一的法律规范和各成员国各自的法律规范两个层面的内容构成的。

欧盟立法特点是：

（1）采取注重欧盟整体信息化推进、法制统一与充分发挥各国特长和优势相结合的原则，全面推进信息化的发展；

（2）利用欧洲一体化的优势，协调各国的法制环境，为信息化与贸易、交流创造无障碍的法制环境；

（3）重视对信息服务内容的管制和净化；比如针对提供商（ISP），很多欧洲国家都采取了较为严格管理的态度。特别是有人在 ISP 提供的主页空间上有侵犯他人的知识产权或名誉权时，ISP 要承担连带责任；

（4）重视保护网络隐私权。

3．我国的信息安全立法之路

从总体上看，我国信息安全立法的发展可以从时间和空间两个维度进行的。从空间维度上看，全国人大、中共中央、国务院、国家各相关部委等都出台了信息安全保护的法律法规，从国家最高层面上保障国家信息安全；从时间上看，广义上保护国家信息安全可以追溯到1988年我国颁布的《中华人民共和国国家秘密法》，近几年又针对不同的保护对象完善了相关法律法规。

对于保护个人信息安全，2013年《电信和互联网用户个人信息保护规定》出台，2009年刑法修正案（七）增加两个罪名："侵犯公民个人信息罪和非法获取公民个人信息罪"，2015年刑法修正案（九）继续对上述犯罪进行了补充修订；对保护企业信息安全，《刑法》第二百一十九条规定了"侵犯商业秘密罪"，2015年刑法修正案（九）增加"拒不履行信息网络安全管理义务罪"，进一步明确了侵犯企业商业秘密的刑事责任；对于保护国家安全，2014年提出"总体国家安全观"，并且《宪法》第五十三条规定了公民保守国家秘密的义务，其次是关于国家秘密保护的专门性法律《保守国家秘密法》及配套的《保守国家秘密法实施条例》。

目前，我国信息安全管理法律体系大致可以分为以下三类。

（1）宪法。宪法并没有对信息网络安全进行具体规定，但作为国家的最高行为准则，信息网络安全的有关法律、法规或网络行为都必须符合宪法的规定。

（2）一般性法律，如《国家安全法》《国家秘密法》《著作权法》《电子签名法》等并没有专门对网络行为进行规定，但是它所规范和约束的对象中包括了危害信息网络安全的行为。

（3）相关的法规、规章，如《计算机信息系统安全保护条例》《计算机信息网络国际互联网安全保护管理办法》《计算机信息网络国际互联网暂行规定》《计算机病毒防治管理办法》等对信息网络安全问题做出了专门规定。

可见，目前我国的信息安全立法体系还不科学，没有引领信息安全保障的基本法，实用性不强。因此未来信息安全立法应当遵循以下几点。

（1）建立信息安全基本法

我国面临着严峻的网络信息安全形势，但到目前为止还没有一部统一的信息安全法，各种相关的法律法规分散在计算机法、信息法、互联网法中，不利用信息安全监管。由于信息安全条款分散于各种法中，立法层次普遍偏低，法规内容缺乏统一的规划，应用于司法过程中的可操作性差。

（2）信息安全立法应具有前瞻性

任何法律的制订由于要保证法律的权威性和稳定性，便不可避免地会导致法律的滞后性和不适应性。这一点在现在这个科技日新月异的网络时代显得更加明显。信息技术飞速发展，随时会为人们的工作、生活带来新的问题。因此立法时应考虑信息技术未来的发展趋势及可能带来的问题。虽然立法前瞻并非易事，但也不是绝无可能。美国二百多年前的宪法就颇具前瞻性，仅其关于司法的规定就使最高法院开创了美国司法进步数百年的基业。

（3）加强国际间的交流与合作

应对信息安全并不是一个国家的问题，建立信息安全相关法律也需要国际间的通力合作。特别是欧美国家在处理信息安全事件及立法方面经验丰富，在我国立法过程中值得参考。

第 8 章 信息系统安全与伦理道德及相关立法

【本章小结】

数据和信息系统的威胁正在增加,同时也变得越来越复杂,要求我们必须高度重视信息安全问题。各国政府在这方面做出了大量努力,建立信息安全标准,深入研究信息安全技术。同时以法律手段规范不道德的行为。我国的信息安全立法还有很长的道路要走,如何吸收国外的精华,尽早建立健全的信息安全法律体系是目前的重点工作。

【本章思考题】

1. 简述信息系统面临的风险及安全保障技术。
2. 什么是隐私权?你认为应当如何保障网络隐私权和知识产权?

【中英文对照表】

Trusted Computer System Evaluation Criteria(TCSEC)可信计算机系统安全评价标准
Canadian Trusted Computer Product Evaluation Criteria(CTCPEC)加拿大信息安全评价标准
Common Criteria for Information Security Evaluation(CC)信息技术安全评价的通用标准
Denial of service(DoS)　　　　　　　拒绝服务
Distributed Denial of Service(DDoS)　分布式拒绝服务

第 9 章　课　程　实　验

【本章学习目的】

　　管理信息系统正逐步应用于企事业组织各个环节,提高了企事业组织的管理效率和工作质量。在学习"管理信息系统"课程时,通过实验安排,既可以让同学们感性地认识和体会利用计算机信息技术手段建立的管理信息系统,以及管理信息系统对提高企事业运行的作用;又可以强化基础理论的理解与应用,培养学生动手能力和系统分析、开发、应用、管理的综合素质。

　　考虑到学习"管理信息系统"课程的学生专业不同,学生的计算机基础知识强弱有差异,本章设计了三个管理信息系统实验:

　　(1) ERP 软件流程应用,通过操作现有的 ERP 软件,让学生感知管理信息系统,熟悉企业的业务流程;

　　(2) 单项业务系统开发,锻炼学生的系统分析与设计能力;

　　(3) 商务智能应用,让学生感知对 MIS 发展有着重要影响的新技术。

9.1　ERP 软件流程应用

9.1.1　实验目的

　　(1) 通过学习用友 ERP 软件中供应链模块的使用方法,了解企业管理信息系统的总体功能结构,掌握软件的操作方法,对管理信息系统有感性认识;

　　(2) 通过操作用友 ERP 软件,使学生熟悉企业运作的基本流程。

9.1.2　实验内容

　　(1) 根据实验指导书(见附件 1),在用友 ERP 软件上完成采购、销售和库存管理中建立账套、基础数据维护和各项业务等操作;

　　(2) 了解数据项的含义,体会企业内部信息共享的实现方式和重要性;

　　(3) 思考和总结企业中采购、销售、库存管理领域的各项业务的操作流程。

9.2 单项业务系统开发

9.2.1 实验目的

（1）能够正确运用系统设计的过程与方法，结合一个小型课题，复习、巩固管理信息系统中系统设计知识，提高系统设计实践能力。

（2）熟悉代码设计、数据存储设计、输入输出设计等环节，并编制相应的文档及程序编写。

（3）进一步树立正确的系统设计、实施思想，培养分析问题、解决问题的能力，提高查询资料和撰写书面文件的能力。

9.2.2 实验内容

选择前面熟悉的用友 ERP 的某个模块，对其进行功能分析、业务流程和数据流程分析，并进行模块的设计和开发工作，从而锻炼学生的系统开发能力。

（1）选择前面熟悉的用友 ERP 的某个模块，对其进行功能分析、业务流程和数据流程分析，并进行模块的设计，包括数据存储设计、功能结构图设计、系统流程图设计、输入输出设计等。

（2）在完成系统分析与设计的基础上，设计程序实现上述模块。

9.3 商务智能应用

9.3.1 实验目的

（1）通过本实验让学生感知对 MIS 有着重要影响的高新技术，激发其学习兴趣；

（2）加深课堂中数据挖掘理论知识的理解；

9.3.2 实验内容

（1）根据实验指导书（见附件2），构建分类模型，预测银行贷款申请是否应该放贷，辅助贷款审批人员进行科学决策；

（2）采用 k-means 聚类方法进行客户细分。

附录一　用友ERP软件流程应用实验指导书

采购管理练习题

一、建账工作（单击"开始"—"程序"—"U8管理软件"—"系统服务"—"系统管理"）

（1）注册"系统管理员"（单击"系统"—"注册"—系统管理员为ADMIN—账套为Default—"确定"）。

（2）增加操作员：lm 刘敏（或者是自己的学号，姓名）（单击"权限"—"用户"—"增加"）。

（3）创建账套（单击"账套"—"建立"）。

账套如果建立不正常，后面登录时会提示"不存在的会计年"，建立过程中会看到启用会计期为当前日期，不正常的账套会显示为以往的会计期。

①账套号—105 账套名—采购管理练习启用日期：当前月份。

②单位名称：本单位全称。

③本位币—人民币企业类型—工业企业行业性质—新会计制度科目。

④存货需要分类，客户和供应商均不需要分类，无外币核算。

⑤编码方案：存货—12 部门—2 收发类别—12 其他信息沿用默认值。

⑥数据精度：沿用默认值。

⑦系统启用：选择当月的第一天启用"采购管理"系统。

（4）权限分配：（单击"权限"—"权限"—选择205 账套）。

选中 lm 刘敏单击"账套主管"赋予该账套的所有权限。

二、初始化设置（单击"开始"—"程序"—"U8管理软件"—"企业应用平台"—操作员输入 lm，账套选择205 采购管理练习，操作日期选择当月1号—确定）

若建账套的第7步未做，则：基本信息—系统启用—选择当月的第一天启用"采购管理"系统；

1. 基础档案（企业门户设置页签——基础档案）

（1）部门及职员档案（基础档案——机构设置，其中部门信息在"部门档案"中录入，职员信息在"人员档案"中录入）。

编号	部门名称	职员编号	职员名称
01	采购部	0101	李钢
02	销售部	0201	林同
03	仓库	0301	薛明

（2）供应商档案（基础档案——客商信息）

供应商编号	供应商名称
01	南京钢铁厂
02	苏州轴承厂
03	深圳机械批发公司

（3）存货信息（基础档案——存货）

①计量单位（先"分组"录入单位组信息，即前3列，再设置"单位"录入单位信息，即后2列）

计量单位组编码	计量单位组名称	计量单位组类别	计量单位编码	计量单位名称
1	无换算组	无换算	01	吨
		无换算	02	套
		无换算	03	台
		无换算	04	把

②存货分类：

分类编码	分类名称
1	原材料
101	原料及主要材料
102	外购半成品
2	燃料
3	低值易耗品
4	自制半成品
5	产成品

③存货档案：

存货编码	名称	计量单位	所属分类	属性	税率
10101	铸铁件	吨	101	外购、生产耗用	17%
10201	轴承	套	102	外购、生产耗用	17%
201	原煤	吨	2	外购、生产耗用	17%
301	专用工具	把	3	外购、生产耗用	17%

(4) 仓库档案：（基础档案——业务）

编码	名称	计价方法
1	原料库	移动平均

(5) 收发类别：（基础档案——业务）

编码	名称	收发标志	编码	名称	收发标志
1	入库	收	2	出库	发
101	采购入库	收	201	销售出库	发
102	产成品入库	收	202	领料出库	发
103	半成品入库	收	203	调拨出库	发
104	调拨入库	收	204	盘亏出库	发
105	盘盈入库	收	205	其他出库	发
106	其他入库	收			

2. 期初数据（在采购管理"业务"页中，将期初暂估入库和期初在途各明细通过"采购入库"录入后，做期初记账处理，**即供应链管理—设置——期初记账**）

暂估入库（货到票未到）：上月末从南京钢铁厂购进原煤 200 吨，入 1 号仓库，入库类别为 11 采购入库，暂估单价 6000。

注意：在填写采购入库单时，时间要改为上月末。

如何操作：

在"业务"页先单击"供应链－采购管理－采购入库－入库单－增加"（这时表头是期初采购入库单），入库单编号会自动出现，然后填写各项内容。在填写采购入库单时，时间要改为**上月末**。填完后保存、退出（如果不退出就无法记账）。

然后单击采购管理—设置—采购期初记账，这里是期初记账处理（如果不记账，后面的入库单都将是期初入库单）。

三、日常业务

进行相关业务处理（业务日期选择当日）。

第一笔业务过程如下（订购－到货－入库－发票－结算）：

(1) 发生的业务：向苏州轴承厂（供货商）订购轴承 400 套。

如何操作：**填制采购订单**并做审核（在采购管理－采购订货－采购订单里面，点增加填新单据，价格先不填，填好数据后，保存－审核－退出）

(2) 发生的业务：向苏州轴承厂采购的轴承已全部到货准备检验。

如何操作：填制**采购到货单**（采购到货－到货单－增加，部门填仓库，保存－退出），可以直接输入或者拷贝生成。

复制方法：如果在表格里面单击右键，选择复制采购订单，不输入任何条件直接点过滤，在对应订单行前面的选择框下面单击、再确定，该行内容会复制到到货单里面。

(3) 发生的业务：经过检验后发现采购的轴承有 10 套不符合要求需要退回厂家。

如何操作：填制**到货退回单**（采购到货－退回单－增加，数量在英文状态写－10，填完后保存－退出）。

(4) 发生的业务：其余 390 套轴承验收入 1 号仓库，入库类别为采购入库。

如何操作：填制**采购入库单**（不是期初采购入库单，要单击"增加"出现新单子后再填。要填供货单位，保存后退出）。

(5) 发生的业务：收到苏州轴承厂开来的增值税专用发票，数量 390 套，发票单价为 355。

如何操作：填制专用采购发票（代垫单位要填，供应商要填，单价要填，保存后退出）。发票的内容可以从入库单复制，方法同上。

(6) 对上述采购轴承的业务进行采购结算处理（采购结算－自动结算）

结算结果可在"结算单列表"中看到，对应的入库单号和发票号放在一起。能够正常结算说明前面的操作正确。

也可以选择手工结算，在"选单"里面执行刷入（代表入库单）和刷票（代表发票），在需要结算的行前面"选择"列下面单击，最后确定即可。单击"结算"显示"结算完成"即可。

第二笔业务请自行操作完成，内容如下：

(1) 本月向南京钢铁厂采购原煤 100 吨，货到验收入 1 号仓库，请通过订单、到货及入库流程完成相关处理。

(2) 本月收到南京钢铁厂开来采购原煤业务的专用发票，数量为 300 吨（包括期初的 200 吨）发票单价 6100，请填制采购专用发票。

(3) 对上述采购原煤的业务进行采购结算处理。

注意：结算时如果要指定日期范围，要将起始日期改为当前月份的前一个月（因为期初的入库单日期在前一个月），否则系统看到发票 300 吨，入库单只有 100 吨，认为不能匹配，将不会进行结算。

(4) 向深圳机械批发公司订购专用工具数量 200，货到入 1 号库，发票没收到，请填制采购订单、到货单和入库单。

四、期末工作

月末结账（按操作向导进行月末结账的工作）。

五、账簿查询

查询未完成业务明细表、订单执行情况统计表、暂估入库余额表、入库明细表及发票明细表等（在报表－统计表或采购账簿下面）。

如果本次实验下机时没做完，希望下次继续，需要备份账套，如何备份：

(1) 退出企业应用平台；

(2) 进入系统管理，注册（用 admin）；

(3) 在 E 盘建立文件夹，到系统管理中执行账套－输出，选择要备份的账套名称、备份的位置（刚才建的文件夹）。

下次实验前如何恢复：

(1) 进入系统管理，注册（用 admin）；

(2) 执行账套－引入，选择备份的文件（上次建的文件夹下面）。

销售管理练习题

一、建账工作（单击"开始"—"程序"—"U8 管理软件"—"系统服务"—"系统管理"）

(1) 注册"系统管理员"（单击"系统"—"注册"—系统管理员为 ADMIN—"确定"）。

(2) 增加操作员：zm 朱明（单击"权限"—"用户"—"增加"）。

(3) 创建账套（单击"账套"—"建立"）。

①账套号—106 账套名—销售管理练习启用日期：当前月份。

②单位名称：本单位全称。

③本位币—人民币企业类型—工业企业行业性质—新会计制度科目。

④存货需要分类，客户和供应商均不需要分类，无外币核算。

⑤编码方案：存货—12 部门—2 收发类别—12 其他信息沿用默认值。

⑥数据精度：沿用默认值。

⑦系统启用：选择当月的第一天启用"销售管理"系统。

(4) 权限分配：（单击"权限"—"权限"—选择 306 账套）

选中 zm 朱明单击"账套主管"赋予该账套的所有权限

二、初始化设置（单击"开始"—"程序"—"U8 管理软件"—"企业应用平台"—操作员输入 zm，账套选择 306 销售管理练习账套，操作日期选择当月 1 号—确定）。

1. 基础档案（企业门户设置页签——基础档案）

(1) 部门及职员档案（基础档案——机构设置）

编号	部门名称	职员编号	职员名称
01	采购部	0101	李钢
02	销售部	0201	林同
03	仓库	0301	薛明

(2) 客户档案、供应商档案（基础档案——往来单位）

客户编号	客户名称	供应商编号	供应商名称
01	洛阳轴承厂	01	南京钢铁厂
02	武汉钢窗厂	02	苏州轴承厂
03	市物资公司	03	深圳机械批发公司
04	深圳电器批发公司		

(3) 存货信息（基础档案——存货）

①计量单位（先分组再设置单位）：

计量单位组编码	计量单位组名称	计量单位组类别	计量单位编码	计量单位名称
1	无换算组	无换算	01	吨
		无换算	02	套
		无换算	03	台
		无换算	04	把

②存货分类：

分类编码	分类名称
1	原材料
101	原料及主要材料
102	外购半成品
2	燃料
3	低值易耗品
4	自制半成品
5	产成品

③存货档案：

存货编码	名称	计量单位	所属分类	属性	税率%
10101	铸铁件	吨	101	外购、耗用、销售	17
10201	轴承	套	102	外购、耗用	17
201	原煤	吨	2	外购、耗用	17
301	专用工具	把	3	外购、耗用	17
401	LY125半	台	4	自制、在制、耗用、销售	17
501	LY125	台	5	自制、销售	17

（4）仓库档案：（基础档案——业务）

编码	名称	计价方法
1	原料库	移动平均
2	半成品库库	全月平均
3	产成品库	全月平均

（5）收发类别：（基础档案——业务）

编码	名称	收发标志	编码	名称	收发标志
1	入库	收	2	出库	发
101	采购入库	收	201	销售出库	发
102	产成品入库	收	202	领料出库	发
103	半成品入库	收	203	调拨出库	发
104	调拨入库	收	204	盘亏出库	发
105	盘盈入库	收	205	其他出库	发
106	其他入库	收			

(6) 销售类别：(基础档案——业务)

编码	销售类型	出库
01	零售	销售出库

(7) 销售类别：(基础档案——业务)

编码	销售类型	出库
01	零售	销售出库

2. 期初数据（在销售管理中将期初发货未开票的明细录入并审核）

期初发货：上月发给武汉钢窗厂铸铁件10吨，从1号仓库出货，出库类别为销售出库。

三、日常业务

进行相关业务处理（注意登录系统日期）。

(1) 当月10日销售给武汉钢窗厂LY125成品5台，填制销售订单并进行审核。

(2) 根据销售合同将武汉钢窗厂的5台LY125成品从2号仓库出货，请填制销售发货单并审核。

(3) 将上述销售业务进行销售开票处理，开具普通发票，单价为31 000。

(4) 当月25日武汉钢窗厂退回1台LY125成品入1号仓库，填制销售退回单并审核（红字发货单）。

(5) 根据客户和税务当局规定给对方开具红字普通发票。

四、期末工作

月末结账（按操作向导进行月末结账的工作）

五、账簿查询

查询销售订单执行情况表、销售发货开票收款勾对表、销售明细账、销售明细表等。

库存管理练习题

一、建账工作（单击"开始"—"程序"—"U8管理软件"—"系统服务"—"系统管理"）

(1) 注册"系统管理员"（单击"系统"—"注册"—系统管理员为ADMIN—"确定"）。

(2) 增加操作员：wj 王军（单击"权限"—"用户"—"增加"）。

(3) 创建账套（单击"账套"—"建立"）。

①账套号—108 账套名—库存管理练习 启用日期：当前月份。

②单位名称：本单位全称。

③本位币—人民币 企业类型—工业企业 行业性质—新会计制度科目。

④存货需要分类，客户和供应商均不需要分类，无外币核算。

⑤编码方案：存货—12 部门—2 收发类别—12 其他信息沿用默认值。

⑥数据精度：沿用默认值。

⑦系统启用：选择当月的第一天启用"库存管理"系统。

（4）权限分配：（单击"权限"—"权限"—选择308账套）。
选中wj王军单击"账套主管"赋予该账套的所有权限
二、初始化设置（单击"开始"—"程序"—"U8管理软件"—"企业门户"—操作员输入wj，账套选择308库存练习，操作日期选择当月1号—确定）
1. 基础档案（企业门户设置页签——基础档案）
（1）部门及职员档案（基础档案——机构设置）

编号	部门名称	职员编号	职员名称
01	采购部	0101	李钢
02	销售部	0201	林同
03	装配车间	0301	薛明
04	成品车间	0401	朱丽

（2）客户档案、供应商档案（基础档案——往来单位）

客户编号	客户名称	供应商编号	供应商名称
01	洛阳轴承厂	01	南京钢铁厂
02	武汉钢窗厂	02	苏州轴承厂
03	市物资公司	03	深圳机械批发公司
04	深圳电器批发公司		

（3）存货信息（基础档案——存货）
① 计量单位（先分组再设置单位）：

计量单位组编码	计量单位组名称	计量单位组类别	计量单位编码	计量单位名称
1	无换算组	无换算	01	吨
		无换算	02	套
		无换算	03	台
		无换算	04	把

② 存货分类：

分类编码	分类名称
1	原材料
101	原料及主要材料
102	外购半成品
2	燃料
3	低值易耗品
4	自制半成品
5	产成品

③存货档案：

存货编码	名称	计量单位	属性	税率%
10101	铸铁件	吨	外购、耗用	17
10201	轴承	套	外购、耗用	17
201	原煤	吨	外购、耗用	17
301	专用工具	把	外购、耗用	17
401	LY125半	台	自制、在制、耗用、销售	17
501	LY125	台	自制、销售	17

（4）仓库档案：（基础档案——业务）

编码	名称	计价方法
1	原料库	移动平均
2	半成品库	全月平均
3	产成品库	全月平均

（5）收发类别：（基础档案——业务）

编码	名称	收发标志	编码	名称	收发标志
1	入库	收	2	出库	发
101	采购入库	收	201	销售出库	发
102	产成品入库	收	202	领料出库	发
103	半成品入库	收	203	调拨出库	发
104	调拨入库	收	204	盘亏出库	发
105	盘盈入库	收	205	其他出库	发
106	其他入库	收			

2. 期初数据录入（企业门户业务页签——供应链——库存管理——设置菜单——期初结存，分仓库点"修改"录入各存货明细，期初录入后一定要审核，否则后面业务4~6销售出库填不了！）

仓库	存货编码	数量	单价
1	10101	200	3100
1	10201	300	360
2	401	120	25000
3	501	300	30000

三、日常业务

1. 填制相关业务单据（业务日期选择当日）。

（1）从苏州轴承厂购进轴承（10201）400套，入1号仓库，入库类别为采购入库，单价355。

（2）从南京钢铁厂购进原煤 200 吨，入 1 号仓库，入库类别为 11 采购入库，单价 6000。

（3）退回苏州轴承厂 10 套轴承，从 1 号仓库退回厂家，入库类别为采购入库，单价 355（在采购入库里选红字，－10）。

（4）销售给武汉钢窗厂 LY125 成品 5 台，从 3 号仓库出货，出库类别为销售出库（如果同时开通销售管理，则 4－6 在销售发货里做）。

（5）销售给市物资公司 LY125 半成品 10 台，从 2 号仓库出货，出库类别为销售出库。

（6）销售给武汉钢窗厂的 LY125 现退货 2 台，退回 3 号仓库，出库类别为销售出库。

（7）装配车间从 1 号仓库领用轴承 250 套，出库类别领料出库。

（8）成品车间完工产成品 LY125 14 台，入 3 号仓库，入库类别为产成品入库。

（9）装配车间完工自制半成品 LY125 半 20 台，入 2 号仓库，入库类别为半成品入库。

（10）月末仓库盘点发现轴承多 1 套，半成品 LY125 少 1 台。

2．单据审核（单据列表界面进行相关单据的审核）

四、期末工作

月末结账（按操作向导进行月末结账的工作）

五、账簿查询

（1）现存量。

（2）流水账。

（3）库存台账查询。

（4）收发存汇总表。

（5）存货分布表。

附录二 商务智能应用实验指导书——分类挖掘

数据来源：UCI 机器学习库中的 Credit Screening Database，该数据库有 125 条记录，10 个决策属性和 1 个分类属性。分类属性将数据库分成两类（Yes 或 No），Yes 类表示同意贷款，No 类表示拒绝贷款。

实验软件：Insightful Miner 8.0 数据挖掘软件。

挖掘算法：决策树 ID3 算法。

实验步骤：

主要步骤：数据选择→数据挖掘→结果评价→应用模型预测→结果输出

（1）打开 I-Miner 软件（开始——程序——Insightful Miner，选择"创建新工作簿"——按"确定"；

（2）数据选择：按住"读 Excel 文件"图标（"数据读入"——"读 Excel 文件"），将其拉入右侧的"工作簿"（WorkSheet）中；

然后进行如下属性设置：（右击"读 Excel 文件"图标，打开"属性"编辑框）

①通过"浏览"按钮选中待挖掘的数据（从 FTP 上下载的"Credit Screening"Excel 文件）；

②选择工作簿为"Credit Screening"；

③设置缺省列类型为"Category"；

④单击"更新预览"按钮，查看是否能够读取出数据。

再后运行"读 Excel 文件"图标（右击"读 Excel 文件"图标，选择"运行至此"）。

（3）创建分类模型：按住"分类型决策树"图标（"模型"——"分类型模型"——"分类型决策树"），将其拉入右侧的"工作簿"（WorkSheet）中，并将其与"读取 Excel 文件"连接起来；

然后进行如下属性设置：（右击"分类型决策树"图标，打开"属性"编辑框）

①选择分类的目标属性：本实验中设置"因变量列"为列"Granted"；

②选择决策属性：本实验中将所剩下的"可用列"设置为"自变量列"；

③其他属性采用默认设置；

再后运行"分类型决策树"图标（右击"分类型决策树"图标，选择"运行至此"）。

④查看决策树：右击"分类型决策树"图标，选择"查看器"，就可以看到刚才创建的决策树模型。

（4）应用模型预测：

按住"预测"图标（"模型"——"预测方法"——"预测"），将其拉入右侧的"工作簿"（WorkSheet）中，并将其与"分类型决策树"连接起来；同时将其与一待预测的数据文件（可将预测的数据保存至 Excel 文件，如 predict.xls，然后按步骤 2 所示方法进行设置）连接起来。

再后右击"预测"图标，选择"运行至此"。

（5）结果输出：

按住"写文本文件"图标（"数据输出/写文件"——"写文本文件"），将其拉入右侧的"工作簿"（WorkSheet）中，并将其与"预测"连接起来；

然后进行如下属性设置：（右击"写文本文件"图标，打开"属性"编辑框）

①在"属性"页面，单击"浏览"，选择输出文本文件保存的路径。

②在"文件名"文本框中，单击浏览选择输出文件路径，然后再键入 result.txt。在"分隔符"列表框中选择 tab-delimited。单击"确定"。

③运行该步骤即可。

④打开 result.txt 查看预测结果。